Wolfgang Herles

Wir sind kein Volk

Wolfgang Herles

Wir sind kein Volk

Eine Polemik

Piper
München Zürich

ISBN 3-492-04663-0
3. Auflage 2004

Satz: seitenweise, Tübingen
Druck und Bindung:
Clausen & Bosse, Leck
Printed in Germany

www.piper.de

INHALT

VORWORT

»Eine schlechte Nachricht. Die Mauer ist gefallen.«

»Aber wieso denn, das ist sie doch schon vor 15 Jahren?«

»Na, wenn das keine schlechte Nachricht ist!«

Jeder TV-Comedian hat heute solche Ossi-Witze auf Lager, dieser ist von Harald Schmidt.

Der Fall der Mauer war tatsächlich eine fantastische Nachricht. Aber das, was danach kam, hat den Deutschen die Glücksgefühle gründlich ausgetrieben. Rund 80 Millionen Bewohner dieses Landes besitzen einen deutschen Pass. Sie sind ein Staatsvolk. Aber ist dieser Staat wirklich das, wovon die Ostdeutschen träumten, als sie *Wir sind das Volk* und dann bald *Wir sind ein Volk* riefen? Sind die Deutschen nun das »einig« Volk, welches auch die Westdeutschen gern gehabt hätten?

Die Behauptung, die Deutschen seien *ein* Volk, ist immer noch eine Vision, wenn nicht gar eine Utopie. Die staatliche Zusammenfügung ist gelungen, das Projekt der Einheit aber nicht. 15 Jahre nach dem Fall der Mauer fällt die Bilanz bitter aus.

Der »Kanzler der Einheit« stand damals ähnlich unter Naturschutz wie George W. Bush in den USA nach dem 11. September 2001. Das ganze Land, auch und gerade die Medien, fügte sich einem unausgesprochenen Denkverbot. Damals galt als Vaterlandsverräter, wer das hastige Zusammennageln zweier Gesellschaftsordnungen nicht für kluge Politik halten wollte.

Der Einheits-Pfusch ist heute jedermann bewusst, sogar den Pfuschern selbst. Allerdings führen sie noch immer mildernde Umstände an. Mehr noch: Sie glauben, eine großartige historische Leistung vollbracht zu haben, die sie unsterblich macht. Aber auch die Bürger von Schilda sind unsterblich.

In den ökonomischen Fehlern, in den Illusionen und Lügen der Vereinigungspolitik sind die Ursachen des Desasters zu erkennen. Dahinter gibt es weitere, tiefere Ursachen. Mit ihnen beschäftigt sich dieses Buch. Es bleibt nicht stehen bei der Analyse der falschen Entscheidungen, sondern fragt nach den Gründen, die zu den Irrtümern führten.

Ein deutscher Patriot lässt sich von erwiesener Talentlosigkeit und Unvermögen der Fußballnationalmannschaft nicht beirren. Er glaubt an den Sieg, schon deshalb, weil er von der Existenz so genannter deutscher Tugenden überzeugt ist. Vom Kampf bis zur letzten Patrone ist schnell die Rede, als handle es sich um eine Schlacht, nicht um ein Sportfest. Und schon ein dürftiges Unentschieden lässt die patriotische *Bild*-Zeitung jubeln: »Wir sind wieder wer.« Glück wird gern mit Verdienst verwechselt, weshalb die nötigen Konsequenzen und Reformanstrengungen ausbleiben. Dieses Buch handelt nicht von Fußball, aber von den Illusionen der Patrioten. Der Zustand des deutschen Fußballs ist nur ein schönes Gleichnis für den Zustand der Republik.

Die These dieses Buchs mag manchen Patrioten provozieren. Sie lautet: Falsch verstandener Patriotismus hat den Niedergang Deutschlands beschleunigt. Für Patrioten war die Wiedervereinigung ein Unternehmen, das mit skeptischer Vernunft zu prüfen und ins Werk zu setzen sich von selbst verbot. Es durfte nur das patriotische Herz sprechen, nicht der Verstand. Patrioten sind von der fixen Idee besessen, dass die totale Einheit das totale Glück der Deutschen sei. Aber das vergebliche Streben nach der totalen Einheit mindert das Glück sehr vieler Deutscher beträchtlich.

Patrioten jammern heute gerne über die Folgen ihrer Politik, führen sie aber eher auf mangelnden Patriotismus denn auf ihr eigenes Versagen zurück. Diese Selbsttäuschung ist typisch für Patrioten. Ähnlich religiösen Fundamentalisten können sie die Hermetik ihrer Vorstellungswelt nicht durchbrechen. Patriotismus ist gut, kann also nichts Schlechtes bewirken, glauben sie. Ihr Irrtum ist, sich ganz der Sache der Nation zu verschreiben, statt der Sache der Menschen. Die Nation ist ihr Goldenes Kalb, dem sie die Vernunft opfern. Die nationale Einheit hätte niemals die erste Priorität der Politik sein dürfen, sondern der Wohlstand, das Glück der Menschen in beiden deutschen Gesellschaften. Ein Patriot aber, der kein Menschenfreund ist, sondern nur deutsch oder englisch oder polnisch denkt, leidet an einer besonderen Form der Beschränktheit. Nicht nur die nationalistischen Perversionen des Patriotismus sind gefährlich, sondern jede Fesselung des Gemeinsinns an die Idee der Nation.

Heute geht es nicht mehr zuerst um Einheit zwischen Ost und West – was auch immer man inzwischen darunter verstehen mag –, sondern darum, ein vom Vereinigen ramponiertes Land wieder in Ordnung zu bringen. Das ist nicht nur eine Frage von Wirtschaft und Finanzen, nicht nur eine Aufgabe für den mitgenommenen Sozialstaat. Die verkorkste Einheit hat auch tiefe immaterielle Schäden angerichtet. Sie werden noch immer weit unterschätzt. Es besteht ein enger Zusammenhang zwischen den materiellen Folgen der Einheit und der Reformresistenz der Deutschen. Die Einheit hat die Menschen so überfordert, dass sie weitere Veränderungen ablehnen.

Dazu kommt eine unausrottbare DDR-Mentalität. Sie entpuppt sich beim näheren Hinsehen durchaus als besondere Form einer tief in die Geschichte reichenden deutschen Eigenart. Von dieser »deutschen Krankheit« ist in diesem Buch die Rede. Während des Kalten Krieges gab es das Kuratorium Unteilbares Deutschland. Vielleicht wird es allmählich Zeit, ein Kuratorium Unheilbares Deutschland zu gründen.

Es waren wohl auch die nationalen Tabus, die aus dieser Wiedervereinigung das reine Missvergnügen gemacht haben. Tabuisiert wird bis heute der Beitrag der Ostdeutschen am Niedergang des Landes. Aber es gehört zur politisch korrekten Sicht auf die Dinge, die Ostdeutschen generell als Opfer, die so genannten Besserwessis dagegen als Täter zu sehen. Den verdorbenen Eintopf angerichtet haben in der Tat die westdeutschen Chefköche. Und ein Teil der Besserwessis waren zynische Profiteure, Spekulanten oder einfach nur Taugenichtse, die im Osten ihr Glück versucht hatten. Aber inzwischen muss doch jedem klar sein, dass die Besserwessis nur ein Teil des Problems sind.

Ein anderer Teil sind die Verständniswessis. Nicht die Mauer in den Köpfen ist heute zu beklagen, sondern die Mauer vor den Köpfen. Es ist auch eine Mauer des Schweigens. Politisch korrekt ist es, in den Ostdeutschen arme, gedemütigte Wesen zu sehen, die Anspruch auf besondere Rücksicht besitzen. Wenn wir aber schon *ein* Volk sein wollen, dann gibt es 15 Jahre nach dem Fall der Mauer keinen Grund mehr, Ostdeutschen wie Fremden zu begegnen, die höflich bewirtet und beherbergt werden, man aber froh ist, wenn sie wieder abreisen. Sie reisen nicht mehr ab.

Warum soll der westdeutsche Steuerzahler die kostspielige Mentalität des Ostens immer nur unwidersprochen schlucken? Umgekehrt ist dankbare Leisetreterei das Letzte, was der Westler vom Ostler erwarten sollte. Es herrscht aber in Deutschland ein perfides, politisch korrektes Kritikverbot. Der aus dem Osten stammende Journalist Jens Bisky hat die Lage so beschrieben: »Die Wahrheit über den Osten bedarf der Zustimmung der Ostdeutschen, weil nur auf diese Weise Authentizität zu sichern ist. Ostdeutschland wäre dann eine Zone, in der besondere Bedingungen der Wahrheitsfindung gelten.«[1] Diese totalitäre Logik sollten die Deutschen nicht länger akzeptieren.

Doch richtet sich diese Polemik nicht gegen *den* Osten. Sie attackiert die Lebenslügen, Selbsttäuschungen und Tabus der ganzen Nation. Zum fünfzehnten Jahrestag des Mauerfalls werden nun wieder »Glück« und »einig Vaterland« beschworen. Die Deutschen reden sich die Sache noch immer so schön es irgendwie geht und verdrängen die wahren Ursachen ihres Versagens. Der Kanzler allen voran. Beim Besuch einer Werft in Wismar, in der heute noch 1300 von einmal 6000 Menschen arbeiten, geriet er ins Schwärmen: »Wer einen Wachstumskern sehen will, muss hierher kommen.« Bei jedem Schiffsneubau übernimmt der Staat 6 Prozent der Kosten. Was, um Himmels willen, soll daran mustergültig sein?

Das »Glück der Geschichte« ist zu einer Art Mantra des real existierenden Einheitsdesasters geworden. Dieses Glücksgerede reizt zur polemischen Gegenrede.

Es weidet eine ganze Herde heiliger Kühe auf der abgegrasten Einheitswiese. Heilige Kühe werden nicht geschlachtet. Man wartet, bis sie vor Entkräftung verenden. Es wäre besser, die Messer zu wetzen. Schlachten wir die Illusionen! Was Deutschland braucht ist mehr kühle Rationalität, Verstand und Willenskraft und weniger patriotische Inbrunst.

EINLEITUNG
Der Eintopf ist missraten

Nicht nur dieses Land, die ganze Welt hat sich in den vergangenen 15 Jahren in rasendem Tempo verändert. Zwischen dem Fall der Mauer und der Gegenwart liegen Aufstieg und Fall der New Economy, das Ende einer anderen aberwitzigen Illusion.

Mit dem Ende des Kalten Kriegs ist auch nicht der ewige Frieden ausgebrochen – oder gar das »Ende der Geschichte« (Francis Fukuyama) –, wie im Rausch der Gefühle gern geglaubt wurde. Stattdessen erleben wir einen völlig neuartigen globalen Krieg, ausgetragen mit den Waffen des Terrors, von dem wir nicht wissen, wie wir ihn gewinnen sollen. Die Fronten verlaufen mitten durch unsere Gesellschaft. Ist es tatsächlich ein »Kampf der Kulturen« (Samuel Huntington)? Die »Friedensdividende« von 1989 konnte jedenfalls nicht ausbezahlt werden.

Vor diesem Hintergrund erscheint die deutsche Einheit nicht gerade von überragender weltgeschichtlicher Bedeutung.

Die Deutschen täten gut daran, weniger um sich selbst zu kreisen. Das ist leicht gesagt, wo doch der »Aufbau Ost« die alte Bundesrepublik seit Jahren überfordert, auszehrt, zurückwirft und trotzdem nicht gelingt – wie es aussieht auf Dauer.

Es wäre eine gefährliche Verkürzung der Debatte, wollte man

nun der nächsten Illusion verfallen. Nämlich dem Glauben, man müsse nur noch energischer die »Einheit vollenden« und schon sei Deutschland wieder auf bestem Wege. Deutschland ist insgesamt zurückgefallen. Nicht zuletzt ist dies eine Folge der hausgemachten Misere im Osten. Berstende Sozialsysteme, notleidende Bildung und Forschung, Nachholbedarf bei der Infrastruktur (inzwischen vor allem im Westen), nachlassende Attraktivität von Städten und Gemeinden: all das sind ebenfalls Einheitslasten. Auch das reichste Land der Welt kann es sich nicht leisten, dass ein Fünftel seiner Bevölkerung annähernd gleiche Standards beansprucht, aber nur einen Teil dessen erwirtschaftet, was es ausgibt. Es wäre verhängnisvoll, den Westen noch sehr viel länger zu schwächen. Längst müsste der »Wiederaufbau West« ihn Angriff genommen werden. Aber jahrelang galt das klaglose Umverteilen als Staatsräson.

Es ist ja nicht die erste Großfusion, die scheitert. Seit Daimler Chrysler übernahm, ist der Aktienkurs beim Teufel. Auch die Aktien Deutschlands sind rasant gesunken. Der Patriot schüttelt an dieser Stelle entsetzt den Kopf: Ich muss schon sehr bitten, Deutschland ist doch kein Konzern, es ist Vaterland!

Schon, schon, antwortet der kühl kalkulierende Aktionär (also der Steuerzahler). Aber wie es uns Deutschen geht, hängt davon ab, wie das Land im globalen Wettbewerb abschneidet. Und auf dem Weltmarkt gibt es keinen Bonus für die Lasten der Einheit.

Immer wieder ist das Argument zu hören, auch ohne Wiedervereinigung wäre das selbstzufriedene Westdeutschland in die Krise geraten. Das mag schon sein, ändert aber nichts an den Tatsachen. Die Illusionen der Einheit machten blind für den Renovierungsbedarf der Bundesrepublik. Die »Wiedervereinigung« hat die Reformen um 15 Jahre verzögert. Und das anfängliche konjunkturelle Strohfeuer im Osten durch die frische D-Mark wiegte die Deutschen in falscher Sicherheit.

Nur Geduld!, sagen die Patrioten. Die Einheit sei eben ein gigantisches Projekt, dessen Vollendung noch ein paar Jahre mehr benötige als erhofft. Schließlich sei sie ein Experiment ohne Vorbild. Dieses Experiment ist nach Ansicht eines großen Teils der Deutschen endgültig gescheitert.

Im Jahr 2002 glaubten 29 Prozent der Ostdeutschen, dass »Ost und West im Grunde immer wie zwei getrennte Staaten bleiben werden«. Das sind kaum weniger als zehn Jahre zuvor, als 32 Prozent dieser Meinung waren.[1] Die Einstellung zur Einheit hat sich im Osten auch über eine lange Zeitstrecke kaum gebessert.

In Westdeutschland hat sich während dieser zehn Jahre das Meinungsbild gar nicht verändert. 19 Prozent der Bürger glauben nach wie vor, das Gefühl der Trennung werde bleiben. Da ist offenbar auch nicht zusammengewachsen, was nicht wirklich zusammenpasst.

Aber die große Mehrheit der Deutschen sieht das doch gottlob viel positiver, behauptet der Patriot.

Wirklich?

Eine aufschlussreiche Frage der Allensbacher Demoskopen lautete so: »Unter einer deutschen Urlaubergruppe haben sich gleich zu Beginn der Reise zwei Lager gebildet«, Ost- und Westdeutsche, die auch an »separaten Tischen gegessen haben. Überrascht Sie das?«

Nahezu zwei Drittel (63 Prozent) der Westdeutschen überraschte es nicht, und auch in Ostdeutschland hielt die große Mehrheit der Befragten (56 Prozent) die deutsch-deutsche Lagerbildung selbst im Urlaub für vorhersehbar. Das heißt nicht unbedingt, dass man sich nicht mag, aber doch, dass man sich offenbar wenig zu sagen hat.

Drei Fünftel der Ostdeutschen sehen »wirklich Grund zur Enttäuschung« über den Verlauf der Wiedervereinigung. Und in Westdeutschland sehnt sich fast die Hälfte aller Befragten (45 Prozent) nach der alten Bundesrepublik zurück.[2]

Nur 13 Prozent der Ostdeutschen glaubten 2002, dass die Gemeinsamkeiten zwischen Ost und West überwiegen. Vor zehn Jahren waren 10 Prozent der Befragten dieser Meinung.[3] Das ist ein kläglicher Fortschritt. Im Westen ist die Einschätzung nur leicht besser. Immerhin teilte hier jeder Fünfte (22 Prozent) die

Auffassung, es gebe inzwischen mehr Gemeinsames als Trennendes.

Darauf kann man doch aufbauen, oder? Wenn die Deutschen auch sonst kaum etwas eint, so doch wenigstens die Enttäuschung. Gut, man muss nehmen, was man hat. Vielleicht kam der Brandenburger Ministerpräsident Platzek deshalb auf die amüsante Idee, in der gemeinsamen Krise ein aufbauendes Gemeinschaftserlebnis von volksbildendem Wert zu sehen. Er glaubt, die Ostler hätten den Westlern »eine Haltung der Unverkrampftheit« voraus. Und deshalb könne der Westen »erstmals von den Erfahrungen des Ostens lernen – gerade jetzt und zu seinem eigenen Nutzen«.[4] Das ist Wunschdenken.

Was der Westen aber lernen muss, kann er nicht vom Osten lernen. Und was der Osten lernen sollte, kriegt er im Westen nicht geboten. Beide deutsche Gesellschaften müssen lernen, dass es die von oben gesteuerte Einheit nicht gibt. Alle Deutschen müssen lernen, dass, was nicht zusammenpasst, auch nicht zusammenwachsen sollte. Erst wenn die Deutschen begreifen, wie unterschiedlich sie sind, kann die Wiederholung der alten Fehler vermieden werden.

An den Glauben, den nach dem Krieg aufgewachsenen »Wohlstandskindern« des Westens – wie zum Beispiel Gerhard Schröder – etwas voraus zu haben, klammern sich viele Ostdeutsche. »Sie haben nie wirklich harte Zeiten erlebt und keine der beiden deutschen Diktaturen. Ihr Gestaltungswille formiert sich auf bundesdeutschen Wohlstand. Insofern können die Ostdeutschen der Krise lockerer entgegensehen. Sie haben schon einiges durchgemacht. Und sie haben nicht so viel Besitzstände, also auch nicht so viel zu verlieren«, glaubt die 37-jährige Mathematikerin Christa.[5]

Die meisten Enttäuschungen kommen von übertriebenen Versprechungen und Erwartungen. So nährte das Einheitsgeschwätz die Einheitsphobie. Statt des fröhlich verkündeten »sich selbst tragenden« Aufschwungs kam die sich selbst verschärfende Depression.

»Wenn Sie hören, ›Wir sind ein Volk‹, empfinden Sie das so, oder empfinden Sie das nicht so?« Im Jahr 2002 antworteten 63 Prozent der Ostdeutschen: »Ich empfinde es *nicht* so.« Unmittelbar nach dem Systemwechsel waren es nur 45 Prozent gewesen. Auch im Westen verschlechterten sich die entsprechenden Werte. Es sind jetzt nur noch etwa 42 Prozent, die dem Slogan »Wir sind ein Volk« zustimmen, 1990 waren es noch 54 Prozent gewesen. Das Projekt der »inneren Einheit« ist auch gescheitert, weil annähernd die Hälfte aller Deutschen sich ihm verweigert.

Im Übrigen haben West- und Ostdeutsche noch nicht einmal das selbe Wort füreinander. Von Ossis und Wessis spricht man eher im Westen. Ostler und Westler heißt es gemeinhin im Osten. Mir gefällt beides nicht – und ich verwende beide Bezeichnungen abwechselnd.

Doch zunächst ein notwendiges Wort der Differenzierung. Auch die ostdeutsche Gesellschaft entwickelt sich seit dem Beitritt auseinander, ist weniger homogen als früher. In mehrfacher Hinsicht, zum Beispiel unterscheiden sich die Regionen stark voneinander. Die wirtschaftliche Gesundung ist in einigen Gegenden Sachsens und Thüringens erfreulicher verlaufen als in anderen »neuen« Ländern.

Jedenfalls sind in Thüringen und Sachsen 52 Prozent der Menschen »stolz auf das Erreichte«, aber in Berlin nur 31 Prozent.[6] Die Verbundenheit der Bürger mit ihren Regionen wächst, aber ebenso ungleichmäßig wie die wirtschaftliche Entwicklung.

Die Fähigkeit, auch geistig im Westen anzukommen, ist vom Alter abhängig. Je jünger Menschen sind, desto weniger fest war ihre mentale Bindung an die DDR. Und umso leichter und schneller verliert sie sich. So sollte man meinen. Aber es zeigt sich, dass es den in der DDR sozialisierten Eltern erstaunlich gut gelingt, ihre Mentalität an die Kinder weiterzugeben. Auch deshalb ist »Ostalgie« durchaus kein Phänomen der »Alten« im Osten. Die real existierende Einheit hat viel dazu beigetragen, die Mentalität des Ostens zu festigen.

Die Bereitschaft des Einzelnen, die geistigen Fesseln des alten

Regimes zu sprengen, die Freiheit zu nutzen und sich mit dem neuen politischen System zu identifizieren, ist ganz verschieden. Die viel beschworene »innere« Einheit ist nicht nur ein Problem zwischen Ost und West, sondern auch zwischen einander sehr fremd gewordenen Ostdeutschen. »Innere Einheit« ist keine kollektive, sondern eine sehr individuelle Leistung.

Es kann nicht überraschen, dass ein großer Teil der Ostdeutschen längst nicht mehr das ist, was viele Westdeutsche für ostdeutsch halten. Sie haben die Entmündigung gehasst und lassen sich deshalb das Denken nicht schon wieder vorschreiben. Viele haben sich gehäutet, viele nicht. In Deutschland wird gern so getan, als sei »Identität« das Wichtigste an einem Menschen überhaupt, eine sozusagen genetisch bedingte geistige Ausstattung. Ich kann nichts Schlechtes daran finden, von einem Menschen sagen zu können, er habe seine Identität geändert.

Am schnellsten und konsequentesten gelang das den Ostdeutschen, die in den Westen zogen. »Meine Position wäre wahrscheinlich eine andere, würde ich noch in Ostdeutschland leben... Dass ich mich nicht mehr als Ostdeutscher fühle, ist schon eine Befreiung, weil ich mich dadurch unbefangen in ganz Deutschland bewegen kann und keine Ressentiments habe. Ich verstehe, dass Ostdeutsche, die in Ostdeutschland geblieben sind, Probleme haben mit Ost und West und immer noch deutliche Differenzen spüren«[7], erzählt Andreas, ein 30-jähriger Sozialwissenschaftler.

So sind die Ostdeutschen untereinander und viele wohl auch in sich selbst gespalten.

Wenn also in diesem Buch, wie in praktisch allen Veröffentlichungen zu diesem Thema, vereinfachend von *den* Ostdeutschen die Rede ist, dann nicht im Sinne einer Pauschalierung, sondern lediglich als sprachliche Vereinfachung für jene ostdeutsche Mentalität, die alle demoskopischen Untersuchungen bestätigen. Aber noch einmal: Die Bürgerschaft der ehemaligen DDR ist tief gespalten.

In seiner Not sagt der Patriot, es mache gar keinen Sinn mehr, sich über die Fehler der Einheit den Kopf zu zerbrechen, weil es zum sofortigen Beitritt der DDR keine Alternative gegeben habe. Die Regierung habe unverzagt und ohne zu zögern handeln müssen, als das schmale historische Zeitfenster für die Wiedervereinigung offen stand. Nur in einem einzigen, einmaligen Augenblick sei die DDR der vom eigenen Umbruchschaos gefesselten Sowjetunion abzuluchsen gewesen. Mit Verlaub: Dieses Fenster stünde auch heute noch sperrangelweit offen.

Ein weiteres Standardargument der Patrioten lautet: Abermillionen frisch befreiter Ostdeutscher hätten sich unverzüglich auf den Weg in den Westen gemacht, hätte die DDR sich nicht unverzüglich an die nährende Brust der Bundesrepublik geworfen. Auch diese Behauptung wird durch litaneienhafte Wiederholung nicht richtiger. Richtig ist vielmehr, dass heute ganze Landstriche im Osten Deutschlands beinahe menschenleer sind, leer gefegt vom »Aufbau Ost«.

Und jetzt das schlagendste, unübertrefflichste Argument der Patrioten: Das Volk habe die sofortige Einheit einfach gewollt. Man könne ja – so einer von Kohls Lieblingssprüchen – auch Vater Rhein in seinem Bett nicht aufhalten. Weshalb wird dann aber über den Sieg dieser unaufhaltsamen Macht so grandios gejammert? Ein anderer Vergleich kommt in den Sinn. Die Flut war ein Naturereignis, aber die brüchigen Dämme, das miserable Katastrophenmanagement haben Menschen zu verantworten.

Könnte es nicht sein, dass sich zwar die Deutschen im Osten wie im Westen die Einheit gewünscht hatten, nur nicht um jeden Preis, jedenfalls nicht um den, der tatsächlich fällig geworden ist? Haben nicht die Vereinigungskünstler, teils in bewusster Täuschung, teils aus Selbsttäuschung, ihren zwei halben Völkern die Kosten klein gelogen? Trotzdem bestehen sie darauf, eine patriotische Großtat vollbracht zu haben.

Was wäre denn geschehen, wenn die damals verfügbaren Fakten, die berechenbaren, absehbaren Folgen des Beitritts offen ausgesprochen und diskutiert worden wären? Warum durften die Deutschen nicht darüber streiten, was ihnen die Einheit wirklich Wert ist? Wäre die unterdrückte Debatte nicht eine wichtige Voraussetzung dafür gewesen, die Folgen so klein wie möglich zu halten, sie dann aber auch zu akzeptieren? Sollte ein Brautpaar nicht über seine Vermögensverhältnisse reden, ehe es den Ehevertrag unterzeichnet? Gäbe es heute nicht eine Menge Probleme weniger, wenn die Deutschen sich auf das hätten einstellen können, was ihnen blühte? Und wenn die Westdeutschen oder die Ostdeutschen oder beide gesagt hätten: Nein, danke, die Sache ist noch nicht reif und zu riskant? Dann wäre es eben der Wille des Volkes gewesen. One man, one voice. Die Politiker gingen damals aber offenbar gar nicht von *einem* Volk aus, sondern von zwei Gesellschaften. Sie fürchteten, die Westdeutschen könnten nicht mitspielen, wenn die Karten auf den Tisch gelegt würden. Also wurde vertuscht und gelogen. Die Voraussetzungen für die dauernd beschworene »innere Einheit« wären jedenfalls besser gewesen, hätten sich die Deutschen zu Beginn ein wenig mehr Wahrheit zugemutet.

Auch die Ostdeutschen hätten unter besserem Management vermutlich weniger enthusiastisch den sofortigen Beitritt verlangt und lieber erst selbst einige Voraussetzungen für den finalen, unwiderruflichen Schritt getroffen, statt sich sofort auf Gedeih und Verderb dem Westen auszuliefern.

Kann man einem Land ein komplettes demokratisches System verordnen? Nach dem Krieg war das, im glücklicheren Westen jedenfalls, anders gewesen. Die amerikanischen, englischen und französischen Lehrmeister der Westdeutschen hatten das Ziel vorgegeben, aber die Spielregeln hatten sich die Westdeutschen selbst erarbeitet. Erst tagte der Verfassungskonvent, danach eine verfassunggebende Versammlung. Zum Üben durften die Deutschen erst einmal nur im Wirtschaftsrat mitreden und nicht gleich eine Bundesregierung bilden. Schritt für Schritt wurde damals Demokratie aufgebaut, erst auf Gemeinde-, dann auf Landes-, schließlich auf Bundesebene. Nach dem Ende der DDR ging dagegen alles holterdiepolter. Dabei hatte im Westen nach 1945 die Demokratie bessere Voraussetzungen gehabt als vor 15 Jahren in der DDR. Die Nazidiktatur hatte nur zwölf Jahre lang gedauert, und es gab noch genügend Politiker mit Erfahrungen in der Weimarer Republik.

Die sozialistische Entmündigung hatte dagegen 40 Jahre lang bestanden und die Bevölkerung viel gründlicher sozialisiert. Und viele der Besten hatten das Land längst verlassen. Auch das wurde verdrängt. Der Bruch mit der Vergangenheit musste radikal geschehen. Aber das Neue hätte mehr Zeit gebraucht. Der DDR-Gesellschaft war zwar 1990 der Staat abhanden gekommen – aber es gab trotzdem immer noch die Gesellschaft der DDR. Selbst wenn sie sich als Teil einer Nation verstand, war sie immer noch ein eigener, sehr spezieller Organismus. Nur ein kleiner Teil der DDR-Bevölkerung war in der Lage, von einem Tag auf den anderen Bundesrepublikaner zu werden. Es war der Teil, der längst schon im Geiste Republikflucht begangen hatte.

Der rasche Wandel des Wirtschaftssystems wäre leichter verkraftet worden, hätten die Ostdeutschen eine Chance bekommen, selbst mehr zu gestalten. Aber das wäre nur möglich gewesen, wenn eine neue, demokratische DDR Zeit gehabt hätte. Der abrupte Wandel verletzte den Stolz, schürte Angst, vernichtete Selbstvertrauen. Pleiten wären verhindert worden, Millionen Arbeitsplätze erhalten geblieben, wenn die ostdeutsche Wirtschaft länger konkurrenzfähig geblieben wäre.

Fachleute haben das immer schon so gesehen. Aber mit der Vernunft ihrer Fakten und der ökonomischen Logik drangen sie nicht durch bei Politikern, die wie besessen schienen vom angeblich historischen Auftrag. Die Einheit wurde – vor allem von der 1989 maßgeblichen Generation Kohl – auch als Korrektur des westdeutschen Geschichtsbilds begriffen. Die jüngeren Bundesrepublikaner waren auf dem besten Wege, Abschied von der Idee der Nation zu nehmen. Heute wird das als Irrweg abgetan.

Aber die Deutschen erfüllen den Sinn der Geschichte nicht dadurch, dass sie vereint sind. Es gibt gar keinen Sinn der Geschichte. Staaten haben auch nicht die Aufgabe, historische Entwicklungen zu restaurieren, sondern ihren Bürgern zu helfen, die kurze, irdische Gegenwart so human und lebenswert zu gestalten wie möglich. Dazu brauchen Menschen nicht sehr viel: Die Freiheit zu denken, was sie wollen. Die Freiheit zu leben, wo sie wollen. Die Freiheit, ihr individuelles, persönliches Glück zu suchen. Staaten sollten nicht Instrumente kollektivistischer Ideen sein – nicht religiöser, nicht sozialistischer, nicht nationalistischer.

Die Unfreiheit der DDR bestand nicht so sehr darin, die Einheit der Nation verhindert, sondern darin, ihren Bürgern elementare Menschenrechte vorenthalten zu haben.

Heute muss die Frage erlaubt sein, ob das neue, vereinte Deutschland seinen Bürgern die bestmöglichen Chancen bietet, ihr individuelles Glück zu finden. Die ehrliche Antwort darauf ist die: Die meisten der ehemaligen DDR-Bürger leben heute in einem unvergleichlich vernünftigeren Staat. Einige Millionen von ihnen empfinden es trotzdem anders, und Glück ist nun einmal höchst subjektiv. Alle zusammen, Westdeutsche und Ostdeutsche, leben heute nicht in dem Staat, der die Bundesrepublik Deutschland einmal gewesen ist, und nach dem sie sich im Osten womöglich gesehnt hatten. Und die Westdeutschen leben heute, gemessen an dem, was sie hatten, in einer beschädigten Republik.

EINS
Wie Einheit spaltet

Zweierlei Mentalitäten

Deutschland ist als Staat zwar vereint, aber es besteht nach wie vor aus zwei Gesellschaften. Das wird auch von außen so wahrgenommen. »Alles, was ich verstehe, ist, dass es nur eines Zeitraums von 40 Jahren bedurfte, um zwei verschiedene Arten von Deutschen entstehen zu lassen«, schrieb die australische Autorin Anna Funder.[1]

Die Grenze zwischen diesen beiden Gesellschaften verläuft allerdings nicht mehr entlang der alten Demarkationslinie. Sie ist nicht mehr an Zäunen, Mauern und Wachtürmen zu erkennen. Zu sehen sind im Osten Arbeitslosigkeit, Abwanderung, Leerstand. All das kann man inzwischen auch im Westen entdecken. Aber hier sind es kleine Verwüstungen inmitten blühender Landschaften. Im Osten ist es umgekehrt. Wenige Oasen blühen in einer großen Wüste. Die eigentliche Spaltung der Nation reicht tiefer als die wachsende Kluft zwischen Wohlstand und Armut, Gewinnern und Verlierern der Einheit. Was Gesellschaften voneinander unterscheidet, was sie formt, sind ja nicht nur ökonomische Verhältnisse, sondern vor allem gemeinsame Erfahrungen, Leitbilder, Denkmuster und Gefühle. Denn eine Gesellschaft ist permanent miteinander im Gespräch, wozu nicht nur die gemeinsame Sprache gehört, sondern auch ein gemeinsames Verständnis von den Dingen, gemeinsame Ziele und Werte.

Ein beträchtlicher Teil, nimmt man die Meinungsumfragen als Maß, knapp die Hälfte aller Ostdeutschen, tickt aber nach wie vor anders als die übrigen Deutschen. Er informiert sich und kommuniziert anders, folgt einem unterschiedlichen Satz von Leitvorstellungen, bewahrt eine eigene Mentalität. Dieses Erbe der DDR ist noch immer stärker als die historischen Wurzeln der Nation.

Ein liberales Bürgertum zum Beispiel kann sich im Osten nur langsam entwickeln. Es dauert einige Jahrzehnte, mehrere Generationen wirken daran mit. Im Westen war die Individualisierung der Bevölkerung um vier Jahrzehnte weiter fortgeschritten als im noch immer kollektivistisch ausgerichteten Osten.

Milieus und Wertorientierungen, wie sie sich in der DDR entwickelten und festigten, halten, so bestätigen die Sozialforscher, »unter normalen Umständen ein Leben lang«[2]. Deshalb ist die »innere Einheit« erst wirklich vollendet, wenn die von und in der DDR vollständig sozialisierten Jahrgänge weggestorben sind. Also etwa in 50 Jahren. Manch glühenden Patrioten mag diese Vorstellung erschrecken. Nüchterne Beobachter hatten es nicht anders erwartet.

Die DDR-Gesellschaft war in vielerlei Hinsicht homogener als die Bevölkerung der Bundesrepublik. Dies war ja auch das Ziel des »klassenlosen« Staates. Vollkommen gleichgeschaltet war nicht einmal die Bürgerschaft der DDR, aber die Ostdeutschen haben noch immer großen Nachholbedarf an gesellschaftlicher Ausdifferenzierung. Die innere Spaltung der Ostdeutschen ist ein gutes Zeichen.

Das demoskopische Institut Allensbach fragte: »Wodurch unterscheiden sich Ihrer Meinung nach Ost- und Westdeutschland?« Die meisten Ostdeutschen waren der Meinung, sie unterscheiden sich darin, »welche Mentalität man hat, welche Art man hat zu denken und zu fühlen«. Man sollte glauben, im Laufe von 15 Jahren müsste sich diese Auffassung durch Erfahrungen mit dem Westen, durch persönliche Kontakte abgeschwächt haben. Weit gefehlt. Im Jahr 2002 waren 46 Prozent der Ostdeutschen dieser Auffassung und damit sogar deutlich mehr als zehn Jahre zuvor (41 Prozent).[3]

Mentalitätsunterschiede lassen sich sehr gut erkennen, wenn man etwa die Selbsteinschätzung der Ost- beziehungsweise Westdeutschen mit der Einschätzung durch die jeweils anderen vergleicht.

Ostdeutsche halten sich selbst für außerordentlich fleißig, sparsam, bescheiden, ehrlich und verantwortungsbewusst, bekommen aber in all diesen Eigenschaften schlechte Noten von den Westdeutschen. Diese glauben stattdessen, die Ostdeutschen seien unzufrieden und aufs Geld aus. Die Westdeutschen haben von sich selbst ein durchaus selbstkritisches Bild. Sie halten sich zwar für überaus fleißig, aber auch für bürokratisch und materialistisch. Den Ostdeutschen fällt zu den Westdeutschen vor allem ein, dass sie geldgierig, arrogant und selbstbewusst sind, vor allem auch gegenüber den Ostdeutschen.

Deshalb sinkt auch nicht die Zahl der Ostdeutschen, die sich als »Bürger zweiter Klasse« fühlen. Im Gegenteil, sie steigt. Im Jahr 2002 waren es satte 57 Prozent, drei Jahre vorher nur 45 Prozent. Dieses Gefühl des Herabgesetztseins ist nicht mit der objektiven Lage der Ostdeutschen zu erklären. Nicht das Sein bestimmt hier das Bewusstsein, denn in den vergangenen 15 Jahren ist der Wohlstand der Ostdeutschen kontinuierlich gestiegen. Selbst die meisten Arbeitslosen leben materiell in besseren Verhältnissen als früher in der DDR. Aber entscheidend ist das subjektive Empfinden.

Tatsächlich fühlen sich noch immer mehr als die Hälfte aller ehemaligen DDR-Bürger »eher« als Ostdeutsche denn als Deutsche. Im Westen ist das Verhältnis ganz anders; 70 Prozent fühlen sich »eher« als Deutsche.[4] Das mag auch daran liegen, dass die Westdeutschen schon vor der Wende glaubten, *die* Deutschen schlechthin zu sein. Im Fußball spielte selbstverständlich »Deutschland gegen die DDR«.

Diese Befindlichkeitskluft wäre nicht weiter schlimm, wenn sich Ost- und Westdeutsche wenigstens auf die Demokratie als gemeinsame Staatsform verständigen könnten. Ist das nicht der Fall? Sogar die PDS behauptet ja, auf dem Boden der freiheitlich-demokratischen Grundordnung zu stehen. Nur leider zeigen die Erkenntnisse der Demoskopen etwas ganz anderes.

Fast ein Drittel (29 Prozent) der Ostdeutschen hatte 2001 noch »Zweifel«, ob die Gesellschaftsordnung der Bundesrepublik verteidigt werden sollte. Ebenfalls ein knappes Drittel (30 Prozent) glaubt, es gebe eine bessere Staatsform als die Demokratie, weil man die Probleme mit demokratischen Mitteln nicht lösen könne. 72 Prozent der westdeutschen, aber nur 31 Prozent der ostdeutschen Bevölkerung sind grundsätzlich von der bundesdeutschen Demokratie überzeugt.[5] Weniger als ein Drittel aller Ostdeutschen (29,9 Prozent) sah 1998 in der Demokratie »die beste vorstellbare Staatsidee«, wesentlich mehr Ostdeutsche, nämlich 38,8 Prozent, stimmten dagegen der Aussage »überhaupt nicht zu«, die Demokratie sei »unter Umständen die bessere Staatsform«.[6]

Mehr als ein Drittel der Ostdeutschen hat Verständnis für folgende Aussage: »Diese so genannte Demokratie ist nur ein Betrug an den kleinen Leuten. Wir brauchen ein ganz anderes politisches System.« Ein weiteres Drittel der Ostdeutschen will diesem Satz zwar nicht zustimmen, kann aber verstehen, »wenn jemand so etwas fordert«.

Tatsächlich glaubte noch Ende 2000 die absolute Mehrheit aller ehemaligen DDR-Bürger (53 Prozent), wir bräuchten »einen neuen Weg zwischen Kapitalismus und Sozialismus«. Nur 26 Prozent der Ostdeutschen sehen in Sozialismus und Demokratie »unüberwindbare Gegensätze«. 41 Prozent glauben dagegen an einen demokratischen Sozialismus.

Die Leiterin des Instituts für Demoskopie Allensbach, Renate Köcher, zieht eine nüchterne Bilanz: »Das Jahrzehnt in einem gemeinsamen Staat, in demselben politischen und wirtschaftlichen System, hat dieses Empfinden von Verschiedenheit nicht gemindert. Vielmehr ist gerade die gemeinsame Wirtschafts- und Gesellschaftsordnung Quelle von Dissens... Das Vertrauen in das Wirtschaftssystem erodiert, das Vertrauen in das politische System (ist) gar nicht erst gewachsen.«[7]

Die Ergebnisse der Umfragen übertreffen selbst die pessimistischsten Erwartungen. Die Vorstellungen über das gemeinsame Staatswesen klaffen derart weit auseinander, dass von einem vereinten Volk keine Rede sein kann. Eigentlich müssten diese Zahlen mehr elektrisieren als die monatlichen Arbeitslosenquoten. Monat für Monat sollten sie vom Ministerium für den »Aufbau Ost« vorgelegt werden, um den Deutschen ein ungeschminktes Bild ihrer Einheit zu vermitteln.

Es gibt aber nicht mehr viele Erhebungen dieser Art. Das hat seinen Grund: Es fehlen die Auftraggeber. Die Medien veröffentlichen lieber Umfragen über die Beliebtheit von Politikern, obwohl deren Unbeliebtheit auch ohne Umfragen klar zu erkennen ist. Nur in Ausnahmefällen werden politische Umfragen noch nach Ost und West getrennt ausgewertet. Da soll wohl auch der Eindruck entstehen, die Unterschiede seien kaum noch erwähnenswert, lohnten den Aufwand nicht mehr.

Alles, was wehtun könnte, wird vermieden. Fast 15 Jahre lang zogen es Regierung, Parteien, Wirtschaftsverbände und Medien vor, das ökonomische Desaster klein zu reden. Das geht nun nicht mehr. Aber noch immer wird die mentale Spaltung des Landes am liebsten verleugnet, ignoriert, verharmlost. Meistens wird angenommen, die ostdeutsche Mentalität sei lediglich eine bedauernswerte, aber vorübergehende Nebenwirkung der wirtschaftlichen Verhältnisse. Aber so ist es nicht. Es sind nicht die ins Elend getriebenen Massen, welche die westliche Demokratie ablehnen. Es sind überwiegend Leute, die gut von dem Geld leben, das ihnen das verhasste System pünktlich überweist. Sie wären auch mit dem doppelten und dreifachen Betrag nicht zu überzeugen.

Wäre das nicht eine tolle Schlagzeile für *Bild:* Zwei von fünf Ostdeutschen lehnen ihren Staat ab? *Bild* macht sonst aus jedem Mist Schlagzeilen. Interessiert das keinen? Oder haben die Patrioten in den Redaktionsstuben Angst davor, den Westdeutschen könnte der Kragen platzen? Ist Schönfärberei Staatsräson in Deutschland? Man hat den Eindruck.

Ohne Meinungsfreiheit gibt es keine Demokratie, darüber muss man kein Wort verlieren. Schon gar nicht dort, wo sie unterdrückt und umso schmerzlicher vermisst wurde, sollte man meinen. Ausgerechnet dort aber nimmt die Wertschätzung der Meinungsfreiheit sogar wieder ab. 81 Prozent der Ostdeutschen hielten das Recht auf freie Meinung nach der Wende noch für das Wichtigste an der Demokratie, zehn Jahre später waren es nur noch 72 Prozent.

Mit dem Ansehen anderer demokratischer Werte steht es nicht besser. Dass man »zwischen mehreren Parteien wählen kann«, hielten unmittelbar nach dem Ende der DDR 81 Prozent für unverzichtbar in der Demokratie, zehn Jahre später nur noch 62 Prozent. Noch weniger Ostdeutsche (60 Prozent) halten regelmäßige freie und geheime Wahlen für notwendig. Offenbar glauben also die restlichen 40 Prozent, dass die DDR tatsächlich eine ansehnliche »demokratische« Republik gewesen ist. Wen wundert es dann noch, wenn gut die Hälfte (52 Prozent) der Ostdeutschen glaubt, die Demokratie komme auch ohne »geordnete Machtwechsel« aus. Auch eine »starke Opposition« halten gerade einmal 43 Prozent der Befragten für essenziell wichtig. Nach der Wende waren es noch 68 Prozent gewesen.

Ebenso erschreckend ist die fallende Wertschätzung der Reisefreiheit. Nach der Wende waren noch 73 Prozent der Ostdeutschen davon überzeugt, dass ohne sie Demokratie undenkbar sei. Heute sind es nur 53 Prozent.

Man fasst es nicht. Das sollen die Brüder und Schwestern sein, deren Freiheitsliebe einem einst Tränen in die Augen trieb? Wie soll man mit solchen Leuten Solidarität empfinden? Oder gar Identität?

Nützt nichts, ruft einen der Patriot zur Ordnung. Sie haben alle eine Stimme. Oder halten Sie das etwa auch für entbehrlich in einer Demokratie?

So machtlos, wie sie tun, sind die Ostdeutschen wahrlich nicht. Die letzten Bundestagswahlen sind nach Auffassung aller Wahlforscher im Osten entschieden worden. Schröder verdankt den Ostdeutschen seine Wiederwahl, CDU/CSU dem Osten ihre Niederlage. Die CDU bekam im Osten nur 28,3 Prozent, im Westen 40,8. Die SPD war im Osten mit 39,7 Prozent etwas stärker als im Westen mit 38,3 Prozent. Die Grünen waren im Osten nur halb so stark wie im Westen. Und natürlich machte die Ost-Partei PDS mit 1,1 Prozent im Westen keinen Stich, gewann aber 16,9 Prozent im Osten.

Wer aber geglaubt hätte, die PDS sei ein Auslaufmodell, den widerlegen die Ergebnisse der jüngsten Landtags- und Kommunalwahlen im Osten. Die PDS landete in Thüringen auf Platz zwei hinter der CDU. In Städten wie Magdeburg, Chemnitz und sogar im Muster-»Wachstumskern« Jena ist sie zur stärksten Kraft aufgestiegen. Das sind nicht einfach nur »Denkzettel« von Protestwählern, wie es sich die Patrioten gerne zurechterklären. Es ist die Normalität in einer postkommunistischen Gesellschaft mit unverwüstlicher DDR-Mentalität.

Vor der Wahlurne sind alle gleich, und vor Gericht auch. Dennoch glaubt die relative Mehrheit der Ostdeutschen, dass die ehemalige DDR ein besserer Rechtsstaat gewesen sei. Und das glauben sogar immer mehr. Vor zehn Jahren teilten 27 Prozent diese sonderbare Meinung, im Jahr 2001 bereits 31 Prozent. Nur 24 Prozent (2 Prozent weniger als zehn Jahre zuvor) empfinden mehr Rechtssicherheit in der Bundesrepublik.

Das ist doch ganz normal, es sind trotzdem deutsche Menschen, sagt der Patriot. Recht hat er. Deutsch sind sie, diese Ossis, und wie! Eine »deutliche Rechtsverschiebung« im Osten maß der Parteienforscher Jürgen W. Falter[8] in den 90er-Jahren. Auch ausländerfeindliche Einstellungen – von Straftaten ganz abgesehen – sind im Osten häufiger zu finden als im Westen, obwohl es im

Osten kaum Ausländer gibt. Bei der jünsten Kommunalwahl in Sachsen gab es Spitzenergebnisse für rechtsradikale Parteien. In der sächsischen Schweiz liegt die NPD auf Platz 3, NPD und Republikaner rückten in 23 Kommunalparlamente ein.

Einige Millionen Ostdeutsche glauben offenbar, sie seien lediglich dem bundesrepublikanischen Sozialstaat beigetreten, nicht aber auch dem Wertesystem der Bundesrepublik. Vielleicht wäre in einer rechtzeitigen Debatte über die Vereinigung herausgekommen, was die meisten Ostdeutschen unter Freiheit verstehen wollten, etwas ganz anderes nämlich als die meisten Westdeutschen. Die verstehen unter Freiheit doch zunächst einmal die Freiheit, etwas selbst zu tun – und nicht nur die Freiheit, einen untauglichen Staat aufzugeben. Sogar der Begriff »Freiheit« hat, wie so viele Begriffe, im Osten eine andere Bedeutung als im Westen. Aber auch das wird verdrängt und die Debatte darüber tabuisiert.

Seit den 70er-Jahren fragt das Allensbacher Institut für Demoskopie nach dem Stellenwert der Demokratie in Deutschland. Die Befragten müssen zwischen zwei Sprechblasen wählen. Die erste lautet: »Ich finde Freiheit und möglichst große Gleichheit, soziale Gerechtigkeit eigentlich beide wichtig. Aber wenn ich mich für eines davon entscheiden müsste, wäre mir die persönliche Freiheit am wichtigsten.« Die andere Sprechblase findet »möglichst große Gleichheit« wichtiger als Freiheit. Wie nicht anders zu erwarten, wählen die Westdeutschen mit großer Mehrheit die Freiheit. In den 80er-Jahren waren es mehr als 60 Prozent der Befragten, in den 90er-Jahren nur noch gut 50 Prozent. Die Priorität der Freiheit sinkt seit der Wiedervereinigung also auch im Westen.

Endlich! Endlich messen wir eine Zunahme der »inneren Einheit«. Die Westler kommen den Ostlern entgegen – nur leider in die falsche Richtung. So haben die Patrioten sich die Einheit garantiert nicht vorgestellt.

Dem Ostler, klarer Fall, ist Gleichheit viel wichtiger als Freiheit. Nur 27 Prozent entschieden in dieser Umfrage, Freiheit sei wichtiger, 63 Prozent aber votierten für Gleichheit. Unmittelbar nach dem Beitritt hatten beide Werte im Osten noch gleichauf gelegen.

Unglaublich, aber wahr: 15 Jahre Einheit haben es nicht vermocht, mehr ehemalige DDR-Bürger von der Demokratie zu überzeugen. »Ob ein Land eine Demokratie ist, erkennt man daran, dass es dort keinen höheren Wert als die Freiheit gibt«, sagte der große amerikanische Politologe Samuel Huntington.

Wenn es nicht einmal glückt, den mit Abstand vernünftigsten Staat der deutschen Geschichte zu einer Herzensangelegenheit aller Deutschen zu machen, was hat das Gerede vom *einen* Volk dann überhaupt für einen Sinn?

»Eine unterschiedliche Wertschätzung von Freiheits- und Gleichheitsidealen, ein unterschiedliches Freiheitsverständnis und eine andere Sichtweise des erwünschten Verhältnisses von Bürger und Staat führen zwangsläufig zu Meinungsunterschieden über den künftigen Weg der Republik. Gerade in der Frage, wie weit sich der Staat aus bestimmten Bereichen stärker zurückziehen kann und muss, welchen Raum künftig private Initiative und Eigenverantwortung einnehmen sollen, gibt es erhebliche Meinungsunterschiede.«[9] Aber weshalb sollten die Westdeutschen sich solche »Meinungsunterschiede« (ein politisch korrekter Euphemismus – eigentlich sind es unüberwindbare ideologische Gegensätze) noch länger gefallen lassen?

Die ostdeutsche Vorliebe für Gleichmacherei kann zu politischen Kompromissen führen, die der Bundesrepublik schaden. Die Reformierbarkeit des Landes nach westlichen (marktwirtschaftlichen) Vorstellungen wird von der Mentalität des Ostens behindert.

Am liebsten hören die Wessis mit patriotischen Ohrstöpseln bewaffnet weg. Aber es ist nun einmal so: Fast zwei Drittel der Ostdeutschen (64 Prozent) verlangen mehr soziale Sicherheit durch den Staat, selbst um den Preis zusätzlicher finanzieller Belastungen. Dies wiederum wollen nur 28 Prozent der Westdeutschen.[10] Da mag das patriotische Herz der Allensbach-Chefin sich grämen: »Wie viel Verunsicherung von einem freiheitlichen

System für diejenigen ausgeht, die es nicht gewohnt sind, ist eine der Lektionen der Geschichte der deutschen Einheit.«

Diese »Lektion« haben nur die Patrioten nötig. Wer bei klarem Verstand war, wusste es vorher. Die »Verunsicherung« der Ostler könnte fatale Folgen haben. Denn die klassenkämpferischen 40 Prozent der Ostdeutschen sind durchaus in der Lage, in Zeiten wachsender sozialer Spannungen den Umverteilungsfanatikern im Westen zur kritischen Masse zu verhelfen. Und mancher Scharfmacher im Westen wird der Versuchung nicht widerstehen, den ostdeutschen Jammermarxismus für seine Zwecke zu nutzen.

Die »Wiedervereinigung« hat die beiden deutschen Gesellschaften nach dem Prinzip der kommunizierenden Röhren miteinander verbunden. Auch im Westen vergrößern sich die sozialen Unterschiede. Wird Deutschland am Ende eine »DDR light«, wie der sehr patriotische Historiker Arnulf Baring zu klagen pflegt? Da unken auch im Westen schon intelligente Menschen von drohenden Revolten. Der Dramatiker Rolf Hochhuth schwadroniert über denkbare Anschläge auf kapitalistische Symbolfiguren wie den Chef der Deutschen Bank, Josef Ackermann. Wäre das nicht eine patriotische Tat, vergleichbar mit der Wilhelm Tells?, fragt Hochhuth ungeniert in seinem Theaterstück »McKinsey kommt«. Uraufführen ließ er es in der Stadt Brandenburg, in einer Krisenregion des Ostens.

Wer möchte in Deutschland schon die Hand dafür ins Feuer legen, dass die Demokratie so gefestigt ist, dass sie auch in Zeiten der Krise Bestand hat? Der Ruf nach starken Männern ist populär, im DDR-nostalgischen genauso wie im deutschnationalen Milieu. Schnell ist sie wieder da, die Sehnsucht nach klaren Ansagen von oben. Der Beitritt der DDR könnte die bundesrepublikanische Demokratie noch einer gehörigen Zerreißprobe aussetzen. Das ist auch eine Dialektik der Einheit: Der Beitritt der DDR hat die Bundesrepublik labiler gemacht.

Noch heute wünschen sich 40 Prozent der ostdeutschen Bevölkerung einen neuen Staat, eine Symbiose aus dem ihr vertrauten

DDR-Staat und der heutigen Bundesrepublik.[11] Oft ist der sozialromantische Satz zu hören: Die Menschen der DDR müssten stolz sein dürfen auf ihre Lebensleistung und im Reinen mit ihren Biografien. Nichts dagegen. Demokratie ist aber kein runder Tisch und kein evangelischer Kirchentag, an dem jeder für jeden und jedes Verständnis haben muss.

Vor 30 Jahren hatte die Bonner Republik jeden Postboten mit Berufsverbot bedroht, wenn er sich als »Radikaler« zu erkennen gab, der die Kommunisten wählte. Es waren ziemlich hysterische Reaktionen auf angeblich verfassungsfeindliche Umtriebe. Damals forderten die Patrioten eine »wehrhafte Demokratie«. Heute akzeptieren sie mit einem nachsichtigen Lächeln und einem Achselzucken ein paar Millionen viel radikalere Mitbürger.

Das »DDR-nostalgische Milieu«

Es gibt neben repräsentativen Umfragen auch andere Methoden, Gesellschaften zu beschreiben. Konsumforscher benennen und unterscheiden verschiedene Milieus und Lebensstile innerhalb einer Gesellschaft. Die spezifische Zusammensetzung der verschiedenen Milieus definiert die Gesellschaft als Ganzes.

Diese Milieus sind keine voneinander abgegrenzten Schubladen, sondern Hilfsmittel, um die signifikanten Wertvorstellungen und Wünsche der Verbraucher genauer voneinander zu unterscheiden. Ihre Beschreibung hilft, die zunehmende Individualisierung der Gesellschaft zu strukturieren. Denn auf die horizontale Schichtung nach Einkommen und Bildung kommt es heute weniger an.

Das Heidelberger Institut Sinus Sociovision hat zehn Milieus oder »Lebenswelten« formuliert, zum Beispiel das Milieu der »Bürgerlichen Mitte«, die »Modernen Performer« und die »Hedonisten«. Diese Begriffe heben »zwangsläufig nur einen bestimmten Aspekt hervor« und haben nur illustrierenden Charakter. Alle Milieus sind in Ost- und Westdeutschland zu finden, aber in deutlich unterschiedlicher Gewichtung. Im Osten gibt es jedoch ein spezielles Milieu, das im Westen nicht vorkommt. Die Konsumforscher bezeichnen es als »DDR-nostalgisches Milieu«. Auf ganz Deutschland gerechnet zählen zu dieser Lebenswelt nur 5,3 Prozent der Bevölkerung, sie stellen jedoch ungefähr ein Fünftel aller Ostdeutschen.

Dies sind »resignierte Wendeverlierer«, die an »preußischen Tugenden und altsozialistischen Vorstellungen von Gerechtigkeit und Solidarität« festhalten. Was, fragt man sich, hat das traditionelle Preußentum mit dem Sozialismus zu tun? Dazu mehr in Kapitel fünf.

Verbitterung über die Nachwendeverhältnisse stellen die Konsumforscher auch in anderen Lebenswelten fest, etwa im Milieu der »Traditionsverwurzelten«. Die DDR-Nostalgiker aber sind eine besondere Gruppe. Sie verklären die Vergangenheit. Sie sind häufig finanziell unzufrieden, leiden an Orientierungsproblemen und Ängsten. Sie kritisieren den globalisierten Kapitalismus und den westlichen Lebensstil.

Die Angehörigen dieses Milieus sind nicht das, was man im Westen für »links« hält: Bei ihnen zählt laut Sociovision das »Festhalten an den Sekundär-Tugenden Disziplin, Fleiß, Ordnung, Sauberkeit, Pünktlichkeit und Unterordnung; teilweise auch Law-and-Order-Denken«. Nichts verachten sie mehr als eine zivile und liberale Gesellschaft. Sie suchen Wärme im Stallmief der PDS. Sie hätten gern mehr Staat, je autoritärer, desto besser; ob links oder rechts gewirkt, ist für sie zweitrangig.

»Zu DDR-Zeiten konnte man als Frau nachts allein auf die Straße gehen! Man konnte die Wohnungstür offen lassen«, sagt der unbelehrbare Stasi-Mann.[12] Ähnlich tönten die Unverbesserlichen nach dem Ende des Naziregimes.

Sehr engagiert sind die DDR-Nostalgiker nicht, sie ziehen sich eher zurück in die »innere Emigration als Reaktion auf den ... sozialen Abstieg«. Ihre Ablehnung der Bundesrepublik leben sie überwiegend privat aus. Sie sitzen viel zu Hause und dort eine halbe Stunde länger vor dem Fernseher – insgesamt 282 Minuten täglich – als etwa die »Traditionalisten«, die Platz zwei in der Hitparade der Couchpotatoes belegen. Dabei bevorzugen sie nicht gerade anspruchsvolle Sendungen. Sie hören gern Volksmusik und deutsche Schlager.

Im DDR-nostalgischen Milieu sind überdurchschnittlich viele Frauen zu finden. Sie stricken, häkeln und schneidern am liebsten. Die Männer kompensieren ihr Gefühl, nicht mehr gebraucht zu werden, mit Heimwerken oder Mitmachen in Vereinen. Geld geben sie nur für das Notwendigste aus. Sie gelten als »hilflos in Geschmacksfragen«, sind älter als 40 (waren zur Wende mindestens 25) und beziehen in hohem Maße staatliche Transfereinkommen, sei es als Arbeitslose oder »postsozialistische Vorruheständler«.

Die Mediennutzung ist überhaupt ein wichtiger Indikator dafür, wie eine Gesellschaft miteinander kommuniziert. Dass Ostdeutsche und Westdeutsche nicht die selben Zeitungen lesen und nicht die selben Fernsehprogramme sehen, ist ein sicheres Zeichen dafür, dass sie aneinander vorbeireden, sich für verschiedene Dinge aus anderen Perspektiven interessieren, Texte anders lesen und verstehen. Sie verfügen nicht über den gleichen Informationsstand.

Die großen überregionalen Meinungsblätter, die Leitmedien im politischen Diskurs des Landes, werden im Osten kaum gelesen. Von der *Süddeutschen Zeitung* werden täglich nur knapp 9000 der insgesamt 430 000 Exemplare (2,1 Prozent der Auflage) in den fünf neuen Bundesländern verkauft. Die *Frankfurter Allgemeine Zeitung* liegt mit knapp 6 Prozent nicht viel besser im Rennen. Ähnliche Zahlen haben *Spiegel* und *Stern*.

Diese hochwertigen journalistischen Produkte gelten als arrogante Wessiblätter. Es ist wohl so, dass nicht viele ostdeutsche Leser dem Stil, der Perspektive, der oft ironischen Art, die Dinge zu betrachten und zu kommentieren, etwas abgewinnen können. Würden diese Zeitungen ihren Stil ändern, verlören sie Leser im Westen – und wohl auch an Bedeutung.

Die Ostdeutschen bevorzugen die *Superillu*, ein von Westdeutschen zynisch auf Ostgeschmack gebürstetes Revolverblatt, gegen das *Bild* geradezu seriös wirkt. Auch *Bild* schneidet im Osten mit einer eigenen Ausgabe besser ab als die überregionalen Abonnementblätter.

Umgekehrt hat es noch keine Zeitung aus dem Osten, auch nicht die mit großen Ambitionen als »deutsche *Washington Post*« gestartete *Berliner Zeitung*, geschafft, im Westen eine nennenswerte Leserschaft zu finden.

Dem, der noch immer von der »Vollendung« der Einheit träumt, müsste das den Schlaf rauben. Die Patrioten ziehen es aber vor, verschämt zu schweigen. So sind sie halt, die Ossis, heißt es. Lesen überhaupt nicht so viel.

Dafür sehen sie mehr fern, aber anders als im Westen. Die mehr auf Unterhaltung setzenden Privatsender werden im Osten häufiger als »Lieblingssender« genannt als im Westen. Die bundesweiten öffentlich-rechtlichen Programme haben es schwer, im Osten Zuschauer an sich zu binden.[13] Würden sie es mit aller Macht versuchen, würden sie im Westen wahrscheinlich mehr Zuschauer verlieren als im Osten dazugewinnen.

Ostdeutsche bevorzugen in größerem Maße Unterhaltungsshows, Seifenopern, Heimatfilme und Schlagersendungen und sehen wesentlich weniger gern Nachrichten und politische Talkshows als die Westdeutschen. Wahrscheinlich ist das Desinteresse am öffentlichen Diskurs ein Zeichen von Überdruss an der real existierenden Demokratie.

Ostalgie vereint

Das »DDR-nostalgische Milieu« darf nicht verwechselt werden mit dem gesamtdeutschen Phänomen der Ostalgie.

In der DDR »hat man oft das Gefühl gehabt, einer großen Gemeinschaft anzugehören, das war schön«. Dieses Gefühl ist nicht nur nicht schwächer, sondern sogar stärker geworden. »In dem individualistischen freiheitlichen Staat vermissen viele das Erlebnis des Kollektivs, der Geborgenheit in einer Gemeinschaft mit klar konturierten Zielen und Regeln.« Im gleichen Maß »schwindet das Gefühl, von der Staatsführung der DDR betrogen worden zu sein, schwindet auch die Erinnerung an Unfreiheit und Überwachung«.[14]

Nur noch 30 Prozent der Ostdeutschen erinnern sich an Misstrauen, Spitzelei und Entmündigung. Und nur noch 42 Prozent können sich an das Gefühl der Befreiung erinnern, von dem sie doch 1989 alle erfüllt gewesen sein wollen.

»Die ostdeutsche Bevölkerung ist rückblickend überzeugt, dass die Wirtschaft der DDR zwar eine Mangelwirtschaft war, aber auch 1989 noch durchaus funktionsfähig.«[15] Sie sehnen sich wehmütig nach einem Staat zurück, der für alles zuständig war.

44 Prozent der Ostdeutschen stimmen dem Satz zu: »Wir waren alle gleich und wir hatten Arbeit. Deshalb war es eine schöne Zeit.« Nur 31 Prozent verweigern solch hartnäckiger Schönfärberei die Zustimmung. Auch die Planwirtschaft wird nachträglich geradezu idealisiert. Sie habe soziale Gerechtigkeit garantiert, glauben fast alle, nämlich 89 Prozent der Ostdeutschen.

Gerechtigkeit? Gleichheit! Ein Wort – zwei ganz verschiedene Bedeutungen in den beiden so unterschiedlichen Gesellschaften.

Ostler halten es für gerecht, wenn Faule und Fleißige, Einfallslose und Einfallsreiche gleich schlecht bezahlt werden. Die meisten Westdeutschen halten wiederum dies für ausgesprochen unmenschlich, 64 Prozent der Ostdeutschen hingegen für »menschlich«.

Nostalgie definiert der Brockhaus als »sehnsüchtiges Verlangen nach einer vergangenen Zeit« und »symbolische Rückkehr zu oder Vergegenwärtigung von solchen Ereignissen (Objekten) des Erlebnisraumes, die den größten Satisfaktionswert bieten«.

Demnach wäre Ostalgie die Satisfaktion der Ostdeutschen gegenüber den Westdeutschen. Es ist die Währung, mit der sie dem Westen die Einheit heimzahlen. Manche Beobachter sehen in der Nostalgie eher »Vergangenheitssehnsucht aus Furcht vor Freiheit«.[16]

Ostalgie treibt die merkwürdigsten Blüten. Der Honda-Vertragshändler in Rostock missbrauchte sein Autohaus »für eine feuchtfröhliche Feier mit ehemaligen SED-Größen«. Mit diesen Worten kündigte Honda dem Händler, der in einem früheren Leben einmal Chef der Rostocker SED-Bezirksleitung gewesen war. Anlass war die Entlassung des Honecker-Nachfolgers Egon Krenz aus der Strafhaft. Selbstverständlich hält Krenz sich für ein Opfer politischer Justiz. Das ist eine eher spezielle Blüte der Nostalgie.

Fernsehshows machen sich die Ostalgie zunutze. Sie tun so, als sei die DDR eine harmlose, wenn nicht sogar liebenswerte Dauerwerbesendung für Spreewaldgurken, Rotkäppchensekt und schnittige Trabis gewesen. Die angebliche Nestwärme der DDR wird gepriesen. Sie lässt sich heute gut vermarkten. Das heißt: sozialistisches Lebensgefühl und Marktwirtschaft werden miteinander verquickt. Der auch im Ausland erfolgreiche Spielfilm »Good bye Lenin« – selbstverständlich inszeniert von einem Westdeutschen – ist dafür ein Beispiel. Er ironisiert die Gefühlsverwirrung der Ostalgiker, um sie zugleich zu bedienen.

Einig sind sich die Fachleute, dass Ostalgie »als gravierender Störfaktor« zu gelten hat. »Je stärker die DDR-Loyalitäten und die Identifikation mit der Idee des Sozialismus sind, umso negativer fallen die Einstellungen zum politischen System des vereinigten Deutschlands, den politischen Institutionen und Akteuren aus.«[17]

Die Experten unterscheiden zwischen nicht ideologischen und ideologischen Ostalgikern. Umfragen ergaben eine deutliche Zunahme der ideologisch motivierten Ostalgiker, dies ist die harmlosere Spezies.[18] Gefährlicher ist das scheinbar ideologiefreie Phänomen. Weshalb?

Mit der Ostalgie »verführt der Westen den Osten, das geschichtliche Glücksgefühl von 1989 zu verdrängen und die Gemeinsamkeit zu negieren. Die Montagsdemos sollen ausgelöscht werden, der Osten soll mitrufen: ›Wir sind kein Volk!‹«[19] Ist die Ostalgie also eine Erfindung des Westens, weil damit der Osten auf schlaue Weise doch noch sich selber überlassen bleibt?

Dies ist ein aparter Gedanke, doch Feuilletongewäsch. Wahrscheinlich ist es eher so, wie Jens Bisky in seinem brillanten Aufsatz »Zonensucht. Kritik der neuen Ostalgie« schrieb. Ostalgie sei das Eingeständnis des Westens dafür, dass die Missionierung des Ostens gescheitert ist. »Die kulturelle Teilung in Ost und West« erhalte den Frieden, »so wie sie Auseinandersetzungen innerhalb der ostdeutschen Gesellschaft entschärft«.[20] Wäre es so, müssten die Patrioten geradezu dankbar sein für diese geniale Erfindung.

Ostalgie ist nur eine von vielen mit der Einheit verbundenen Formen des Selbstbetrugs. Der Kult hat mit dem wirklichen Leben in der DDR nichts zu tun. »Obwohl die ›ostdeutsche Identität‹ erst nach der Vereinigung entstand, bilden nicht die Erfahrungen von Revolution, Umbruch, Neuanfang, Krise ihren Kern, sondern Traumbilder, Erinnerungen und Relikte des Sozialismus.«[21]

Sehen Sie das doch nicht so eng!, mahnt der Patriot. Gönnen Sie den Ostlern doch auch mal einen Erfolg! Ostalgische Umtriebe einfach nur herzig zu finden, wäre eine Möglichkeit. Nur leider ist die Wiedervereinigung keine Filmkomödie, sondern ein Kulturkampf. Der Westen habe ihn längst gewonnen, glaubt der Patriot.

Der kluge Jens Bisky sieht es anders: Beruht die »Versöhnungsbotschaft« der Ostalgie-Shows am Ende gar »auf einem kulturellen Sieg, der den Ostdeutschen wider Erwarten zugefallen ist? Sie besitzen heute eine privilegierte Position, die ihnen gegenwärtig keiner streitig zu machen droht. Ein Panzer demonstrativer Verletzlichkeit immunisiert gegen Kritik, ist der Angreifer doch schnell als einer entlarvt, der den Osten nicht verstehen kann.«[22]

Die versäumten Debatten über die Folgen des Beitritts haben ihren Preis. Ostalgie ist einer. »Nach dem Zusammenbruch der sozialistischen Planwirtschaften wurden Systemdebatten weitgehend für überflüssig gehalten. Die Ursachen des Zusammenbruchs wurden nicht aufgearbeitet. Politik, Wirtschaft und auch die Medien waren wohl überzeugt, dass der Zusammenbruch für sich spricht und keiner Analyse, keiner Erklärung mehr bedarf.«[23]

So dürfen wir uns nicht wundern, wenn die Ostalgiker den real existierenden Kapitalismus am Ideal eines »sozialistischen Systems« messen, während die Erinnerung an den real existierenden Sozialismus sich verklärt.

Vermeintlich harmlos und showkompatibel fesselt die Ostalgie den Ostdeutschen an »provinzielle Borniertheit« (Jens Bisky). Sie verhindert das Austragen und Verarbeiten tatsächlicher Konflikte und Interessengegensätze zwischen West und Ost. Ostalgie tabuisiert das Notwendige. Ostalgie macht dumm.

Der an dieser Stelle sehr gelassene Patriot erinnert daran, dass nach dem Krieg auch die Westdeutschen nicht gleich geschlossen in Begeisterung für die Demokratie ausgebrochen seien. In den ersten beiden Jahrzehnten der Bundesrepublik liebäugelten sogar starke Gruppierungen in der CDU mit sozialistischen Ideen. Erst am Ende der 60er Jahre hatte sich »ein grundlegender Wandel der politischen Einstellungen und Verhaltensmuster der Bundesbürger vollzogen: Die politische Involvierung und Partizipation waren beträchtlich gestiegen und im Vergleich mit anderen westlichen Demokratien nicht mehr als atypisch niedrig zu bezeichnen.«[24] Die unbequemen Kapitel der Geschichte wurden auch im Westen gern geschönt. Erst die Achtundsechziger und ihre Generation führten Krieg gegen die Verlogenheit ihrer Eltern.

Wo sind die Achtundsechziger des Ostens? Wir brauchen sie. Denn im Osten wird die Diktatur nach westlichem Vorbild entsorgt und bewältigt. Die »Achtundsechziger des Ostens« werden natürlich keine »linke« Bewegung sein. Aber sie werden ganz ähnliche Fragen stellen wie die linken Gesellschaftsveränderer damals im Westen.

Weshalb erzählt ihr uns nur die halbe Wahrheit?

Warum waren Polen, Tschechen, Ungarn so viel eigensinniger, um nicht zu sagen mutiger als ihr?

Wenn man euch glauben soll, dann waren 90 Prozent aller DDR-Bürger Regimegegner. Und praktisch niemand diente der Stasi. Ihr könnt euch eure Heuchelei sparen!

Gab es nicht auch in der DDR diese Blockwart-Mentalität?

Spitzeln als Neigung. Typisch deutsch, nicht wahr? Wie ist es zu erklären, dass in der DDR ein Spitzel auf 6,5 Einwohner kam? Bei Hitler kam ja nur einer auf 2000, und in der Sowjetunion ein KGB-Agent auf 5830 Einwohner.[25]

Und wie konntet ihr solchen unappetitlichen Spießern nachlaufen?

Weshalb diese Leisetreterei gegenüber einer zum Himmel schreienden, herzlosen Bürokratie? Gegenüber einem Polizeistaat, der sich als Heimat der Demokratie gerierte?

Warum habt ihr den systematischen Verrat am großen sozialistischen Traum einfach geschluckt? Warum die knechtische Katzbuckelei vor Moskau nicht wenigstens wie Tschechen, Ungarn oder Polen verspottet?

Habt ihr wirklich geglaubt, dass eure Heuchelei, Schleimerei und Lügnerei uns Jungen verborgen bleiben konnte?

Was habt ihr schon für eine Ahnung! Ihr habt es nicht erlebt. So werdet ihr antworten. Nichts anderes erwarten wir.

Früher hieß es: Das mit den Autobahnen und der Arbeit für alle war gut. Wenn nur das mit den Juden nicht gewesen wäre.

Und heute hören wir: Das mit den vielen Goldmedaillen und der Arbeit für alle war gut. Wenn nur das mit den Todesschüssen nicht gewesen wäre.

Die ewigen Untertanen fälschen sich mal wieder ihre Lebensläufe zurecht.

Warum habt ihr euch einfach weggeschmissen an den Westen, als das Regime den Löffel abgab? Jetzt hättet ihr doch beweisen können, was wirklich in euch steckte!

Ach, diese Achtundsechziger-Arroganz! Ungerecht und anmaßend, schimpft der Patriot. Wenigstens trifft sie die empfindlichen Stellen, die Weichteile des Deutschtums, den unseligen Hang der Deutschen zum Herdentrieb.

Woher kommt die unheilvolle Neigung zum Kollektiv? Sie kommt aus den Tiefen der Romantik, aus einer idealistischen Vorstellung von Staat und Gesellschaft. Es ist eine Erbkrankheit. Im Westen war sie so gut wie wegmutiert. Man könnte sagen, die

Krankheit des Kollektivismus ist so etwas wie das BSE der Deutschen, eine Art von Hirnerweichung. Der Befallene selbst hat keine Ahnung davon, was mit ihm los ist.

Auch die kollektivistisch tickenden Ostler merken manches nicht. Sie haben sich einreden lassen, dass die Geschichte der DDR ein Bruch mit deutschen Traditionen gewesen sei. In Wahrheit war sie nur deren Fortsetzung mit anderen Mitteln. Der Untertanengeist schuf sich mit der DDR eine sehr deutsche Variante des sozialistischen Vasallenstaats.

Auch die Schönfärberei der ostdeutschen Spießerherrschaft ist nur ein Symptom der schwer beherrschbaren deutschen Krankheit.

Natürlich kann man diese Volksseuche politisch korrekt verharmlosen. So wie die Allensbach-Chefin es tut: »Die politische Ausrichtung auf das Kollektiv befriedigt Bedürfnisse, die in einer freiheitlichen Gemeinschaft leicht unterschätzt werden. Es war frappierend zu sehen, dass in der Erinnerung der westdeutschen Bevölkerung an die Nazi-Zeit wie in der Erinnerung der ostdeutschen Bevölkerung an die DDR übereinstimmend eine gewisse Trauer erkennbar war, dass die organisierten Gemeinschaftserlebnisse der Vergangenheit angehören.«[26]

Dem Patrioten kommen die Tränen. Aber die Katze ist aus dem Sack. Und wir erkennen: Die Ostalgie entspricht urdeutschem Wesen. Deshalb ist gerade die Ostalgie – so paradox es klingt – auch ein gutes Stück »innere Einheit«. Die Angewohnheit, die Geschichte zu verfälschen, hat 40 Jahre DDR mühelos überlebt.

ZWEI
Einige Helden der Einheit

Verblasste Talente

Einer der dämlichsten Sprüche der Vereinigungseuphorie stammt von Franz Beckenbauer. Zusammen mit den Fußballspielern aus dem Osten werde die deutsche Nationalmannschaft auf Jahre hinaus unbesiegbar sein. Der deutsche Fußball, wir wissen es, wurde so schlagbar wie selten zuvor. Kaiser Franz war wohl angesteckt vom allgemeinen Fieber. Über die absurde Überschätzung der Beitrittsfolgen für den Nationalsport kann heute herzhaft gelacht werden. Der nicht minder absurde Größenwahn der Politiker ist inzwischen eher zum Heulen.

Eine Zeit lang bestand ja die Hoffnung, nicht nur den verwöhnten West-Kickern werde die Konkurrenz aus dem Osten Beine machen, sondern auch den selbstgefälligen westlichen Politprofis.

Wo aber sind sie geblieben, die vom Eise befreiten, himmelstürmenden Talente, die vom Bonner Betrieb nicht abgestumpften Aktivposten, die Blutauffrischung der politischen Elite?

Wir vermissen sie noch immer.

Gibt es sie gar nicht?

Und falls es sie doch gibt, warum setzen sie sich nicht durch?

Wir suchen ja nicht nur ein paar rührige Klassensprecher des Beitrittsgebiets, sondern frische Kräfte für die ganze Nation. Politiker von Kontur und Temperament, wie sie der Westen niemals hervorbringen könnte. Unverwechselbar, unkonventionell, unverbraucht, innovativ und noch nicht versaut von der im Westen üblichen Parteipolitik. Wo sind sie, die sympathischen Hoffnungsträger, die uns Zeugnis geben von den Vorzügen der Einheit?

Einzelne nur konnten sich durchsetzen. Gestartet waren viele mehr. Die meisten ostdeutschen Mitarbeiter im Architekturbüro der Einheit, manche dieser Poliere im neuen Haus der Nation sind längst wieder vergessen. Einige Wendehälse erlitten ein Schleudertrauma. Verkannte Freiheitshelden verzogen sich in den Schmollwinkel der Geschichte oder suchten ihr Heil als kapitalistische Glücksritter.

Lothar de Maizière zum Beispiel, der erste frei gewählte Ministerpräsident der DDR und auch der, der am Ende ein wenig rührselig feierlich das Licht ausknipste. Kohls Erfüllungsgehilfe hätte die Stasi-Akten am liebsten weggeschlossen, statt sie den Opfern zugänglich zu machen. Als IM Cerny war er selbst registriert.

Einer der populärsten war Wolfgang Schnur. Mitbegründer der Partei des »Demokratischen Aufbruchs«, in der auch Angela Merkel ihre Karriere begann. Einst unbestrittener Favorit Kohls als künftiger Ministerpräsident der DDR. Bis herauskam, dass er seine hochprivilegierte Karriere in der DDR als Anwalt mit eigener Praxis innigen Beziehungen zur Staatssicherheit verdankte. Er hatte die eigenen Mandanten denunziert und wurde dafür verurteilt. Betrieb dubiose Geschäfte mit Grundstücken und Häusern von »Ausreisewilligen«. Hoher Kirchenführer – was dazu nicht im Widerspruch stand (siehe Stolpe, Manfred).

Ibrahim Böhme, rasch verlöschte, hoch intelligente, gebildete, aber auch mysteriöse Lichtgestalt. Mitbegründer der Ost-SPD, ihr Geschäftsführer, dann auch ihr Vorsitzender. Ministerpräsidentenkandidat, 1990 als einziger Ostler Vorstandsmitglied der

SPD. Zu dieser Zeit war sein Doppelleben als Regime-Opfer und Stasi-Mitarbeiter schon bekannt. »Genosse Judas«.[1] Parteiausschluss. Sturz ins Bodenlose. Früh verstorben.

Günther Krause, CDU-Politiker in der DDR seit den 70er Jahren, die Nummer eins in Mecklenburg-Vorpommern. Nach der Wende erst Fraktionsvorsitzender in der Volkskammer, dann Staatssekretär. Führte die Verhandlungen mit der Bundesrepublik über den Staatsvertrag zur Währungs-, Wirtschafts- und Sozialunion, danach über den Einigungsvertrag. Der letzte Superminister der DDR (Finanzen, Wirtschaft, Landwirtschaft). In Bonn erst Minister für besondere Aufgaben, dann Verkehrsminister. Galt als Supertalent. Förderer von Angela Merkel. Verwechselte aber die Marktwirtschaft mit einem Selbstbedienungsladen und versank restlos in zweitklassigen Affären und wurde mit Gefängnis bestraft.

Die Liste ließe sich verlängern. Breiten wir den Mantel gnädigen Schweigens über die Gefallenen der Einheit.

Auch so mancher ostdeutsche Ministerpräsident war schnell vergessen. Wer erinnert sich noch an Bernd Seite in Mecklenburg-Vorpommern? Wer kennt seinen Nachfolger Harald Ringstorff? Längst vergessen Reinhard Höppner, der als Mutmacher so gänzlich ungeeignete Ministerpräsident von Sachsen-Anhalt. Kann es Zufall sein, dass jene »neuen« Länder besser vorankamen, die von Ministerpräsidenten aus dem Westen durch die Wendezeit gelenkt wurden, Kurt Biedenkopf in Sachsen, Bernhard Vogel in Thüringen? Waren Einheimische am Werk, ging die Sache mehr oder weniger gründlich daneben. Das ist keine Häme; es ist leider eine Tatsache.

Und schließlich ist da noch der Hoffnungsträger, der uns zu Tränen rührte mit seinem Cello. Wolfgang Tiefensee spielte sich in die Herzen der deutschen Sportfunktionäre, und obwohl Hamburg als Austragungsort für die Olympischen Spiele 2012 weit bessere Voraussetzungen besaß, wählten sie wider besseres Wissen Leipzig, die »Heldenstadt« der »friedlichen Revolution«. Wieder einmal glaubten Westdeutsche, dem Osten Solidarität schuldig zu sein. Dona nobis pacem spielte der Oberbürgermeister.

Vor zehn Jahren schon hatten die Deutschen geglaubt, mit Berlin als Olympiastadt das Rennen zu machen, und waren kläglich abgeblitzt, weil mit nichts als Euphorie über die »Wiedervereinigung« international nichts zu holen ist. Manche Länder lernen aus Fehlern, Deutschland wiederholt sie.

Aber diesmal war die Blamage noch größer als die der größenwahnsinnigen Hauptstadt. Die Leipziger bewiesen auf Kosten aller deutschen Steuerzahler, dass sie heillos überfordert waren. Die wichtigsten Olympia-Organisatoren mussten aus dem Verkehr gezogen werden, ehe das Rennen überhaupt begann. Tiefensees engster Vertrauter und Olympia-Beauftragter Burkhard Jung hatte Provisionen an eine private Beratungsfirma bezahlt. Der Geschäftsführer der Leipziger Olympia GmbH, Dirk Thärichen, hatte einst dem Stasi-Wachregiment gedient. Und Wolfgang Tiefensee hatte entweder bewusst weggesehen oder tatsächlich nichts gewusst, was auch kein Kompliment ist.

Ausgerechnet der sympathische Sachse Tiefensee war in den Sumpf geraten. Dabei hatte er selbst schon bewiesen, dass er von Macht nicht verführbar ist, als er des Kanzlers Werben abwies. Er wollte nicht Bundesminister in Berlin sein, sondern in Leipzig bleiben, allenfalls in Sachsen die Nummer eins werden und den CDU-Ministerpräsidenten verdrängen. Dann herrschte vorolympischer Frieden. Denn der sächsische Olympiastaatssekretär Wolfram Köhler hatte sich Vetternwirtschaft zu Gunsten seiner Frau zu Schulden kommen lassen und musste ebenfalls gehen.

Eigentlich waren alle Hoffnungen vergeigt. Jetzt erst recht!, lautete aber die Parole. Die Deutschen hielten an ihrer Olympiakandidatur fest. Auf ein paar Millionen Euro Werbe- und Planungskosten kam es nicht mehr an. Schröder und Schily machten sich die Sache zu eigen. So wurde Leipzig nicht nur zum Symbol der »friedlichen Revolution«, sondern auch zum Symbol für das, was diese Einheit als Ganzes ist, ein Sieg des Gefühls über die Vernunft, eine gewaltige Selbsttäuschung. Und Leipzig demonstriert aller Welt, wo Deutschland inzwischen gelandet ist. Die Aura von Organisationsgenies sind sie los. In Sachen Korruption belegt das Land inzwischen einen soliden Mittelplatz. Der Schmiergeldskandal um das Münchner Olympiastadion bestätigt nur, wie Deutschland versumpft. Die Ossis lernen schnell. So steht die Olympiapleite von Leipzig am Ende tatsächlich symbolisch für die Einheit. Eine Art von Einheit freilich, auf die man gut verzichten könnte.

Die Deutschen wollten es nicht wahrhaben, dass Leipzig gegen Paris, Madrid, London, New York nie eine Chance gehabt hat. Es war Hybis, überhaupt anzutreten. Hamburg hätte mithalten können. Aber die Hansestadt wurde als eine Art emotionale Transferleistung geopfert. Montagsdemos und Gebete in der Nikolai-Kirche brachten die Olympiabewerbung mit der Auflehnung gegen die DDR-Diktatur in einen absurden Zusammenhang. Die deutsch-deutsche Empfindlichkeit interessierte außerhalb des Landes aber niemanden. Und die Enttäuschung der Sportfunktionäre und Politiker über die voraussehbare Schlappe beweist nur, wie weltfremd sie sind, wenn es um die Einheit geht.

Von den Ostdeutschen mit dem Zeug zu Staatsmännern und Staatsfrauen, die auch im Westen gewählt würden, bleibt kaum jemand übrig.

Manfred Stolpe sammelt Rücktrittsgründe

So populär wie kein zweiter Politiker im Osten war Manfred Stolpe. Er war sogar Deutschlands populärster IM: IM Sekretär. Und alles nur aus »falschem Patriotismus«, wie er behauptet. Aber inzwischen steht es um seine Popularität nicht mehr gut. Stolpe sammelt Pleiten. Stolpe sammelt Rücktrittsgründe, ohne davon Gebrauch zu machen. Als zuständiger Minister für den Aufbau Ost hat er offenbar sein Konto selbst im Osten überzogen. Er erntete Pfiffe, aber trat (bis zur Drucklegung dieses

Buchs) nicht zurück. Ohne neue Ideen, ohne Inspiration, ohne Fortune verwaltet der Repräsentant des Ostens im Kabinett Schröders die Misere. Kernig und zupackend war allenfalls einmal sein sonorer Ton. Inzwischen klingt er müde und hohl. Schießen wir auf eine politische Leiche? Immerhin erweckt der Kanzler den Eindruck, dieses Land sei in einem Zustand, sich einen politischen Zombie als Superminister ohne weiteres leisten zu können.

Das Prinzip Stolpe lohnt dennoch einen Augenblick Aufmerksamkeit, denn es ist symptomatisch für die Misere des Landes. Stolpe ist ein Virtuose der Selbsttäuschung.

Nichts anderes war Toll Collect. Nichts anderes ist »Aufbau Ost«. Nichts anderes als Selbstbetrug ist Stolpes Überzeugung, er habe mit seiner Stasi-Connection nur seine Pflicht erfüllt.

Er sei die Ruhe selbst, hieß es früher über ihn. Aber nichts beunruhigt den Bürger inzwischen mehr, als dass Stolpe die Ruhe weg hat. In seiner Ruhe liegt keine Kraft, sondern allenfalls Sturheit.

Er war niemals Widerstand im Osten und ist niemals Widerstand im Westen. Nur seine Selbstgewissheit ist unerschütterlich. Seine Staatstreue entpuppte sich als Selbsttreue. Dafür beneideten ihn viele Ostdeutsche. Gelang ihm doch, was den meisten misslang: ohne den geringsten Kratzer am eigenen Ego in die neue Zeit zu wechseln.

Darf das als preußisch durchgehen? Stolpe selbst hält sich für die Inkarnation Preußens. Er dient. Treu und redlich dient er sich selbst.

Der Regierungschef, der Bundesminister, der frühere Kirchenfunktionär: sie alle blieben sich selbst treu. Deshalb handelt es sich beim Toll-Collect-Skandal nicht nur um eines von Stolpes zahlreichen gescheiterten Projekten, sondern um die mittelbare Folge einer Charaktereigenschaft.

Er »arrangiert sich mit allen«, vor allem mit den eigenen Fehlern. Er wechselt problemlos die Weltanschauung, »geschmeidig bis zur Selbstverleugnung« (*Stern*). Ist da überhaupt ein Standpunkt, den es zu verleugnen gäbe?

Stolpe wird als »Fleisch gewordener Konsens« (*Berliner Zeitung*) beschrieben. Die skandalösen Verträge mit Toll Collect unterschrieb zwar sein Amtsvorgänger Bodewig, aber Stolpe schlug die Warnungen vor dem Desaster viel zu lange in den Wind. Statt zu kontrollieren und zu mahnen beschwichtigte er, statt zu drängen und rechtzeitig zu entscheiden ließ er die Sache so lange weiterlaufen, bis das Desaster unvermeidbar war. Sie war ja wohl auch von lästiger Kompliziertheit. Sie hätte Sachverstand verlangt statt Harmoniesucht. Den Steuerzahlern werden vier bis sechs Milliarden Euro verloren gehen. Aber das Wort Rücktritt kommt in Stolpes preußischem Vokabular nicht vor.

Insgesamt vergrub Brandenburg mehr als eine Viertel Milliarde Euro im märkischen Sand – überwiegend EU-Subventionen und Transferleistungen aus dem Westen. Gescheiterte Großprojekte sind:

- die Rennstrecke EuroSpeedway Lausitz,
- die Luftschiffgesellschaft CargoLifter,
- die Chipfabrik in Frankfurt/Oder,
- der geplante Großflughafen für Berlin in Sperenberg.

Verantwortung übernahm Stolpe in keinem der Fälle, schob die Schuld stets auf die Investoren. Wenn Brandenburg auch Stolpes Pleiten wegen als »kleine DDR« verspottet wird, trägt er es mit mehr als nur Fassung. »Wir tragen das Etikett mit Stolz«, sagte er.

Die Bertelsmann-Stiftung attestierte ihm, Brandenburg sei »von allen Bundesländern mit Abstand am schlechtesten entwickelt«. Nur noch Sachsen-Anhalt ist höher verschuldet.

Hätte ein wahrer Preuße nicht seine Pflicht und Schuldigkeit getan und die Aufgabe Fähigeren überlassen? Aber kurz nach der Amtsübergabe an den selbst gewählten Nachfolger ließ Stolpe sich schon wieder »in die Pflicht« nehmen. Als Verkehrs- und Bauminister, als Beauftragter für den Aufbau Ost in Schröders Kabinett. Auch in dieser Funktion, urteilt der sächsische CDU-

Politiker Vaatz, fehlen ihm »jede Sachkenntnis und das erforderliche wirtschaftspolitische Basiswissen«.

Stolpe lernt auch nicht aus seinen Fehlern. Dem Bundestag legte er im Mai 2004 eine Liste von Verkehrsprojekten vor, für die wegen der fehlenden LKW-Maut kein Geld mehr da ist. Die Bahn will er noch vor der nächsten Bundestagswahl an die Börse bringen, obwohl die Investmentbanken davor warnen. Stolpe scheint ein anderes Wort für Illusion zu sein.

Stolpe baut unverdrossen an einem Luftschloss. Er nennt es menschlicheren Kapitalismus – oder war es menschlicherer Sozialismus? Bei Stolpe ist das wirklich nicht leicht zu unterscheiden. Hauptsache menschlich.

Einst hatte Stolpe verkündet, es lohne sich, für einen »wirtschaftlich effektiven, sozial gerechten, demokratischen, moralisch sauberen und den Menschen zugewandten Sozialismus« einzutreten. Das klang mutig. Aber leider sagte er das erst nach dem Fall der Mauer.

Kurz vor dem Mauerfall hatte er vor dem »friedensgefährdenden Versuch« der Regimegegner gewarnt, »unabsehbare Irritation in Gang zu setzen«. Bei Protestanten geht schnell alles gleich um den Frieden. Im Zweifel, um des lieben Friedens willen, war Stolpe gegen mehr Freiheit. »Friedensfördernd ist das sicher nicht«, hatte der treue DDR-Untertan die westdeutsche Erfassungsstelle für DDR-Verbrechen in Salzgitter kritisiert, und gefunden, es sei »auch eine Ermutigung zu erleben, dass es dieses doppelte Deutschland gibt«.

In logischer Fortsetzung dieser wetterfesten Anpassungsfähigkeit forderte er als erster SPD-Spitzenpolitiker eine Amnestie für DDR-Straftäter. Und wie Fett in der Teflonpfanne tropft an ihm der Vorwurf ab, als »IM Sekretär über 20 Jahre lang im Dienste der Staatssicherheit« gestanden zu haben, eine Formulierung, die auch vom Bundesgerichtshof als zutreffend beurteilt wurde. Dass er die Verdienstmedaille der DDR bekommen hat, bezeichnete Stolpe erst als falsch, später als richtig, bestreitet aber noch immer, dass sein Stasi-Führungsoffizier die Aushändigungsfeier beehrt hat. Brandenburgs Bildungsministerin Marianne Birthler verließ deshalb aus Protest Stolpes Kabinett. Ein 1200-Seiten-Dossier der Birthler-Behörde lässt inzwischen kaum noch Zweifel zu.

Warum streitet Stolpe diesen Umstand ab, wo er doch stets mit fester Stimme fordert, man dürfe die Ost-Biografien nicht »platt machen«. Soll er doch dazu stehen! Ihn macht schon niemand platt. Stolpe ist unplättbar. Er sieht sich als Schutzpatron ostdeutscher Einstellungen und Mentalitäten, als »Wachtposten des Ostens«, wie er selbst gesagt hat.

Wir ahnen, wie er das gemeint haben könnte. Dieser Gewandelte zwischen den Welten ist ein Mann der geistigen Unschärfe. Diese aber zelebriert er mit dem Ausdruck äußerster Schärfe.

Inzwischen aber ist er ganz klein ohne Hut. Die Toll-Collect-Bosse versprachen dem Kanzler, die Blamage so gut es geht zu kitten. Ein zerknitterter Stolpe saß stumm daneben. Grund zum Rücktritt? Aber wieso denn? Warum Schröder ihn immer noch im Kabinett behält? Aus Bosheit vielleicht. Weil ihm ein schwacher Aufbau-Ost-Minister lieber ist als eine drängelnde Nervensäge. Es ist nicht davon auszugehen, dass der Kanzler Stolpe wirklich schätzt. Er benutzt ihn. Es ist nicht damit zu rechnen, dass Stolpe das spürt, oder falls doch, dass es ihn stört. Ist es doch ganz einfach nur seine verdammte preußische Pflicht, sich benutzen zu lassen. Es merkt ja doch keiner, dass Stolpe seinerseits immer nur alle benutzt hat.

Wolfgang Thierse sammelt Identitäten

Während Stolpe immer irgendwie oben schwamm, hat es Wolfgang Thierse erst nach dem Ende der DDR nach oben geschwemmt. Unvermutet und unverhofft. Anders als sein Parteifreund Stolpe hat er die Einheit wahrscheinlich wirklich herbeigesehnt.

Trotzdem leidet er jetzt am Westen. Oder macht zumindest den Eindruck, als leide er an ihm.

Wiewohl katholisch, wirkt Thierse noch protestantischer als Pfarrer Schorlemmer. Verglichen mit Thierse halten wir den Wittenberger Statthalter Luthers auf Erden für einen geradezu leichtlebigen Kosmopoliten. Thierse dagegen verkörpert die ganze deutsche Tiefe und Schwermut. Die Einheit trüge er wohl gern im Knopfloch als blaue Blume. Aber was ein rechter Romantiker ist, der sucht und sucht und findet sie niemals.

Sein Berufsleben als Germanist in der DDR nannte Thierse eine »grimmige Idylle der DDR«. Nun ist er ein grimmiger Bußprediger der Einheit. Wie einst Johannes der Täufer kehrte er nach 40 Jahren in der Wüste, in der er sich zwar nicht von Heuschrecken, aber doch von Spreewaldgurken ernährte, unter die Deutschen zurück und legt seither den von Karibikreisen und Privatfernsehen versauten Ich-AGs die geistig-moralische Wende nahe.

Für die westdeutschen Politprofis ist Wolfgang Thierse die mit Abstand bequemste Möglichkeit, den Osten mit dem protokollarisch beinahe besten Posten abzufinden.

Glaubt der Bundestagspräsident wirklich, man nähme ihn ernst, bloß weil ihm jederzeit mühelos die Synthese zwischen hohem und hohlem Ton glückt? Womöglich wird der neuapostolische Besserossi aber nur für eine Art Maskottchen der Einheit gehalten.

So jemand ist nicht zu verachten. Er gibt schwierigen Befindlichkeiten Sitz und Stimme. Ein Thierse ersetzt eine komplette Lichterkette und zahllose Mahnwachen. Er trägt die Moral als härene Monstranz im Gesicht.

Thierse wäre gern als Querdenker berühmt. Aber dazu ist er nicht quer genug. Seine Rhetorik klingt zerzaust, ihr gedanklicher Kern oft verblüffend schlicht.

Thierse war noch nie Feuer und Flamme gewesen für den kapitalistischen Westen. Allerdings auch nicht für den sozialistischen Osten. Dessen humanistische Werte entdeckte er wie so viele erst, als es zu spät war. Seitdem gibt Thierse das Fleisch gewordene Missverständnis.

Er wackelt als Runder Tisch auf zwei Beinen durch die Republik und veranstaltet ein Dauertribunal gegen westliches Überlegenheitsgetue. »Meine größte Enttäuschung rührt aus der Massivität des Versuchs, das Bisherige der Bonner Republik bruchlos fortzusetzen.«[2] Solch schon monströse Naivität rührt fast zu Tränen. Aus welchem ernsthaften Grund hätten die Westdeutschen diesen Versuch unterlassen sollen? Aus christlicher Nächstenliebe? Aus Weltfremdheit? Weiß Thierse nicht, dass die Einheit »das Bisherige« leider Gottes massiv an seiner bruchlosen Fortsetzung hindert?

Was Thierse wohl gerne geändert hätte an dieser Republik? So genau wissen wir es nicht. Ein bisschen weniger Freiheit wäre ihm vermutlich schon recht. Eine gute Portion Gleichmacherei mehr auch. Als linker Flügelmann der SPD kritisiert er jedenfalls mit Hingabe Gesellschaftsbild und Reformpolitik seines Bundeskanzlers. In ihnen spiele der Staat eine zu geringe, die Chancen des Einzelnen eine zu große Rolle, glaubt Thierse. Die »gesellschaftliche Freiheit« rühmt er gern als Gegensatz zum »privaten Freiraum«. Schon der Begriff »gesellschaftliche Freiheit« ist Nonsens. Es gibt nur individuelle Freiheit. Thierse aber pflegt die Marotte seines Gutmenschen-Sozialismus.

Thierse wettert gegen westliches Teufelszeug: Globalisierung, Individualisierung, Talkshows. Thierse hielt die Einheit für einen Prozess der nationalen Läuterung, geboren aus dem historischen Triumph der »gewaltlosen Revolution der Menschen in der DDR«.[3]

Was, würde man ihn gerne fragen, ist eigentlich eine Revolution? Thierse: »Die DDR beendete sich, verstarb ganz friedlich und wie von selbst.«[4] Was also? Revolution oder Altersschwäche? Muss der Westen Ehrensold zahlen oder reicht ein wenig Grabpflege? Ist Thierse Held oder sanft trauernder Hinterbliebener? Für welche Rolle entscheidet er sich?

Sein Lieblingsbegriff, der alles Leiden an Deutschland und an sich selbst in sich trägt, lautet: Identität. »Ich bleibe gewiss bis an mein Lebensende ein Ossi. Aber das ist trotzdem nur ein Teil meiner Identität.« Stimmt, denn: »Es ist ja meine erste Identität, Sozialdemokrat zu sein.« In dieser Partei aber wiederum ist Thierse der einzige Ostler in einer Führungsfunktion. Aber das sind noch lange nicht alle Identitäten. Da meldet sich die katholische Identität. Und die des Intellektuellen. Das unterscheidet ihn von Parteifreund Stolpe. Der ist immer nur mit sich selbst identisch. Thierse dagegen ist eine multiple Minderheit und kämpft mit seinen Identitäten wie Laokoon mit den Schlangen.

Gregor Gysi sammelt Pointen

Gysi macht es uns leichter als Stolpe und Thierse. Er ist ein grundsolider Luftikus. Während anderen die Anstrengung im Gesicht steht, sich bei allem Wandeln und Wenden irgendwie treu zu bleiben, quält Gysi sich erst gar nicht mit solchen Mühen. Er macht stattdessen glaubhaft geltend, ganz der Alte und zugleich der Beweglichste von allen zu sein.

Er hat es ja auch leichter. Ein Gysi muss sich nicht genieren, auf welche Art auch immer mit den Behörden der DDR paktiert zu haben. Er benötigt nicht die Aura des heimlichen oder unheimlichen Widerstandskämpfers. Er versucht nicht, den Moralisten zu mimen. Paradoxerweise lässt genau das ihn irgendwie ehrlicher erscheinen. Manchmal sieht es sogar aus, als könne er über sich selbst spotten.

Gysi nervt weniger als andere Ossis. Er wirkt cooler – gewissermaßen wessihafter als all die Mühseligen und Beladenen. Er passt prima in die Talkshow-Gesellschaft.

Wären nur alle Patentossis so souverän wie er! Das Gegenbild der sauertöpfischen Blaustrümpfe im PDS-Politbüro ist Gysi. Sammelt lieber Pointen statt Identitäten. Und auch keine Posten. Deshalb tut er nicht weh. Die Wessis nehmen ihn so ernst wie alle Comedians. Deshalb ist er ihr Lieblingsossi. Der Narr am Hof des kapitalistischen Westens.

Er hätte ja beweisen können, wie gefährlich PDS-Politiker sein können. Als Wirtschaftssenator von Berlin hätte er den Kapitalismus ganz direkt bekämpfen dürfen. Nicht einmal dazu hatte er Lust. Gab gleich wieder auf, ohne überhaupt in die Verlegenheit zu kommen, für irgendeine der nächsten Pleiten verantwortlich gemacht zu werden. Das blanke Gegenteil eines preußischen Pflichtmenschen ist dieser Gysi. Das kommt an im liederlichen Westen.

Er hatte seine Talkshowreife offenbar schon vor dem Beitritt abgelegt. Musste nicht erst üben. Woher er seine erträgliche Leichtigkeit des Scheins hat? Vermutlich handelt es sich bei Gysi um einen waschechten Zyniker. Und damit um die Inkarnation einer beliebten Spielart des Westlers. Dieser so eindeutige Ostler ist schneller im Westen angekommen, als die Westler schauen konnten (außer Überschall-Angela).

Gysi verschwendete keine Zeit mit aufwändiger Häutung. Er versuchte lieber gleich, den Westen mit seinen Talenten zu erfreuen. Verziehen ist, dass er, der Vorsitzende des Kollegiums aller Rechtsanwälte in der DDR, nach Ansicht der Gauck-Behörde mit der Stasi zusammengearbeitet hat. Er bestreitet das trotzdem und prozessiert gegen konkrete Behauptungen mit wechselndem Erfolg.

Natürlich nehmen wir ihm kein Wort ab. Aber das macht nichts. In der Talkshow geht es niemals um Wahrheit, sondern immer nur um Wirkung.

Angela Merkel sammelt ihre Truppen

Hätten wir Westler uns unsere Lieblings-Zonen-Schwester selber basteln dürfen aus ein paar Schaufeln märkischem Sand, um sie dann durch unseren eigenen Atem zum Leben zu erwecken: Sie wäre plumpe Stümperei geworden verglichen mit ihr.

Angela: unser Wendeengel. Der Trost der Skeptiker.

Die leibhaftige Widerlegung der Mauer in den Köpfen.

Die Wiedergeburt des Westens aus der Erfahrung des Ostens.

Der todsichere Fleckenteufel gegen schwer entfernbare DDR-Rückstände.

Man könnte Frau Merkel für ein raffiniertes Produkt modernster Wissenschaft halten: für die gentechnische Vollendung der Einheit.

Nicht zimperlich, nicht wehleidig, nicht begriffsstutzig, nicht bockig, nicht kleinmütig, nicht humorlos, nicht undankbar, nicht fordernd, nicht zu kompliziert ist sie.

Sondern anstellig, fleißig, patent, furchtlos, zupackend, unprätentiös, belastbar, seelisch stabil, politisch stabil, von stabiler Kondition, praktisch, quadratisch, besser. Lernfähig, anpassungsfähig, überhaupt zu allem fähig und zu allem willig. Bravo!

Keinerlei Folgen von Biografie. So frei von geringstem Reststolz auf was auch immer drüben Geleistetes. Reines Versprechen von Zukunft. So haben wir Westler uns das immer gewünscht.

Hat es nicht schon fast sadomasochistische Züge, wie sich die westdeutschen Konservativen von Angela Merkel ihren rheinischen Kapitalismus madig machen lassen – als handle es sich nicht um das Erfolgsprodukt der Bundesrepublik, sondern um ein Relikt der DDR? Die Rigorosität des Merkelschen Reformeifers erweist sich jedenfalls als frei von jeder bundesrepublikanischen Tradition oder gar von Sentimentalität.

»Ohne Freiheit ist alles nichts«, sagt sie, und dazu gehöre auch »große Lust auf Unerwartetes« und »Lust auf Veränderung«.[5]

Lust! Wann zuletzt hatte ein deutscher Politiker Lust? »Ich habe Lust auf ein Wasser«, sprach der Kanzler der Einheit, als er am Abend des 9. November 1989 in Warschau vom Fall der Mauer erfuhr. Wie lange ist das her! Jetzt haben viele Wessis Lust auf Angie!

Diese Frau will nicht nehmen, sondern erst mal geben. Alles, was in ihr steckt. Mehr, als wir geahnt hatten. Mehr, als wir gehofft hatten. Mehr, als viele ihrer Parteifreunde befürchtet hatten.

Wenn jemand über die stellvertretende Sprecherin der Regierung de Maizière behauptet hätte, diese Frau wolle einmal die erste Bundeskanzlerin Deutschlands werden, und sie könne es sogar schaffen, wer hätte nicht sein letztes Hemd dagegen verwettet?

Sie nahm der CDU sogar das Trauma namens Kohl. Sie ist – ja, auch das – Vergeltung an Kohl. Die wahre Kanzlerin der Einheit wird Angela Merkel heißen.

»Angela Machiavelli!« (*Süddeutsche Zeitung*) Sie war »sein Mädchen«, seine Küchenhilfe im Kabinett. Sie hat ihm die Rüben geputzt, aus ostdeutschen Landen, frisch auf den Tisch. Die Trippel-Quote: weiblich, östlich, jung. Sie hat mit heißem Bemühen Kohl studiert. Nichts ist ihr entgangen. So lange hat sie den Mund gehalten, bis Kohl ihn ihr nicht mehr verbieten konnte. Aufgestiegen von seinen Gnaden, »biss sie die Hand, die sie einst gesegnet hat« (Originalton Kohl). Die Frau, die aus der Kälte kam, zog den Schlussstrich unter die Ära Kohl. Aber zertrümmert hatten Kohl und seine Gefolgschaft diese Ära schon selbst. Die Merkel ist nur die Trümmerfrau. Was Kohl zerstört hat, räumt sie weg.

Dafür rechnet sie mit Dankbarkeit. In ihrer noch immer von Kohl geschwächten Partei ist sie jetzt die Stärkste. Aber kein zweiter Kohl. Noch nicht. Sie hat von Kohl alles gelernt, was zu lernen war, aber nicht einfach kopiert. Auch sie ist misstrauisch. Auch sie weiß, wie flüchtig Macht ist. Sie abzusichern ist die größte Kunst, größer, als sie zu gewinnen. Das muss ihr niemand mehr sagen. Alles, was sie von Kohl gelernt hat, kann sie jetzt anwenden. Sie weiß, wie man die Kerle gegeneinander ausspielt. Und die Kerle wundern sich noch immer über sie. Sie werden sich erst richtig wundern, wenn sie am Ziel ist.

Hinter vorgehaltener Hand raunen sie sich zu: Ist die überhaupt echt? Oder mimt sie nur? Kann es wahr sein, dass sich in ihr die DDR so restlos aufgelöst hat? Doch nicht, wenn man in einem Pfarrhaus groß geworden ist, in dem der Vater die »Vergesellschaftung des Grundeigentums« gefordert hat, oder?[6]

Niemals, das fällt auf, spricht sie von *den* ehemaligen DDR-Bürgern. Sie redet nur für die, die so ticken wie sie selbst, die also »Freude am lange vorenthaltenen Wettbewerb« und »Freude an demokratischer Veränderung« haben.[7]

Hat sie überhaupt Überzeugungen – außer der, tauglich zu sein für die Kanzlerschaft? So fragen die altgedienten Kerle und wiegen bedenklich die Köpfe. Sie habe »kein Bild von dieser Gesellschaft«, zitiert der *Stern* einen CDU-Präsiden, »liege immer einen Halbton daneben«.

Fast schon so eiskalt wie Kohl kann sie Leute abräumen, die ihr dienten. Geübt hat sie das schon als Frauen- und danach als Umweltministerin in Kohls Kabinett. Am Anfang hatte sie von der Sache keine Ahnung, aber einen tüchtigen Staatssekretär, den engsten Vertrauten ihres Vorgängers Klaus Töpfer. Als dieser Clemens Stroetmann deshalb in den Ruf eines »heimlichen Umweltministers« kam, beförderte die Merkel ihn ungerührt in den einstweiligen Ruhestand.

Nach Kohls Wahlniederlage machte sie der designierte Parteichef Schäuble zu seiner Generalsekretärin. Wir wissen, wie sie es ihm dankte: indem sie ihn demütigte und demontierte.

Als erste Führungsfigur der Union forderte sie die Lösung von Kohl. Angela Merkels berühmter Aufsatz in der *Frankfurter Allgemeinen Zeitung*[8] war ihre ganz persönliche friedliche Revolution – nicht in der DDR, sondern in der CDU.

Keiner der westdeutschen Parteigranden hätte das Überfällige so offen auszusprechen gewagt. Beinahe unaufhaltsam war Angela Merkels Aufstieg damit damals schon geworden. Die tragikkomische Verwicklung Schäubles in den Parteispendenskandal kam ihr entgegen. Verglichen mit Kohls Bimbes-Sammelaktion war die ungeklärte Entgegennahme einer 100 000-Mark-Spende des Waffenhändlers Schreiber nur eine halbe Portion Peanuts. Aber Frau Merkel versuchte erst gar nicht, ihren Mentor herauszuhauen. Sie zog es vor, ihn abzulösen, zunächst nur als Parteivorsitzende.

Die Bundestagsfraktion führte erst einmal Friedrich Merz. Es dauerte nicht lange, bis Merz Grund sah, sich öffentlich zu beklagen, Merkel habe seinen Sturz betrieben.

Als Nächstes kam Stoiber an die Reihe. Merkel ließ ihm den Vortritt in einem aussichtslosen Rennen. Wie edel! Einst hatte Franz Josef Strauß eine aussichtslose Kanzlerkandidatur übernommen und damit Kohl unvermeidlich gemacht. Den Erfinder des modernen bayerischen Menschentyps (Lederhose und Laptop) bremste sie auch noch im Qualifying um die Poleposition des radikalsten Modernisierers aus. Dabei versteht Merkel von Ökonomie auch nicht mehr als Kohl.

Ihren Reformreden verdankt sie vorschnelle Vergleiche mit Britanniens Eiserner Lady, mit Maggie Thatcher. Aber Berlin ist nicht London. In Großbritannien sorgt das Mehrheitswahlrecht dafür, dass die Regierungspartei praktisch immer über die absolute Mehrheit der Parlamentssitze verfügt. Ein Premierminister, erst recht von der Statur der Eisernen Lady, ist fast ein Diktator auf Zeit. Auch Maggie Thatcher wäre an der deutschen Konsensdemokratie gescheitert. Sie hätte weder am Koalitionspartner noch am Bundesrat vorbeiagieren können.

Was Magic Merkel im Unterschied zu Maggie Thatcher fehlt, ist außerdem ein Konzept. »Noch mal: Was ist für Angela Merkel inhaltlich die wirklich grundlegende Idee?« Antwort, leicht störrisch, weil es immer noch nicht alle kapiert haben: »Ich sage es doch: dem Menschen zu ermöglichen, an seine eigenen Grenzen zu gehen, das eigene Potenzial auszuschöpfen.«[9]

Sie denkt dabei vermutlich vor allem an einen Menschen. Der hat sein Potenzial offenbar noch nicht ausgeschöpft. Handelt es sich bei Angela Merkels Grenzgängen womöglich um einen eruptiven Ausbruch von Freiheitsliebe? Um die gute, alte Selbstverwirklichung? Nimmt sie die Verlockungen des Westens einfach nur radikaler beim Wort als die schlapp gewordenen Alt-Bundesrepublikaner? Ist Angela Merkel gar eine Egoistin im Tarnlook der Biederkeit? Allein die ersten zwölf Antworten in ihrem Interviewbuch enthalten 36 Mal das Wörtchen »ich«. Die dreizehnte Frage von Hugo Müller-Vogg lautet: »Was würde der CDU heute fehlen, wenn Sie sich damals anders entschieden hätten?« Antwort: »Ganz einfach: Ich würde der CDU fehlen.«[10]

Gewachsen ist in ihr der Wille. Der Wille zur Macht, sagen die Männer, die der Wille zur Macht bis zur Kenntlichkeit deformiert hat. Wenn es zur Wahl kommt, könnte der phänomenale Ehrgeiz der Kandidatin schnell unangenehm wirken.

In ihrer exzellenten Merkel-Biografie *Das Mädchen und die Macht* zieht Evelyn Roll das Fazit, man könne an der Merkel erkennen, »was die Macht aus den Menschen macht. Und wie viel leichter und sicherer es ist, sich in einem System anzupassen und so zu werden wie alle anderen, als das System zu reparieren ... Wenn sie hingegen sichtbar macht, dass sie doch viel lieber die Musterschülerin der Demokratie sein will als nur das schlauste Mädchen aus dem System Kohl, ist der demokratische Aufbruch im doppelten Wortsinn gelungen.«[11]

Sollten die Ostdeutschen nicht jubeln, dass eine der ihren es so schnell so weit gebracht hat? Fährt sie – nachdem Schröder seine Wiederwahl den Wählern im Osten verdankte – bei der nächsten Wahl die Mehrheit in den »neuen« Ländern für die CDU ein?

Vermutlich nicht. Was Wessis so sehr lieben, macht im Osten schnell misstrauisch. Angela Merkel gilt als aus der Art geschlagen, als Wendejacke. Außen Tigerfell, innen ein Futter aus FDJ-blauer Fallschirmseide. Und man erzählt Geschichten über ihr überhaupt nicht unangepasstes Leben. Merkel verursacht im Osten manch verächtlichen Mundwinkel. Diese Mutantin! Diese Musterschülerin!

Auch im Westen wird man sich noch rechtzeitig ihrer Herkunft erinnern. Sie überkompensiere nur ihre Vergangenheit, wird man sagen. Eine Frau aus dem Osten soll Deutschland regieren? Das wäre ja noch schöner! Und es geht ja schon los. Der CSU-Vorsitzende Stoiber äußerte erhebliche Zweifel daran, dass Frau Merkel im Gespann mit FDP-Chef Guido Westerwelle das bürgerliche Wählerreservoir ausreichend ausschöpfen könne. Eine Ostdeutsche und ein Homosexueller: zwei von einem anderen Ufer – sozusagen ein Minderheitenkabinett.

War die Kür des Unionskandidaten für die Bundespräsidentenwahl ihr Meisterstück? Oder doch eher ein Pyrrhus-Sieg?

Monatelang zögerte sie die Entscheidung hinaus. Für den hoch gelobten und auch von der CSU vorgeschlagenen Kandidaten Wolfgang Schäuble hat sie keinen Finger gerührt. Wer so schäbig mit einem vom Schicksal geschlagenen Menschen umgeht, dem sie auch noch so viel verdankt, der hat wirklich kapiert, wie der politische Hase läuft. Sie gab an, Schäuble sei gegen die FDP nicht durchzusetzen gewesen. Das Bedauern nahm ihr niemand ab. Und falls wirklich Schäuble der Verlobung der beiden künftigen Koalitionspartner im Wege stand, hätte sie ihn gar nicht erst in die demütigende Situation bringen dürfen. Was war ihr Motiv für Schäubles Demontage? Wollte sie verhindern, es als Kanzlerin mit einem intellektuell überlegenen Präsidenten zu tun zu bekommen? Wohl kaum. Merkel ging es darum, ihre Führungskraft zu demonstrieren. Sie bestimmte den Zeitplan, sie allein brachte den Namen des Kandidaten ins Spiel – ohne die ehrpusselige FDP zu vergrätzen. Denn den Liberalen warf sie Schäuble zum Fraß vor. Sie wollte womöglich von Anfang an (wenn sich schon ihr Kontrahent Stoiber nicht ins Schloss Bellevue wegloben ließ) Horst Köhler.

Der Name sollte beweisen, wie unkonventionell Frau Merkel tickt, und wie wenig sie sich an die ungeschriebenen Regeln des Berliner Machtkartells zu halten gedenkt.

Bisher war immer ein Berufspolitiker Bundespräsident gewesen. Jetzt ist es zum ersten Mal ein Beamter. Horst Köhler hatte sich als Sherpa einen Namen gemacht, als Spezialist, der Politiker mit seinem Fachwissen auf Gipfelkonferenzen hinaufzieht. Jetzt zog sie ihn in den höchsten Job, eine Seilschaft auf Gegenseitigkeit.

Der Bruch mit der Tradition, die Inthronisation eines international bewanderten Finanzfachmanns soll als Signal verstanden werden für den Kurs ihrer künftigen Kanzlerschaft.

Im Übrigen: Geeignete Kandidaten für die einflussarme Präsidentschaft hätte es einige gegeben. Aber mit Köhler verlor die Bundesrepublik ihr einflussreichstes Amt an der Spitze einer globalen Organisation. Im Ausland schüttelte man über diese Kurzsichtigkeit den Kopf. »Leiden die Deutschen an BSE, wenn sie in einer kritischen Phase der Globalisierung ihren wichtigsten Vertreter in der Welt zurückrufen?«, zitiert das Fachblatt *The International Economy* einen südamerikanischen Außenminister. Das Merkelsche Machtspiel nahm auf solch übergeordnete Gesichtspunkte keine Rücksicht.

Köhler wird jetzt nicht als Globalisierungsexperte und Regierungsberater gebraucht, sondern als Integrationsfigur einer Gesellschaft im Umbruch mit wachsenden sozialen Spannungen. Ob der Fachmann dafür Talent und Geschick mitbringt, wusste bis zur Wahl im Mai niemand. Inzwischen bekommt er von allen Seiten gute Noten. Er ist darum bemüht, sein Ökonomen-Image zu korrigieren. Er fordert das Schwierigste, was es gibt, »einen Mentalitätswechsel«. Aber das große Tabu der DDR-Mentalität tastet auch er nicht an. Bei aller Überparteilichkeit macht er sich zum Anwalt konsequenter Reformen. Das hört sich an, als unterstütze er den Kanzler. Zugleich macht er damit aber durchaus Stimmung für einen Regierungswechsel.

Der Bundespräsident Köhler soll jetzt wohl gute Laune machen für einen Regierungswechsel und eine Kanzlerin Merkel. Die Seilschaft dreht sich wieder um. Der Sherpa sitzt im höchsten Amt, um der so abgefeimt blassen Frau aus der Uckermark ins mächtigste Amt zu helfen. Und sei es nur damit, dass er eine ihr willkommene Stimmung im Land befördert. Einmal hat er sich schon verplappert und Merkels Kanzlerschaft prophezeit. Unterschätzen wird sie jetzt niemand mehr. Erfolg nährt sich selbst. Aber Misserfolg auch. Solange die CDU unter Angela Merkels Führung Landtagswahlen in Serie gewinnt, wächst ihr Nimbus als Siegerin und niemand wird ihr politisches Konzept grundsätzlich in Frage stellen. Wahlsiege übrigens, die ihr keinen Zuwachs an Stimmen, sondern nur an Prozenten brachte, weil die Wahlbeteiligung sank. Aber es lässt sich doch absehen: In dem Augenblick, in dem Merkel ins Kanzleramt einzieht, wird sich der geballte Protest der Besitzstandswahrer und Reformgegner von Schröder auf seine Nachfolgerin übertragen. Die Gewerkschaften werden noch viel weniger Rücksicht nehmen. Kontroversen um die Reform des Sozialstaats werden dann die Union erst richtig erfassen. Angela Merkel könnte Schröders Schicksal teilen. Und in den Abwärtssog der SPD könnte die CDU schon vor der Wahl geraten, wenn die Wähler spüren, dass die Union noch gründlicher umbauen will. Denn eines wird auch Angela Merkel nicht schaffen: Die Mentalität ihrer Landsleute zu ändern.

DREI
Neid regiert das Land

Einheit bremst Aufbau

Was ist bloß geschehen? Kaum sind 15 Jahre seit dem Fall der Mauer vergangen und schon kriegen die Deutschen mit, dass die Einheit ein ökonomisches Desaster ist. Glückwunsch! So schnell sind Patrioten im Kopf, wenn es sein muss. Und es muss sein, denn der desolate Osten reißt den Westen mit in den Abgrund. Die gesündeste Volkswirtschaft der Welt könnte es sich nicht leisten, Jahr für Jahr vier Prozent ihrer gesamten Wirtschaftskraft in ein Fass ohne Boden zu schütten. Dabei ist der Westen längst selbst krank. Aber fast 15 Jahre lang galt es als ein Vergehen am Geist der Nation, die katastrophalen Fehler der Einheitspolitik auch so zu nennen.

Jetzt endlich also werden die ökonomischen Kardinalfehler diskutiert – aber die Ursachen hinter den Fehlern werden noch immer verschwiegen. Einige der Vorschläge, die heute gemacht werden, wären vor 15 Jahren richtig gewesen.

Damals hätte man nicht versuchen sollen, die ehemalige DDR zu einer Kopie des Westens zu machen. Das westliche Korsett schnürte dem Osten wirtschaftlich die Luft ab. Die neue Liebe sollte schön und vorzeigbar sein statt gesund. Renommieren wollte man mit ihr. Wie gesagt, Liebe macht blind, auch Vaterlandsliebe. Die Vorstellung, gleiche Lebensverhältnisse könnten binnen kurzem die Einheit »vollenden«, war von seltener Dummheit. »Vollendung der Einheit« – schon der Begriff ist ein Euphemismus. Vollendung meint: Etwas, das es schon gibt, müsse nur noch perfektioniert, ein sicherer Plan nur noch zu Ende gebracht werden.

Nötig wäre es gewesen, spezielle Lösungen für ein sehr spezielles Land zu entwerfen. Was aber geschah, war von kaum zu übertreffender Absurdität. Der Westen versuchte dem Osten den Sozialismus mit Mitteln auszutreiben, die als kapitalistische und soziale Marktwirtschaft getarnt waren. Hinter der Maske lauerte aber nichts anderes als bürokratischer Sozialismus. Planwirtschaft Marke West.

Zwar verwüsteten die Sturmtruppen der »Treuhandanstalt« die ostdeutsche Industrielandschaft, vom Willen und von der Chance zu Freiheit wurde aber nur schwadroniert. In Wahrheit sorgte die real existierende »Einheit« für staatlich garantierte Gleichmacherei.

Diese Strategie war so erfolgreich, weil sie im Osten auf offene Arme, offene Herzen und vorgewaschene Gehirne stieß. Man verabschiedete sich eben nicht gern von den wichtigsten drei Glaubenssätzen: Erstens: der Staat muss es und wird es schon richten. Zweitens: Alle Deutschen sind gleich, ob Brüder und Schwestern im Geist des Klassenkampfs oder Brüder und Schwestern im Geist der Nation. Und drittens: Neid ist geil. Neid ist der innerste, systemübergreifende Antrieb der deutschen Politik. Neid ist das, was die Deutschen in Wahrheit (und – wie wir sehen werden – seit Jahrhunderten) vereint. Deshalb war die Politik des Beitritts als Politik des Neids angelegt. Neid ist ein großer Gleichmacher.

Im Osten waren aber die Bedingungen ganz andere als im Westen, auch die Menschen ticken dort anders. Diese grundlegende Tatsache wurde aber gar nicht in Erwägung gezogen; sie zu denken war bei Strafe verboten. Die Vision von der totalen Einheit war die nationale Interpretation des Kollektivismus. Also kann man sagen: Die Idee der totalen »Einheit« beschädigte die Einheit. Sie verhinderte, dass der »Aufbau Ost« das Wirtschaftswunder wiederholte.

Alles ist noch viel schlimmer, als die Zahlen verraten. 20 Prozent Arbeitslosigkeit im Osten! Eine furchterregende Größe, und doch nur die geschminkte Wahrheit. Sie drückt nicht aus, dass ohne staatliche Arbeitsbeschaffungsmaßnahmen der Anteil der Unbeschäftigten noch viel höher wäre. Auch die Frühverrentung verschleiert die echte Zahl der Arbeitslosen, beschädigt aber nachhaltig die Sozialsysteme. Sechs Millionen der Berufstätigen im Osten sind »keine Beschäftigten im produktiven Sinne. Das Kapital ihres Arbeitsplatzes und oft auch das Geld für ihren Lohn wurden zuvor größtenteils im Westen verdient.«[1] 47 Prozent aller Ostdeutschen bestreiten ihren Lebensunterhalt überwiegend aus Sozialtransfers.[2] Seit Jahren ist das wirtschaftliche Wachstum im Osten praktisch auf null gesunken – das heißt, jährlich rund 90 Milliarden Euro aus dem Westen bewirken praktisch nichts. Die Transferleistungen an den Osten verschlingen vier Prozent des Bruttosozialprodukts. Nur ein höheres Wachstum im Westen könnte das ausgleichen. Da es das nicht gibt, geht der »Aufbau« an die Substanz.

Leute mit DDR-Mentalität sehen das womöglich so wie der letzte Innenminister der DDR, Peter-Michael Diestel. Er fühlt sein schlichtes Weltbild bestätigt, wenn er sagt, der Westen ist schuld am Desaster. Im Osten leben erbarmungswürdige Opfer. Der Westen beutet sie aus und bereichert sich ohne Ende. »Hat jemand mal ausgerechnet, wie viel der Westen verdient, wenn der Ostler sein Portemonnaie zückt?«[3] Ja, wir haben gerechnet. Der Westen verdient den Ärger mit den Ostlern und ihre Undankbarkeit noch dazu. Er verdient sie wirklich. Denn irgendwie muss Dummheit doch honoriert werden.

Es ist aber nicht *der* Westen schuld, so wenig wie *der* Osten. Schuld sind jene, die den Unterschied zwischen Ost und West sträflich verleugnet und ignoriert haben, den Unterschied zwischen den Menschen überhaupt.

Was nun? Die Idee einer »Sonderwirtschaftszone« – welch aparte Wiederkehr des Begriffs Zone! – ist nur eine Illusion mehr. Will man denn eine neue Mauer errichten zwischen West und Ost? Das ganze Land braucht weniger Bürokratie und niedrigere Steuern. Ganz Deutschland muss endlich einsehen, dass mit einer Kultur des Neids und mit Gleichmacherei der Aufbau Ost nicht zu schaffen und der weitere Absturz des Westens nicht zu stoppen ist. Aber davon sind die Deutschen noch weit entfernt.

Subventionierte Niedriglöhne, wie sie der nur ein weiteres Mal ganz und gar unbedarfte Aufbau-Ost-Minister Stolpe vorschlug? Sie stoßen mit Recht fast nur auf Ablehnung. Nicht mehr Subventionen für den Konsum braucht das Land, sondern weniger. Unfug der Stolpeschen Sorte bezeichnet Jens Bisky zu Recht als »staatssozialistische Väterlichkeit«.[4]

Den Osten mit Geld zu betäuben brachte bisher nur eins: Die gewaltige Masse der Arbeitslosen und Frühpensionierten hielt still. Die Macht des Neids blieb unter Kontrolle. Das viele Geld schuf aber kaum Arbeitsplätze, kein Wachstum. Die frisch renovierten, schmucken Fassaden allerorts blieben potemkinsche Dörfer.

»Der Osten verdummt, verarmt, vergreist«, formulierte der ostdeutsche Finanzfachmann Edgar Most, einer aus dem Beraterkreis der Bundesregierung um den früheren Treuhandmanager und Ersten Bürgermeister Hamburgs Klaus von Dohnanyi, der mit seinem Bericht die Diskussion entzündet hat. Die Fachleute fordern, nur noch dort gezielt zu fördern, wo tatsächlich Wachstum entstehen kann. Es sind bisher nur winzige Wachstumsinseln im verdorrten Land. Und auch diese Vorstellung ist nicht frei von Naivität. Was nützt die schönste Förderung, wenn die Förderbänder mangels Geschäft stillstehen?

Es mag ja industrielle Wachstumskerne geben. Entscheidend für eine blühende Volkswirtschaft ist aber der Mittelstand. Dieser noch kaum erkennbare Humus bildet sich, wenn überhaupt, nicht in einzelnen mit Dünger voll gepumpten Blumenkübeln, sondern in allen möglichen unbeachteten Ecken und Ritzen und Nischen.

Wenn jetzt also schon wieder verantwortliche Politiker den Eindruck erwecken, mit ein bisschen Aufbruchstimmung und ein paar kleineren Änderungen der Ostförderung sei der Aufbau Ost auf bestem Wege, dann handelt es sich erneut um Selbsttäuschung und Volksverdummung. Der Hauptfehler liegt in der Weigerung der Verantwortlichen anzuerkennen, dass mit rein ökonomischen Mitteln die Probleme nicht gelöst werden können. Förderung mit der Gießkanne oder Förderung von »Wachstumskernen« – eine Illusion jagt die nächste.

Deutschland einig Vaterland wird ökonomisch für viele Jahrzehnte, wahrscheinlich sogar für immer, in zwei ganz unterschiedliche Wirtschaftszonen zerfallen und immer weiter auseinander driften. Das sagt der Nationalökonom Hans-Werner Sinn in seinem Bestseller *Ist Deutschland noch zu retten* voraus.

Der Osten, so Sinn, werde das sein, was in Italien seit jeher der Mezzogiorno im tiefen Süden ist. Trotz aller Anstrengungen hat auch er niemals den Anschluss an den prosperierenden Norden geschafft. Die Produktivität des deutschen Mezzogiorno hinkt noch weit stärker hinterher als das italienische Original. Der Anteil der in der Industrie beschäftigten Arbeitnehmer ist im Osten nur halb so groß wie im Westen. Auch dieser Wert bleibt hinter dem Niveau des italienischen Pendants zurück.

Sinns Fazit: »Die ökonomische Wirklichkeit des deutschdeutschen Vereinigungsprozesses liegt so weit von dem entfernt, was die verantwortlichen Politiker dem Volk in Aussicht gestellt hatten, dass man die wirtschaftliche Vereinigung der beiden Landesteile als gescheitert ansehen kann.«[5]

Hartz IV: die Reform der Arbeitslosenhilfe lässt ostdeutsche Ressentiments erblühen. »Die Menschen in Ostdeutschland haben ein anderes, tiefer gehendes Gerechtigkeitsbedürfnis als ihre Mitbürger im Westen«, behauptet Wolfgang Thierse. Damit sagt er, die Ostler seien den Westlern moralisch überlegen. Und als Ursache kommt dafür doch nur eine moralisch überlegene Erziehung in Frage, die der DDR gedankt werden muss. Wir erleben erstaunt Montagsdemos gegen Hartz IV im Osten, als ginge es wie einst gegen einen Unrechtsstaat, der aber offenbar mehr Gerechtigkeitsliebe hervorbrachte. Wer im Westen soll das noch verstehen?

Zur Durchführung der Reform werden kurzfristig beschäftigungslose Beamte aus dem Westen in den Osten beordert, die dafür selbstverständlich Heimfahrten und eine Zulage bekommen. Dagegen schlugen die ostdeutschen Ministerpräsidenten aller Parteien wütend Alarm. Als handle es sich um eine »Buschzulage«, also eine schwere Beleidigung des Ostens. Als könnten irgendwelche ostdeutschen Arbeitslosen den Job nicht ebenso erledigen. Sie könnten es ohne spezielle Ausbildung natürlich nicht. Die Empfindlichkeiten werden langsam hysterisch. Die Spaltung des Landes in zwei Gesellschaften ist tiefer als parteipolitische Gräben. So lehnen alle Ministerpräsidenten des Ostens, auch die der SPD, die Zusammenlegung von Sozialhilfe und Arbeitslosengeld ab. Sie verlangen Extrawürste für den Osten, also noch mehr Umverteilung.

Die Kardinalfehler des Beitritts

Der Osten Deutschlands war von Beginn an eine abgeschlagene Region in der Europäischen Union, er war ihr Schlusslicht. Steuern und Abgaben hätten für den Aufbau Ost sofort angehoben werden müssen. Das war 1990 jedem Vernunftbegabten klar. Aber die Regierung Kohl bestritt dies und lehnte Steuererhöhungen ab.

Wer einmal lügt, lügt immer wieder, vor allem dann, wenn es ihm immer wieder geglaubt wird. Zur Täuschung Ost (»blühende Landschaften«) gesellte sich die Lüge West, der Aufschwung trage sich in Kürze selbst.

Daraus resultierten die drei Kardinalfehler der Einheit:

- die viel zu frühe Umstellung der Ostwährung auf D-Mark zum Fabelkurs von 1:1,

- die zu schnelle Angleichung von Löhnen und Gehältern,
- die bedingungslose Übernahme der Sozialsysteme.

Alles zusammengenommen: Die Ausschaltung der Vernunft als Maßstab der Politik. Stattdessen Glücksgefühle, Illusionen, Selbstbetrug. Die politische Klasse war von der Einheit berauscht, also unzurechnungsfähig.

Der erste Kardinalfehler: Die Währungsunion zum Kurs von 1:1

Eins zu eins: Ein Aufschrei ging durchs Land. Klang das nicht nach Gleichberechtigung? BRD:DDR = 1:1. Eine perfekte Formel für Leute, die nicht bis drei zählen können. Wer das richtige Geld hat, besitzt – 1:1 – fast schon alles, was er zum Leben braucht. Das war die zynische Logik. Zahlenpsychologie so dämlich und profan wie in einer Supermarktwerbung. Eine Währungsunion für Schnäppchenjäger zum Einheitsschlussverkauf! Es war der Ausverkauf der Vernunft.

Natürlich wurden auch Gehälter, Löhne und Renten 1:1 umgestellt, Kredite und Guthaben über 4000 Mark 2:1. Jetzt kostete alles, was aus dem Westen kam, plötzlich nur noch ein Viertel. Na endlich! Wie sollten Ostdeutsche das wahre Leben kennen lernen, wenn sie nicht konsumierten! Alles, was man dazu brauchte, kam aus dem Westen: Autos, Klamotten, Fernseher, Fressalien. Freiheit gleich Konsum: so einfach war die Lösung. Ein kapitalistisches Manifest in seiner beschränktesten Form. Allenfalls tauglich als Konjunkturdoping für westliche Firmen, die ihre Waren nun auf den ostdeutschen Markt warfen.

Statt Waren und Dienstleistungen zum bisherigen marktgerechten Kurs von 4,3:1 anbieten zu können, mussten ostdeutsche Hersteller ihre Produkte im Ausland mit einem Schlag vier Mal so teuer verkaufen. Die viel zu teuren ostdeutschen Produkte blieben liegen.

Es war nicht gerade das, was der Aufschwung gebraucht hätte. Die schnelle Mark heizte ein Strohfeuer des Konsums an. Westliche Firmen übernahmen Ostbetriebe oft nur, um gewaltige Subventionen zu kassieren und anschließend möglichst rasch und geräuschlos die neuen Überkapazitäten zu schließen. Die radikale Privatisierung der ostdeutschen Industrie nach dem Rezept der Treuhandanstalt erledigte drei Viertel der industriellen Arbeitsplätze im Osten. Die Privatisierung der DDR-Betriebe führte zu einer gewaltigen Pleitewelle und am Ende standen statt der erwarteten Erlöse 270 Milliarden Mark Verluste zu Buche. Und die Rekordarbeitslosigkeit trieb die Sozialausgaben auf Rekordhöhe.

Es herrschte ein Goldrausch. Das neue Eldorado im Wilden Osten lockte Scharen von Glücksrittern, Spekulanten und Profiteuren aus dem Westen an. Unvorstellbare Mengen Geld wurden verbrannt. In blindem Glauben, die blühenden Landschaften ließen sich herbeizaubern, erfand die Regierung großartige Subventionen für Investoren. Jeder hielt die Hand auf, auch Unternehmen, deren Gewinne alle Erwartungen übertrafen, sahnten fleißig ab. Ohne Sinn und Verstand wurden die Milliarden im Land verstreut. Zum Beispiel für Gewerbegebiete, Großmärkte oder Flughäfen, die niemand benötigte. Im Osten stehen heute Wohn- und Gewerbeflächen in gewaltigem Umfang leer.

Wer Geld im Osten einsetzte, konnte mit massiven steuerlichen Erleichterungen rechnen – unabhängig davon, ob die Investitionen sinnvoll waren, sich irgendwann rentierten und Arbeitsplätze schufen. Auch dann, wenn das eingesetzte Kapital keine Erträge lieferte, sondern nur Verluste, machten die Investoren immer noch ein Schnäppchen. Milliarden an Steuermitteln wurden an clevere Abschreibungskünstler verschenkt, statt damit den »Aufbau Ost« zu fördern.

Der zweite Kardinalfehler: Die Angleichung der Einkommen

Westdeutsche Gewerkschafter und Wirtschaftsfunktionäre waren sich schnell einig, die westlichen Tarifsysteme so schnell wie möglich auf den Osten zu übertragen. Und auch der Staat spielte mit. Die Bruttoeinkommen der ostdeutschen Staatsbediensteten unterschieden sich nach wenigen Jahren nur noch unwesentlich von jenen ihrer westdeutschen Kollegen. Wer will schon Wähler verärgern? Weil westdeutsche Beamte, die in den Osten gingen, ja wohl kaum eine patriotische Gehaltskürzung akzeptiert hätten – ganz im Gegenteil –, mussten eben auch die ostdeutschen Kollegen bald mehr bekommen.

Gleicher Lohn für gleiche Arbeit gilt in diesem Land als Dogma, wie die Jungfräulichkeit der heiligen Mutter Maria in der römischen Kirche. Wer es in Frage stellt, gilt als Volksfeind, als potenzieller Ausbeuter, als Egoist.

Bei einem Glauben kommt es nicht auf die Fakten an. So ist es auch mit »Gleicher Lohn für gleiche Arbeit«. Was ist überhaupt gleiche Arbeit? Folgt man dem Dogma, kriegen Faule und Dumme dasselbe wie Einfallsreiche und Fleißige am gleichen Arbeitsplatz. Aber auch sonst schafft das Dogma der Gleichmacher das schiere Gegenteil von Gerechtigkeit.

Ein Polizist oder eine Krankenschwester in München und ihre Kollegen in Rostock oder Halle werden gar nicht gleichwertig bezahlt. Die Münchner werden schwer benachteiligt, obwohl sie ein paar Mark mehr bekommen. Denn eine vergleichbare Wohnung ist in München nicht zu bezahlen. Die Münchner müssen auf Komfort verzichten oder ins Umland ziehen und weite Fahrten zum Arbeitsplatz in Kauf nehmen. Rostocker Polizisten und Krankenschwestern halten trotzdem Gehaltsunterschiede für eine schwere Gerechtigkeitslücke.

Die Parteien – die politischen wie die Tarifparteien – hätten in dieser als historisch gepriesenen Stunde wenigstens den Versuch unternehmen müssen, den neuen Bürgern diese Zusammenhänge zu erklären. Stattdessen verstärkten sie den Druck. Mit dem verhängnisvollen Slogan »Gleicher Lohn für gleiche Arbeit« warb nicht nur die SPD, sondern auch die CDU im Wahlkampf. Verantwortungslose Politiker betätigten sich im Osten als hemmungslose Opportunisten. Der »Aufschwung Ost« hätte wirtschaftliche Dynamik gebraucht, nicht hohe Lohnsteigerungen.

Und bei den Tarifverhandlungen waren die Verhandlungsführer »gar nicht diejenigen, um deren Interesse es unmittelbar ging, sondern auf Arbeitgeber- und Arbeitnehmerseite die westdeutschen Konkurrenten der ostdeutschen Betriebe. Sie gaben vor, die Lohnangleichung aus Gründen der Solidarität anzustreben. In Wahrheit hatten sie Sorgen, dass der Standort Ostdeutschland tatsächlich so attraktiv werden könnte, wie die Politik es behauptete, und dass nun Heerscharen von Investoren aus aller Welt kommen würden, um sich auf dem deutschen Markt breit zu machen.«[6]

Auch nach der Umstellung der Löhne und Gehälter zum irrealen Kurs von 1:1 waren die ostdeutschen Lohnkosten erst auf etwa ein Drittel der westdeutschen Lohnkosten geklettert. Immer noch besaß die ostdeutsche Wirtschaft einen beträchtlichen Wettbewerbsvorteil. Aber das änderte sich schnell. Die viel zu rasch steigenden Löhne waren gleich zwei Fehler auf einmal.

Erstens schürten paradoxerweise Gehaltserhöhungen den Neid und die Unzufriedenheit. Wie das? Weil damit die Illusion und die starke Erwartung geweckt wurden, in Kürze werde es gar keinen Unterschied mehr zwischen Ost und West geben. Gemessen an der Produktivität wird im Osten inzwischen deutlich zu viel bezahlt, aber trotzdem liegt das Lohnniveau noch unter dem des Westens. Hätte man damals gesagt: die Produktivität bestimmt den Lohn, wären heute alle hoch zufrieden über die unglaublich gute Bezahlung.

Zweitens ruinierte die Lohnanpassung die Konkurrenzfähigkeit des Ostens. Unternehmen investierten weniger in der ehemaligen DDR, war doch der einzige Wettbewerbsvorteil zerstört. Ostdeutsche Firmen verloren gegen die Mitbewerber in Polen, Tschechien oder Ungarn. Dort gab es weder Westwährung noch überhöhte Löhne. Statt den Wettbewerb um das schnellste Wachstum zu gewinnen, bestach Ostdeutschland nur im Wettlauf um die schnellste Erhöhung der Löhne und Gehälter.

»Es kann kein Zweifel bestehen, dass die dramatische Erhöhung der Lohnkosten, die zudem in solch kurzer Zeit stattfand, die zentrale Ursache der ostdeutschen Probleme ist.«[7]

Den Ostlern kann man die zu schnelle Lohnangleichung nicht

vorwerfen. Sie waren es gewohnt, dass der Staat die Löhne festsetzte. Sie hatten keine Ahnung, wie Wirtschaft funktioniert. Woher auch? Hätten sie dankend ablehnen sollen?

Schuld waren Politiker, Arbeitgeber und Gewerkschaften. So mancher Funktionär witterte neue Karrierechancen im Osten. Das klang damals nach Idealismus und Patriotismus. Populistische Parolen fanden reißenden Absatz.

Der dritte Kardinalfehler: Die Sozialunion

Die Sozialsysteme Westdeutschlands waren vor 1990 bereits an die Grenzen ihrer Belastbarkeit gestoßen. Vernünftige Politiker hätten sie zuerst gründlich reformiert, statt ihnen in diesem Zustand auch noch die Ostdeutschen aufzuhalsen. Mehr noch: Die Kosten der Einheit sollten zum großen Teil von den Sozialsystemen finanziert werden. So wurde die Einheit eine wesentliche Ursache für die Krise der Sozialsysteme.

Eine verantwortungsvolle Regierung hätte die vorhersehbaren Lasten des Beitritts offen und ehrlich kalkuliert. Dann wäre allen klar geworden, dass die Westdeutschen auf manch lieb gewonnene Sozialleistung hätten sofort verzichten müssen. Ob die Einheit unter diesen Bedingungen immer noch Herzenswunsch der großen Mehrheit gewesen wäre? Offenbar hat Helmut Kohl selbst daran gezweifelt. Aus welchem Grund sonst hätte er die Bürger belogen?

Zwingenderweise hätten den Brüdern und Schwestern für eine längere Übergangszeit deutlich geringere Sozialstandards zugemutet werden müssen. Es gab kaum einen Politiker, der so ehrlich gewesen wäre, das Problem auch nur anzutippen. Ost und West verheimlichten einander die Wahrheit. Dies sind bekanntlich die allerbesten Voraussetzungen, wenn zwei sich geloben, einander beizustehen in guten wie in schlechten Tagen. So wie sie geplant war, taugte diese Einheit nur für ganz besonders gute Zeiten. Aber davon konnte schon 1990 keine Rede sein. Von Beginn an vergifteten Misstrauen und Unwahrheit die Einheit.

Nehmen wir die Renten. Schon das Wort »Rentenversicherung« ist eine Lüge. Echte Versicherungen geben, was die Versicherten einzahlen zuzüglich Verzinsung, nach versicherungsmathematischen Regeln zurück. Die »Rentenversicherung« ist aber etwas ganz anderes, nämlich ein Umverteilungsinstrument. Die Rentenbeiträge werden nicht gespart, sondern sofort ausgezahlt. Das System lebt von der Hand in den Mund. Nur solange die Zahl der Beschäftigten und ihre Einkommen wachsen, kommt mehr herein als ausgegeben wird.

Aber seit vielen Jahren muss der Staat aus Steuermitteln Milliarden zuschießen. Trotzdem sind die Renten schon lange nicht mehr sicher. Die Generation der heute Vierzig- und Fünfzigjährigen wird betrogen. Sie haben während des größten Teil ihres Berufslebens kräftig einbezahlt, werden aber am Ende sehr viel weniger herausbekommen, als ihnen versprochen worden war. Es bleibt ihnen aber zu wenig Zeit, die Lücke durch private Vorsorge zu schließen. Die Jüngeren können wenigstens rechtzeitig private Alternativen aufbauen und den Rentenbetrug teilweise kompensieren.

Das Rentensystem wurde immer schon stark mit versicherungsfremden Leistungen belastet. Aus den Beiträgen der »Versicherten« werden auch Renten von Menschen bezahlt, die nichts einzahlen. Ein Skandal ganz eigener Qualität ist es, wie die Wirtschaft seit Jahren auf Kosten aller Rentner Personal abbaut. Die hässliche »Entlassung in die Arbeitslosigkeit« wird kosmetisch verschleiert und »Frühverrentung« genannt. Tatsächlich kommen dafür alle Rentenversicherten auf. Beamte und Selbstständige gehören bekanntlich nicht dazu. Inzwischen weiß aber jedes Kind, dass das Rentensystem zusammenbrechen muss, wenn zu wenige »Versicherte« nicht lange genug einzahlen, gleichzeitig aber der Anteil der Alten und Frührentner immer größer wird. Dies alles war schon Jahre vor der »Wiedervereinigung« bekannt.

Der Gipfel der Selbstzerstörung des Rentensystems aber war der Beitritt von Millionen Rentnern, Frührentnern und Sozialrentnern aus der DDR. DDR-Bürger zahlten keinen Pfennig in die Rentenversicherung ein. Trotzdem werden sie genauso behandelt, als hätten sie es getan. Man kann dies nationale Solidarität nennen – oder Wahnsinn.

Der Patriot meldet sich zu Wort: Haben nicht gerade die Älteren am längsten unter dem Regime gelitten? Ist die großherzige Aufnahme in die Rentenversicherung nicht ein Akt ausgleichender Gerechtigkeit?

Es war ein Akt unvergleichlicher Ungerechtigkeit. Niemand hatte die Bundesregierung dazu gezwungen. Die Frage gerechter Ostrenten hätte anders gelöst werden müssen. Für Gerechtigkeit sind nämlich nicht die westdeutschen Versicherten verantwortlich, sie ist eine Aufgabe des gesamten Staates. Aus Steuermitteln hätten die Renten der ehemaligen DDR-Bürger bezahlt werden müssen. Aber die katastrophalen Folgen für den Bundeshaushalt sollten vermieden und vertuscht werden, die wahren Kosten der Einheit nicht auf den Tisch kommen.

Der Renten-Skandal geht weiter. Das Rentenniveau ist im Osten nicht nur gleich, sondern deutlich besser als im Westen, es liegt um 21 Prozent darüber.[8] Die westdeutschen Rentner werden benachteiligt, besonders die Frauen.

Praktisch jede Frau im Osten hatte einen Arbeitsplatz. Wer nur Mutter und Hausfrau sein wollte, war gesellschaftlich nichts wert. Bei den Kommunisten fing der Mensch erst mit der Arbeit an, und außerdem wollte der Staat die totale Kontrolle über seine Bürger, so sollten Kinder einer womöglich ideologisch fragwürdigen Erziehung durch die Mütter entzogen werden. Auch aus finanziellen Gründen mussten die Frauen mitverdienen. Es gab nicht viele Männer, die eine ganze Familie durchfüttern konnten. Millionen westdeutscher Frauen sind die Dummen. Sie haben ihr Leben ganz oder teilweise den Kindern gewidmet und erleben, dass das familienfeindliche Gesellschaftsbild der DDR durch prima Westrenten prämiert wird. Der Sozialismus hat auch in diesem Fall gesiegt. Nur mit Gerechtigkeit hat das nichts zu tun.

Auch in der Sozialhilfe hat die Angleichung von Ost und West inzwischen zur Benachteiligung der Westdeutschen geführt. Im Osten ist die Sozialhilfe, selbst wenn sie noch nicht ganz Westniveau erreicht hat, wegen der geringeren Preise und Mieten deutlich mehr wert als in den meisten Gegenden des Westens.

Die sozialpolitische Gleichmacherei trug wesentlich dazu bei, die deutsche Wirtschaft zu schwächen. Erstens durch die einigungsbedingt erhöhten Lohnnebenkosten. Zweitens, weil die Milliarden, die für Sozialeinkommen in den Osten transferiert werden, für Investitionen fehlen.

Mit staatlichen Lohnersatzleistungen lässt sich verglichen mit dem Lebensstandard der DDR ganz gut auskommen. Die hohen Sozialleistungen verringern den Anreiz, Arbeit anzunehmen, und sei es in einem anderen Beruf oder in einer anderen Gegend. Kein Mensch arbeitet aus Solidarität zu seinem Land. Er arbeitet, wenn sich die Arbeit rechnet, wenn sie deutlich mehr einbringt als Nichtstun. Auch die notleidendste Wirtschaft muss deshalb mehr bieten als die Sozialkassen. »Mit anderen Worten: mit der Sozialunion ist der ostdeutschen Wirtschaft ein mächtiger Konkurrent zugewachsen.«[9]

Abwanderung – na und?

Gab es zur Währungs- und Sozialunion überhaupt eine Alternative? Hätte man ohne sie nicht eine Massenwanderung in den Westen ausgelöst? Der Osten blutet aus – das ist die größte Klage. Sie war es vor 15 Jahren, und ist es heute noch immer.

Zu wenig Nachwuchs gibt es auch im Westen. Prozentual ist das Geburtendefizit im Osten vier Mal so hoch. Aber die Bevölkerung im Osten nahm auch zu DDR-Zeiten permanent ab. Der Staat tat schließlich alles, was in seinen Kräften stand, um seinen Bürgern die Republikflucht schmackhaft zu machen. Dagegen half nicht einmal die Mauer. Bis zu deren Fall schrumpfte die Bevölkerung von 20,3 auf 18,5 Millionen. Der Beitritt hat diesen Trend kaum aufgehalten. Heute gibt es nur noch knapp 17 Millionen Ostdeutsche, sie stellen nur noch ein Fünftel aller Deutschen. Sie waren in der Nachkriegszeit fast ein Drittel.

Man könnte auch sagen: Je weniger Ostdeutsche es gibt, desto geringer sind die Probleme, die sie machen. »Selbstverständlich ist es besser, dass junge Leute in München oder Köln arbeiten, statt in Greifswald, Halle oder Eisenhüttenstadt Sozialleistungen zu beziehen.«[10] Der Staat sollte lieber Mobilitätsprämien zahlen und diejenigen belohnen, die bereit sind, in den Westen zu pendeln oder ganz umzuziehen.

Als Helmut Kohl den Ostdeutschen 1:1 die DDR abluchste, waren sachverständige Warner machtlos. Ihnen wurde ein Argument entgegengeschmettert, das unüberbietbar schien. Komme die D-Mark nicht unverzüglich zu den Ostdeutschen, kämen die Ostdeutschen zur D-Mark. Mehr als eine Billiarde Euro Umverteilung konnten dies freilich auch nicht verhindern. Das Totschlagargument, mit dem die Kardinalfehler der Einheit noch immer verteidigt werden, ist falsch.

Nichts kann die Wanderlust aufhalten. Fachleute rechnen bis zum Jahr 2010 mit einem Bevölkerungsschwund von einer weiteren halben Million im Osten. Er könnte bis ins Jahr 2040 bis auf 13 Millionen Menschen schrumpfen.

Wie dramatisch sind die ökonomischen Folgen tatsächlich? Es ziehen vor allem die jüngeren, flexibleren, besser ausgebildeten Leute weg. Eine angenehme Vorstellung ist es nicht, sich den Osten als eine Art DDR-nostalgisches Indianerreservat vorzustellen.

Es ist absehbar, dass die Abwanderung auch das Bildungsniveau im Osten sinken lässt. »Inzwischen sind die Schwachen unter sich«, erzählt eine Lehrerin, und Intelligenztests der Bundeswehr mit 250000 Wehrpflichtigen ergaben, dass in den betroffenen Regionen »die dümmsten jungen Männer der Bundesrepublik« leben.[11]

Die von jeher schwache, nun noch geringere Siedlungsdichte, vor allem in Brandenburg und Mecklenburg-Vorpommern, tut ein Übriges. Dort werden schon heute nur noch 82 Einwohner pro Quadratkilometer gezählt. Westdeutscher Durchschnitt sind 261 Einwohner. Es »zeigen alle Migrationen der neueren Zeit, dass Menschen anders als früher vor allem dorthin ziehen, wo schon viele Menschen sind«.[12] Paradoxerweise steigt die Arbeitslosigkeit in solchen Gegenden weiter, obwohl weniger Menschen Arbeit brauchen. Denn Gewerbe siedelt nicht dort an, wo es keine Kunden und zu wenige gut ausgebildete Arbeitskräfte gibt. Ein Teufelkreis.

Andere Fachleute halten die Ost-West-Wanderung geradezu für wünschenswert. »Eine rationale Wirtschaftspolitik hätte die Wanderung ... zugelassen, statt den Teufel an die Wand zu malen ... Es gehört zu den Perversitäten der deutschen Wiedervereinigung, dass von den 3,4 Millionen Menschen, die ihren Arbeitsplatz in Ostdeutschland verloren, etwa 2,5 Millionen nicht zum Arbeiten nach Westdeutschland gingen, sondern ihr Einkommen in der einen oder anderen Form vom Sozialstaat erhielten, während zugleich ungefähr 900 000 Einwanderer aus Nicht-EU-Staaten legal von der westdeutschen Wirtschaft eingestellt wurden ... und während die deutschen Unternehmen 1,7 Millionen neue Arbeitsplätze im Ausland schufen.«[13]

56 Prozent aller Ostdeutschen unter 30 geben an, über einen Umzug in den Westen bereits nachgedacht zu haben. Und 42 Prozent dieser Altersgruppe möchten »vielleicht umziehen«. Ganz bestimmt bleiben möchten dagegen nur 8 Prozent.[14]

Umgekehrt geben im Westen 78 Prozent der Befragten an, unter keinen Umständen in die neuen Länder ziehen zu wollen, nur 15 Prozent können es sich vorstellen. Auch dies ein schlagender Beweis für die Spaltung des Landes.

Schutzgeld namens Soli

Der so genannte Solidaritätszuschlag weckt den falschen Eindruck, es würden damit die Kosten der Einheit beglichen. Die Abgabe trägt angesichts der unüberschaubaren Riesenlasten nur ein Scherflein zum Ganzen bei. Der Name dieser Steuer ist eine Lüge. Er gibt vor, dass es sich um einen Solidaritätsbeitrag der alten für die neuen Bundesbürger handle. Soweit sie Steuern zahlen, werden die Ostdeutschen aber auch selbst geschröpft. Und es ist keine freiwillige Kollekte, sondern eine Zwangsabgabe. Solidarität und Zwang schließen sich aber aus. Mafiosi nennen das Erpresste »Schutzgeld«. Warum nennen wir nicht den Soli so?

Ist es nicht tatsächlich Schutzgeld? Geschützt werden die Ausgenommenen vor ihren Erpressern. Wenn ihr nicht zahlt, wird alles noch schlimmer, droht der Erpresser. Niemand schützt den Bürger vor diesem Staat. So, wie über das Schutzgeld der Mafia geschwiegen wird, wird auch die Wahrheit über diese Geschäftsbeziehung von einem Mantel des Schweigens und der Lügen verdeckt. Es ist die deutsche Omerta für das deutsche Mezzogiorno.

Die so genannte Solidarität wird bis zum St. Nimmerleinstag Zwang bleiben. Das ist bitter, aber wahr. Über jeden Fliegenschiss werden in Deutschland kleinkrämerische Debatten angezettelt, nicht jedoch über diese Jahrzehnte währende, schwere Belastung aller Steuerzahler im Osten wie im Westen.

Jeder Westdeutsche, ob Kleinkind oder Greis, wird bis ins Jahr 2010 durchschnittlich 30 000 Euro für die Einheit geleistet haben, pro Familie ein Vermögen. Es wird bei weitem nicht ausreichen. Immer mehr Experten vermuten, dass mindestens bis ins Jahr 2040 Transferleistungen in den Osten notwendig sind. Hans-Werner Sinn rechnet damit, dass die Zahlung niemals enden wird – weil jetzt auch Deutschland sein Mezzogiorno hat, freilich ein »Mezzogiorno minus Sonne«, wie die *Süddeutsche Zeitung* lästerte.

Womit ist das Privileg des Ostens gerechtfertigt, auf Dauer mehr auszugeben, als erwirtschaftet wird? Was legitimiert permanente Umverteilung? Darauf geben die Politiker keine Antwort. Sie halten schon die Frage für unpatriotisch.

Dabei steht auch die Finanzkrise der westdeutschen Städte und Gemeinden in direktem Zusammenhang mit den Folgen der so genannten »Solidarumlage«. Viele Gemeinden müssen sich auch deshalb hoch verschulden, um ihrer »solidarischen« Pflicht nachkommen zu können. Das ist umso schwerer zu vermitteln, als der Osten gemessen an der Bevölkerungszahl rund ein Drittel mehr tarifliche Arbeitnehmer und rund 46 Prozent mehr Angestellte im öffentlichen Dienst beschäftigt als die Westländer. Wieder führt Umverteilung nur zu Ungerechtigkeit.

Mit der Verschuldung kommen kräftige Abgabensteigerungen und Leistungsminderungen auf alle Bürger zu. Vom Trambahnticket bis zur Kindertagesstätte, von fehlenden Schulbüchern bis zu den löchrigen Straßen: die Solidarität schlägt auf vielfältige Weise zu.

Trotz der Abgabenlast der Bürger wuchsen die Schulden des Staats seit dem Beitritt um fast eine Billion Euro. Das entspricht nahezu der Summe, die vom Staat insgesamt in die östlichen Länder gepumpt wurde. Und Pump bedeutet auch immer, die Lasten auf spätere Generationen abzuwälzen.

Warum sind die Deutschen nicht stolz darauf?, fragt der Patriot. Ist es nicht eine einmalige Leistung? Ohne Sauerstoff unvorbereitet auf den Mount Everest hinaufzustürmen ist auch eine einmalige Leistung. Trotzdem dumm.

Obwohl die Wirtschaftskraft des Ostens noch immer nicht mehr als etwa 60 Prozent des westlichen Niveaus erreicht hat, ist der individuelle Wohlstand im Osten mittlerweile auf weit über 80 Prozent des Westniveaus gestiegen. Nicht nur bei den Einkommen, auch bei den Sachvermögen haben die Ostdeutschen mittlerweile praktisch gleichgezogen. Beim Immobilienvermögen wird der Abstand rasch geringer.

Trotzdem blieb die Unzufriedenheit im Osten. Darüber ärgern sich allmählich auch jene westdeutschen Patrioten, welche die Kardinalfehler einst freudig begrüßt hatten.

Der frühere Bundeskanzler Helmut Schmidt beschwerte sich im Oktober 2003 lautstark über die »Weinerlichkeit« der Ostdeutschen. Ausgerechnet in der *Sächsischen Zeitung* knöpfte er sich die trotz Bevorzugung klagenden Rentner vor: »Das finde ich zum Kotzen.« Auf der Stelle bezog er für die Tabuverletzung Klassenkeile von Politikern aller Parteien.

»Lerne klagen, ohne zu leiden«, dieses ostdeutsche Lebensmotto beschreibt Felix R. Mindt in seinem Buch *Die Soli-*

Abzocke. Die Wahrheit über den armen Osten.[15] »Der Ossi jammert, aber es geht ihm gut ... Das Bild vom armen Ostdeutschland ist vor allem eins – ein bequemer Mythos zum Abzocken.«

Aufgeregte Proteste erntete auch Thomas Roethe. Er plädierte für ein »Ende der Schonfrist« in seinem Buch *Arbeiten wie bei Honecker, leben wie bei Kohl.*[16] Der Osten schaue dem Osten zu, statt selbst aktiv zu werden. Genau darin zeige sich die DDR-Mentalität. »Die Routine des Transfers behindert das Entstehen eines Bürgertums und einer Unternehmerschicht, einer Kultur des Aufstiegs aus eigener Kraft. Das freundliche Schweigen der Westdeutschen hat da etwas Beunruhigendes. Es wirkt wie ein Zeichen der Resignation, als zahlten sie Schweigegeld«, schreibt Jens Bisky in der *Süddeutschen Zeitung.*[17] Sie schweigen inzwischen gar nicht mehr. Sie lügen sich bloß noch lauthals in die eigene Tasche.

Das zweite Wirtschaftswunder blieb aus

Wir schaffen ein zweites Wirtschaftswunder: Das war die Parole nach dem Beitritt.

Das erste Wirtschaftswunder nach dem Krieg im Westen war aber kein Wunder, sondern Folge bestimmter Voraussetzungen. Erst wuchs die Wirtschaft, dann holten die Einkommen auf. Die Geduld der Arbeitnehmer zahlte sich erst Jahre später aus. In Ostdeutschland lief es umgekehrt. Noch ehe der Aufschwung kam, wurden Löhne und Gehälter kräftig angehoben.

Den notwendigen ersten Schritt des Wirtschaftswunders wollten die Deutschen sich diesmal ersparen. Deshalb erfanden sie eine unsinnige Behauptung: Gerade hohe Löhne würden die Wirtschaft zu schnellen Innovationen anstacheln. Hohe Löhne stacheln die Industrie aber nur dazu an, mit möglichst wenig Beschäftigten auszukommen.

Im ersten Wirtschaftswunder der Nachkriegszeit war das Wachstum größer als die Erwartungen der Bevölkerung. Heute ist es umgekehrt. Unterschätzt wurde auch, dass die Einführung der Marktwirtschaft in der DDR einen viel radikaleren gesellschaftlichen Wandel brachte als die wenigen Jahre der Nazidiktatur. Die Kriegswirtschaft der Nazis war zwar dirigistisch, schaffte aber das Privateigentum nicht ab.

Zu den schönen, großen, unausrottbaren Idealen der Deutschen zählt die Vollbeschäftigung. Es gab sie nur in der kurzen Phase des Wiederaufbaus.

In der DDR habe Vollbeschäftigung geherrscht, glaubt so mancher Ostalgiker. Geherrscht hatte etwas ganz anderes, nämlich die irrige Ansicht, dass der Mensch erst durch Erwerbsarbeit zum vollwertigen Menschen werde. Deshalb machte das Regime die Bürger zu Werktätigen, auch wenn es gar nicht genug Arbeit für alle gab. »Wer konnte schon etwas gegen die Allgegenwart von Erwerbsarbeit einwenden? Die DDR-Führung schmückte sich sogar mit ihr, und der Westen war einfältig genug, diesen Schmuck zu bestaunen. Aus kritischer Distanz wäre ihm nicht entgangen, dass in der DDR die Erwerbsarbeit ... das wichtigste Instrument war, mit dem das Regime vierzig Jahre lang seine Macht ausübte.«[18] Deshalb muss man sich nicht wundern, wenn nach dem Beitritt das Ende dieser Illusion von Vollbeschäftigung im Osten als schwerer Verlust erlebt wurde. Der am »Runden Tisch« formulierte ostdeutsche Verfassungsentwurf enthielt das »Recht auf Arbeit«. Und die DDR verlangte die Aufnahme dieses Rechts ins Grundgesetz nach dem Beitritt. Man wollte nicht begreifen, dass das Ende der Planwirtschaft auch das Ende der automatischen Beschäftigung bedeuten musste. Die meisten Ostdeutschen träumen noch immer von einem »Sozialismus mit menschlichem Gesicht«. Es wäre aber nur in einer souveränen und demokratischen DDR möglich gewesen, diese Illusion zu zerstören. Diese Erfahrung hat man den Ostdeutschen verweigert. Die Bundesrepublik konnte nur noch beweisen, dass es keinen Kapitalismus mit menschlichem Gesicht gibt – so jedenfalls sehen es viele Ostdeutsche.

Besser wäre es gewesen, den Leuten reinen Wein einzuschenken: In einer freien Gesellschaft schafft nicht der Staat Arbeitsplätze, sondern die Wirtschaft. Aufgabe der Unternehmen ist es nicht, Leute zu beschäftigen, sondern Gewinn zu machen. »Man kann nicht oft genug wiederholen, dass der Markt nicht gerecht, sondern effizient ist, und die Versuche, die Marktpreise mit Gerechtigkeitszielen zu befrachten, bitter bestraft.«[19]

Aber die Patrioten bevorzugten die Unwahrheit. Keine Angst, liebe Brüder und Schwestern, wir sorgen schon für euch! Es war die Urlüge. Die Ostdeutschen waren es nicht gewohnt, von demokratischen Politikern – ihren neuen Helden – getäuscht zu werden. Von nun an misstrauten sie der Demokratie und der Marktwirtschaft.

Das alte System benötigte kein Vertrauen der Bürger, es setzte auf bürokratischen Zwang. Die Demokratie jedoch braucht freiheitlich denkende und handelnde Bürger. Desillusionierte »Opfer« sind als mündige Bürger untauglich. Das macht die Einheits-Lügen so verhängnisvoll.

Deutschland neidig Vaterland

Es gibt in der ehemaligen DDR zu viele Leute, die nicht wahrhaben wollen, woran die DDR wirklich zugrunde gegangen ist. Nicht an der Radikalität der Bürgerrechtsbewegung, nicht an der friedlichen Revolution, sondern am Bankrott des Wirtschaftssystems. Es war der sozialistische Irrglaube, Planwirtschaft komme ohne den verhassten Produktionsfaktor Kapital aus. Ohne Kapital funktioniert aber nicht einmal Planwirtschaft.

Das hindert ein paar Millionen Ostdeutsche keineswegs daran, am alten Selbstbetrug festzuhalten. Neue Lügen folgen dem alten Lügensystem. 48 Prozent der Ostdeutschen, aber nur 22 Prozent der Westdeutschen wünschen sich mehr staatliche Eingriffe in die Wirtschaft. Nur eine Minderheit der Ostdeutschen – 39 Prozent – lehnt mehr Einfluss des Staates auf die Wirtschaft ab, so wie 70 Prozent der Westdeutschen es tun. 46 Prozent, fast die Hälfte der ostdeutschen Bevölkerung, hielten es noch im Jahr 2002 für »richtig und notwendig, vom Klassenkampf zu sprechen«[20].

Der Vertrauensverlust der sozialen Marktwirtschaft ist im Osten dramatisch. Selbst Skeptiker hatten gehofft, dass die Ostdeutschen im Laufe der Zeit die Vorteile der freien Wirtschaft erkennen würden. Das Gegenteil ist der Fall. Unmittelbar nach der Wende hatten 77 Prozent der Ostdeutschen eine »gute Meinung« vom Wirtschaftssystem der Bundesrepublik, im Jahr 2001 waren es nur noch 21 Prozent. Mehr als die Hälfte der Ostdeutschen (52 Prozent) glaubt, dass die Marktwirtschaft »automatisch zu sozialer Ungerechtigkeit« führt. Ebenso viele Westdeutsche meinen dagegen, dass die Marktwirtschaft soziale Gerechtigkeit »erst möglich« macht.[21]

Im Osten glaubten zwölf Jahre nach dem Fall der Mauer noch immer 59 Prozent der Befragten, dass Marktwirtschaft und Menschlichkeit nicht zusammenpassen. Weit mehr als die Hälfte aller Ostbürger (57 Prozent) hält den Sozialismus für eine »gute Idee, die schlecht ausgeführt wurde«. Und zwei von fünf Ostdeutschen behaupten, sie hätten nach der Wende lieber eine »neue Staatsform« gehabt als die der Bundesrepublik.

Deshalb lehnen sie den neuen Staat ab. Aber nicht offen. Sie sehen in ihm einen Ausbeuterstaat. Pfiffig wie sie sind, beuten sie ihn nun ihrerseits aus, holen auch noch den letzten Euro an Sozialleistungen aus ihm heraus. Wie das geht, haben sie schneller gelernt als alles andere. Es ist ihre Art des Widerstands. Es ist auch viel bequemer, als schlecht bezahlte Arbeit anzunehmen. Nur westliche Solidarität sollten sie dann nicht mehr erwarten. Auch hier gilt: Einheit spaltet.

Was ist eigentlich der Unterschied zwischen Gleichheit und Gerechtigkeit? Dumme Frage? Umfragen bestätigen, dass die Mehrheit der Ostdeutschen unter Gerechtigkeit Gleichheit versteht. Aber der Neid spukt wohl auch in den Köpfen eines großen Teils der Westdeutschen.

Auf die Frage: »Was meinen Sie, was ist besser für das Land, wie entwickelt es sich besser: wenn alle ungefähr das Gleiche haben, oder wenn es größere Unterschiede bei den Einkommen und Vermögen gibt?«, antworten 41 Prozent aller Deutschen: »Alle haben ungefähr das Gleiche.« Nur 34 Prozent sind für »größere Unterschiede«. Nicht nur Linke denken so, sondern auch 30 Prozent der Rechtsstehenden und 44 Prozent der Angehörigen der bürgerlichen Mitte.[22] Auch im Westen halten unglaublich viele, nämlich 30 Prozent aller Befragten, den Sozialismus für eine gute Idee, die nur schlecht ausgeführt wurde.

Also eint der Neid. Die Mehrheit der Ostdeutschen verlangt nicht nur Gerechtigkeit im Sinne von Chancengleichheit, sondern Gleichmacherei. Aber auch die meisten Westdeutschen sind stolz auf ihre »soziale« Marktwirtschaft und übersehen hartnäckig, dass es oft genug nicht wirklich sozial und gerecht zugeht, sondern irrational und ineffektiv. Neid pervertiert Gerechtigkeit. Neid macht alles kompliziert, weil man ja niemandem auch nur den geringsten Vorteil gönnt.

Ein kleines Beispiel: der öffentliche Nahverkehr. Niemand soll auch nur einen Pfennig zu viel zahlen müssen. Deshalb gibt es möglichst für jede Strecke einen speziellen Tarif. Es gibt blaue, rote, grüne Streifenkarten, Tarifzonen, Zahlgrenzen, normale und spezielle Tarife sowie Ausnahmen von den Ausnahmen. Wie soll der Ungeübte aus einem Fahrkartenautomaten den richtigen Fahrschein herausholen? Bis er es verstanden hat, ist der Zug verpasst, er hat zu viel bezahlt oder fährt aus Notwehr schwarz. Die Sehnsucht nach totaler Gerechtigkeit führt also unmittelbar zu Unüberschaubarkeit und Ungerechtigkeit.

Ein anderes Beispiel ist die unsägliche Geschichte der deutschen LKW-Autobahnmaut. Vignetten würden zwar funktionieren, wären aber wegen ihrer technischen Primitivität eine Beleidigung deutscher Ingenieurskunst, und vor allem ein Schlag ins Gesicht aller gerecht denkenden Deutschen. Jeder einzelne Kilometer jedes einzelnen LKW muss vollkommen gerecht erfasst und kontrolliert werden. Nur die totale Überwachung ermöglicht totale Gerechtigkeit. Dafür muss man eben Rückschläge, Blamagen und Milliardenverluste hinnehmen. Nur leider führt die vollkommene Gerechtigkeit auch in diesem Fall dazu, dass jetzt alle Steuerzahler die Zeche zahlen, bloß nicht die Spediteure.

Im Übrigen wäre auch das fristgerecht in Betrieb gegangene System vermutlich an der Illusion der vollendeten Mautgerechtigkeit gescheitert. Technische Tricks, das satellitengestützte Überwachungssystem zu überlisten, waren bereits zur Serienreife entwickelt. Die Betrüger sind noch immer schneller.

»Der massive Eingriff des Staates hat nicht mehr, sondern weniger Gerechtigkeit hervorgebracht. Die Regel scheint auch sonst zu gelten: Das aufwändige und unverständliche Steuersystem begünstigt nicht die Armen, sondern die Reichen.«[23] Das grandioseste Beispiel neidgestützten Gerechtigkeitswahns in Deutschland ist in der Tat das undurchschaubar komplexe Steuersystem. Es stranguliert die Ehrlichen und animiert die Cleveren zum Schwarzfahren auf höherer Ebene. Aber alle Ideen zur Steuervereinfachung sind bisher gescheitert.

Die Mentalität, die in Deutschland alles supergerecht, superperfekt und superkompliziert macht, macht auch die deutsche Einheit zum Albtraum. Der Osten erstickt in Überregulierung.

Deutschland neidig Vaterland! In keinem Land der Welt werden die Einkommen von Spitzenmanagern mit so unverhohlenem Ressentiment debattiert. Offenbar wird Unfähigkeit leichter verziehen als hohes Einkommen.

Florian Gerster, Chef der Bundesagentur für Arbeit, hatte trotz gestiegener Arbeitslosigkeit mehr als eine Milliarde Euro eingespart. Gehen musste er nicht wegen Unfähigkeit, sondern weil er seiner unbeweglichen Riesenbehörde mit Hilfe erfahrener Berater Beine machen wollte. Die Diskussion um Berater in Deutschland ist absurdes Theater. Niemand fragt, was Berater bringen, sondern nur, was sie verdienen.

Auch Politiker gelten als überbezahlt. Ob sie ihr Geld wert sind, interessiert die Bürger offenbar wenig. Dass man vielleicht fähigere Politiker bekäme, wenn Ämter auf Zeit höher dotiert wären (nicht aber die Pensionen), ist ein Tabu, das von niemandem angefasst wird. »Der organisierte Neid ist eine beachtliche

Macht in Deutschland.«[24] Und deshalb verhinderte die Bundesregierung, dass die deutschen Europaabgeordneten so viel bekommen wie ihre Kollegen aus anderen Ländern. Das Wort Diäten »wird nämlich in der öffentlichen Debatte gebraucht, als handle es sich um ein Fäkalwort der Demokratie«.[25]

In Deutschland zeigen die Wohlhabenden ihren Wohlstand denn auch so genierlich, als handle es sich um einen bedauerlichen Charakterfehler. Und Politiker können in keinem Land so zuverlässig mit Beifall rechnen, wenn sie ökonomisch Unsinniges fordern. Die Erbschaftssteuern sollen erhöht, Vermögen stärker besteuert werden, gerade so, als handle es sich um bisher unversteuertes Schwarzgeld.

Natürlich werden Reiche, die sich dieser Gefahr durch Umzug ins weniger neidige Ausland entziehen, vom Kanzler persönlich und notfalls namentlich (wie der Allgäuer Lebensmittelfabrikant Müller) an den Pranger gestellt. »Im deutschen Sozialstaat, so wie er heute verfasst ist, liegt daher eine ungeheure Sprengkraft. Das wird besonders deutlich in der gespenstischen, aber oft gebrauchten Formulierung, die Wohlhabenden müssten zur Finanzierung von Renten, Gesundheitsvorsorge und anderem ›herangezogen‹ werden. Bei offenen Grenzen lässt sich niemand so einfach ›heranziehen‹.«[26]

Der deutsche Neid-Populismus ist unbeirrbar und treibt die seltsamsten Blüten. Wochenlang trieb Florida-Rolf sein Unwesen in der Boulevardpresse. Warum sollen Betroffene die ihnen zustehende Sozialhilfe nicht dort ausgeben dürfen, wo sie möchten? Weil es der Neid verbietet. Wenn schon einer auf Stütze lebt, dann soll er gefälligst dort bleiben, wo das Wetter angemessen scheußlich ist. Dieses Problem zählt nicht zu den hundert dringlichsten der Republik. Aber der Kanzler persönlich machte sich den Fall innerhalb weniger Tage *Bild*-mächtig zu eigen.

Zentralistische Tendenzen

Das Neid-Dogma steht natürlich auch im Grundgesetz. Und in Artikel 72, er handelt von der »konkurrierenden Gesetzgebung« zwischen Bund und Ländern, heißt es: »Der Bund hat in diesem Bereich das Gesetzgebungsrecht, wenn und soweit die Herstellung gleichwertiger Lebensverhältnisse im Bundesgebiet ... eine bundesgesetzliche Regelung erforderlich macht.« Es ist die programmierte Gleichmacherei. Die »Einheitlichkeit der Lebensverhältnisse im Bundesgebiet« müsse »gewährt« sein, heißt es in Artikel 106, Absatz 3. Auch in Westdeutschland war das eine Illusion und es bestand niemals eine Chance, das Gebot jemals zu verwirklichen. Sofort mit dem Beitritt der DDR hätte dieses Verfassungsgebot aus dem Grundgesetz gestrichen werden müssen (wie es inzwischen der nordrhein-westfälische Ministerpräsident Peer Steinbrück gefordert hat). Es geschah nicht. Damit hat das Fass ohne Boden Verfassungsrang.

Das Zauberwort heißt Konvergenz: Angleichung.

»Die Konvergenz der Einkommen übersteigt vermutlich die Konvergenz, die unter den Regionen im Westen bereits hergestellt wurde.«[27] Im Westen ist seit Jahrzehnten ein Nord-Süd-Gefälle entstanden. Das heißt, dass die Durchschnittseinkommen von Ost und West gleicher sind als die Durchschnittseinkommen aller westdeutschen Länder. Die Einheit scheint in dieser Hinsicht nicht nur erfüllt, sondern sogar über das Ziel hinausgeschossen zu sein. Eine gute Nachricht?

Eine frohe Botschaft wäre das nur, wenn nicht nur die Einkommen, sondern auch die Wirtschaftskraft im Osten mit der des Westens gleichgezogen hätte. Die erfreulichen Einkommen im Osten werden aber zu einem erheblichen Teil im Westen erwirtschaftet.

Wäre die vollkommene Einheitlichkeit der Lebensverhältnisse überhaupt erstrebenswert? Unterschiede sind Kennzeichen dynamischer, offener Gesellschaften. Länder, Regionen und Städte müssen ebenso miteinander im Wettbewerb stehen wie Unternehmen. Es gibt keinen Flächenstaat der Erde, in dem auch nur annähernd gleichwertige, geschweige denn einheitliche Lebensbedingungen herrschen. Auch innerhalb von Regionen konkurrieren Städte und Ballungsräume gegeneinander. Aber die Vorstellung ist unverwüstlich, Deutschland müsse ein homogenes Gebilde sein, ein einheitlicher Standort, in dem überall gleich viel verdient wird und gleich viel Steuern gezahlt werden. Es wäre gegen jede Vernunft, diese Unterschiede durch Umverteilung einzuebnen.

Aber genau dies geschieht. Die Finanzverfassung Deutschlands ist auf Nivellierung angelegt. Den attraktiveren, erfolgreicheren Ländern wird Geld weggenommen. Ländern, die schlechter wirtschaften und im Wettbewerb nicht mithalten, kann das gleichgültig sein. Ob sie sich anstrengen oder nicht, sie bekommen das Geld auch so. Länderfinanzausgleich nennt dies das Grundgesetz. Wie wäre es, wenn erst einmal die Einheitlichkeit der Haushaltsführung hergestellt würde, ehe umverteilt wird? Mit welchem Recht beschäftigen etwa die »armen« neuen Bundesländer ein Drittel mehr Beamte und Angestellte im öffentlichen Dienst als die »reichen« Bayern und Baden-Württemberg?

Im Übrigen geht es manchem Ostland durch die Umverteilung längst besser als den alten Bundesländern. Außer in Sachsen wurden Gelder, die für den »Aufbau Ost« bestimmt waren, skandalöserweise für laufende Ausgaben eingesetzt.

Zwar wurde der Länderfinanzausgleich nach einem Urteil des Bundesverfassungsgerichts vor nicht langer Zeit reformiert. Die fünf Länder, die abgeben müssen, dürfen etwas mehr behalten als vorher; aber noch immer werden 72,5 Prozent ihrer überdurchschnittlichen Steuereinnahmen abgeschöpft (bisher waren es 80 Prozent). So eine Reform verdient ihren Namen nicht. »Der Föderalismus erhält zu wenig Wettbewerb«, meinte etwa Dieter Vesper vom Deutschen Institut für Wirtschaftsforschung.[28] Und Experten der Industrie- und Handelskammern urteilten, es werde »ein Föderalismus fortgeschrieben, der zur organisierten Verantwortungslosigkeit degeneriert« sei.[29] Im Bundesrat haben die elf begünstigten Länder – darunter die fünf »neuen« und Berlin – immer die Mehrheit. Das verhindert jede echte Reform. So schwächt die Wiedervereinigung den Föderalismus in Deutschland. Er wird aber nicht nur vom Umverteilen bedroht, sondern auch vom Trend zum Berliner Zentralismus.

Diese Gefahr ist unterschätzt worden. Die Finanznot der meisten Länder, auch von den Fehlern des Beitritts verursacht, macht die Länder abhängiger vom Bund und leichter verführbar, an ihn nicht nur Kosten, sondern auch Kompetenzen abzutreten.

Die abstrusesten zentralistischen Ideen kommen auf. Der Bund ließ zum Beispiel sondieren, ob die Länder nicht bereit wären, ihre wichtigsten Museen dem Bund zu überlassen. Der wollte dafür aufkommen, da es sich um Einrichtungen von nationaler Bedeutung handle. Überhaupt wird das Wort »national« zunehmend zum Synonym für das Wort »zentral«.

Ein Vorschlag wie dieser ignoriert die Tradition von Staaten, die teilweise um viele Jahrhunderte älter sind als der Nationalstaat. Die unvergleichliche Vielfalt der deutschen Kultur ist das Ergebnis einer dezentralen Ordnung. Hamburg, München, Dresden wären ohne diese Tradition Provinzstädte wie in Frankreich Lyon und Bordeaux. Niemals hätten etwa die Berliner Zentralisten das attraktivste neue Kunstmuseum der Republik zustande gebracht, die Pinakothek der Moderne in München. Das Geld wäre vermutlich in defizitäre Berliner Prestigeobjekte geflossen, die selbstverständlich von viel größerer nationaler Bedeutung sind.

Die Absichten der Berliner Zentralisten sind freilich nicht immer gleich durchschaubar. Der Chef der Stiftung Preußischer Kulturbesitz etwa schlug vor, den Namen Preußen aus dem Namen zu tilgen und künftig von einer Stiftung Nationaler Kulturbesitz zu sprechen. Auf den ersten Blick ist das ein sympathischer Vorschlag. Warum sollten sich Länder finanziell um die kulturellen Überbleibsel eines Staates kümmern, der sie einst unterworfen hat? Warum also nicht den Namen Preußens löschen?

Vorsicht, Falle! Mit der Umbenennung würde Preußen gleichgesetzt werden mit Deutschland, und die Stiftung Nationaler

Kulturbesitz könnte sofort auch Zuständigkeit für Kulturbesitz außerhalb des ehemaligen Preußens beanspruchen. Kulturzentralismus ist keine Lösung.

Auf ähnliche Weise plante der Bund, erfolgreiche, traditionelle wissenschaftliche Institutionen der Länder zu zerstören. Die wissenschaftlichen Akademien der Länder sollten unter das Dach einer Nationalen Akademie gestellt werden, die allein deutsche Wissenschaft nach außen repräsentieren sollte. Geschichtsvergessener Unsinn dieser Art gärt in den Berliner Kulissen.

Anders als in der Bonner Republik geht in der Berliner Republik offenbar die Einsicht in die Notwendigkeit der föderalen Ordnung verloren. So finden Vorstellungen breite Zustimmung, die Bildungspolitik zunehmend zu zentralisieren. Wegen des schlechten Zustandes der Schulbildung in einigen Bundesländern glauben viele Bürger, Gleichmacherei könnte Abhilfe schaffen. Wie bei der Konvergenz der Einkommen würde sich das Niveau aber nur auf Mittelmaß einpendeln.

Die »Wiedervereinigung« ist ein Vorwand der Zentralisten; ein anderer Vorwand ist neuerdings der Kampf gegen den Terrorismus. Die Verfassungsschutzämter der Länder sollen dem Bundesverfassungsschutz unterstellt werden. Der Innenminister zieht den BND und – nach heftigem Widerstand – große Teile des Bundeskriminalamts in Berlin zusammen. Solange Bonn Regierungssitz war, bemängelte kein Mensch, dass diese Behörden in Pullach und Wiesbaden saßen. Der Bundesfinanzminister will den Ländern die Zuständigkeit für die Finanzverwaltung wegnehmen und zentralisieren.

Die ungenierten Rufe nach mehr Zentralismus werden aber auch deshalb immer lauter, weil das föderalistische Regelwerk so reformbedürftig geworden ist.

Vorschläge liegen genug auf dem Tisch. Eine Reform-Kommission tagt. Zahlreiche Aufgaben müssen an die Länder zurückübertragen, ihre finanzielle Eigenständigkeit wiederhergestellt werden. Warum sollten die Länder nicht selbst bestimmen, was sie ihren »Staatsdienern« bezahlen? Bis 1969 war das auch so. Warum sollen Länder Steuern, die nur ihnen zugute kommen, nicht selbst festlegen können? Zum Beispiel die Erbschaftssteuer. Dann können die größten Neidhammel ja endlich ihren Herzenswunsch wahrmachen. Die wohlhabenden Erben hätten den Vorteil, dass sie dann vielleicht gar nicht mehr in die Schweiz auswandern müssten, sondern bloß nach Bayern oder Baden-Württemberg. Nur mit weniger Gleichheit kann Wettbewerb funktionieren. Ein Wettbewerb, der vor nationalen Grenzen nicht Halt macht. »Brandenburg ist doch nicht allein mein Maßstab. Mein Maßstab ist auch die Lombardei oder die österreichischen Länder. Ich bin doch von München schneller in Innsbruck als in Potsdam. Also da sind meine Konkurrenten im regionalen Standortwettbewerb«, erklärte Bayerns Ministerpräsident Stoiber die Lage.[30]

Das System der so genannten Mischfinanzierung müsste weitgehend aufgelöst werden. Bundessteuern und Ländersteuern gehören getrennt. Der erwähnte Finanzausgleich zwischen den Ländern muss auf ein Mindestmaß zurückgeführt werden. Der Bundesrat darf nicht länger als parteipolitisches Instrument missbraucht werden. 60 Prozent aller Gesetze sind heute zustimmungspflichtig, früher waren es einmal ein Fünftel. Die Folge ist eine stillschweigende Große Koalition, die unter Ausschluss der Öffentlichkeit im Vermittlungsausschuss regiert und statt klarer Lösungen Kompromisse auf dem kleinsten gemeinsamen Nenner produziert.

Die Stärke des Föderalismus liegt im immerwährenden Wettbewerb um bessere Lösungen. Weil Sachsen mit dem zwölfklassigen Gymnasium erfolgreich war, ziehen andere Länder (wie Bayern) nach. Auch das Urteil des Bundesverfassungsgerichts gegen die zentralstaatlich verfügte Einführung von »Juniorprofessoren« an allen Hochschulen könnte eine Trendwende einleiten.

Die Reform des Föderalismus entscheidet über die Reformfähigkeit des ganzen Staates. Denn solange Bund und Länder, Bundestag und Bundesrat sich gegenseitig blockieren, geht nichts wirklich voran. Die zentrale Frage ist, wie viel Unterschiedlichkeit die Deutschen ertragen können. Und genau darum geht es auch bei der Reform des Föderalismus, und genau da verläuft die Front zwischen Reformern und Reformgegnern. Mehr Wettbewerb fordern die einen, mehr Solidarität die anderen. Es ist *die* deutsche Frage überhaupt.

Was hält die Gesellschaft zusammen? Der Nationalstaat, antwortet der Patriot. Aber auch das ist eine Illusion. Den Bürgern bleibt doch nicht verborgen, dass die Substanz des Nationalstaats nach und nach an Europa übergeht. Der deutsche Nationalstaat ist auch zu groß, um das Bedürfnis nach heimatlicher Geborgenheit zu befriedigen. Heimisch fühlen sich die Menschen eher in ihrer Gegend, ihrer Region. Alles spricht dafür, dass Länder, Städte, Regionen für das Gefühl der Zugehörigkeit in Europa eine größere Bedeutung bekommen werden als die Nationen, gerade auch in Deutschland. Und auch daran hat die Einheit ihren Anteil. Machen wir uns nichts vor: Schwaben und Mecklenburger, Rheinländer und Brandenburger trennt viel mehr, als die feierlichen Bekundungen von Einheit und Solidarität zugeben wollen. Ein gemeinsames Land ist noch lange kein einig Volk.

Gleichmacherei statt Gerechtigkeit, Gemeinschaftswahn statt Entfaltung der Menschen: dieser Trend zieht sich durch die Geschichte der Deutschen. Dieses Denken scheint unausrottbarer Teil ihrer Mentalität. Man könnte auch sagen, es ist das deutsche Virus. Weil mit der DDR einem totalitären Staat gleich der nächste folgte, ist das Virus im Osten noch virulenter als nach 40 Jahren Therapie im Westen. Aber auch dem Westen steckt das Virus noch in den Knochen. Eigenverantwortung wird bis heute von vielen Deutschen als Zumutung statt als Zugewinn an Freiheit verstanden. In Deutschland fehlt noch immer das Gefühl dafür, dass ein Staat, der das Leben seiner Bürger von der Wiege bis zur Bahre regelt, ungerechtfertigten Zwang ausübt. Vier Jahrzehnte Konsensdemokratie waren im Westen die milde Verlaufsform der Krankheit. Die Wiedervereinigung und die folgende Krise erhöhen die Gefahr gegenseitiger Ansteckung. Das ganze Gemeinwesen nämlich »ruht auf den klassischen Säulen aller staatlichen Herrschaft: Angst, Intransparenz und Solidaritätsappellen«.[31]

So ist es seit alters her: »Bismarcks autoritäre Modernisierung mit ihrem Sozialkapitalismus, später die nationalsozialistische ›Volksgemeinschaft‹, dann der ›rheinische Kapitalismus‹ der Adenauer-Zeit und der daraus entstandene soziale Umverteilungsstaat, vom DDR-Kollektivismus gar nicht zu reden: dies alles waren Varianten des deutschen Bestrebens, die Früchte der kapitalistischen Moderne zu ernten, ohne das Ideal einer von oben gesteuerten Harmonie von Staat und Gesellschaft preisgeben zu müssen.«[32]

Das Problem mit der Freiheit: das ist die deutsche Krankheit bis heute.

Beim Vereinen der beiden Deutschländer wurde nach solchen Denkmustern gehandelt. »In der ihm eigenen Neigung zu Hochstapelei und Großmannssucht hat der Staat auch die Wiedervereinigung zu einem primär staatlichen Ereignis umfunktioniert.«[33] Im Osten wie im Westen hat der Staat durch die Vereinigung stärker und nachhaltiger in die Lebensbedingungen der Bürger eingegriffen als jemals zuvor.

Gefragt worden waren die Bürger nicht, sondern nur mit falschen Versprechungen abgespeist. Es gab keine Volksbefragung, wie sie heute über die europäische Verfassung gefordert wird. Für kurze Zeit herrschte in Deutschland sozusagen ein Ausnahmezustand. Die Regierung misstraute dem Volk. Noch einmal Miegel: »Die Kehrseite dieses selbstherrlichen Staates, der vorgibt, auch über das Blühen von Landschaften oder die Zahl der Arbeitslosen gebieten zu können, ist, dass er die Kosten der Wiedervereinigung ebenso wenig aufdecken darf wie die der Sozialpolitik. Kostenehrlichkeit nimmt staatlichem Handeln viel von seinem Glanz … Der Staat will größer und mächtiger erscheinen, als er in Wirklichkeit ist, und die Bürger haben die Großmannssucht zu finanzieren.«[34]

Im überbürokratisierten, sozialen Wohlfahrtsstaat hat Kollektivismus viele Ausprägungen. Eine gewisse Leistungsfeindlichkeit hatte sich auch im Westen im Laufe der Wachstumsjahre eingeschlichen. Beispiele dafür sind an allen Ecken und Enden zu finden. Das sture Festhalten am Ladenschlussgesetz zählt dazu. Die Entmündigung der gesetzlich Krankenversicherten, die nicht erfahren dürfen, welche Kosten sie tatsächlich verursachen – und sich entsprechend großzügig bedienen. Die Bezahlung von Beamten überwiegend nach Dienstalter statt nach Leistung. Überhaupt gerät Leistungsdruck in Deutschland schnell in den Verdacht der Ausbeutung.

Ein Beispiel dafür, wie verhaftet in alten Denkmustern Deutschland selbst dann ist, wenn reformiert werden soll, bietet die Debatte über die Förderung von Spitzenbegabungen.

Lange Zeit war es auch im Westen nicht Ziel der Bildungspolitik, »schöne Blumen wachsen zu lassen, sondern die Grashalme gleich lang zu schneiden. Unterschiede zwischen den Menschen wurden geleugnet… Das Milieu war für alles verantwortlich, der Einzelne für nichts.«[35] »Elite« war unvereinbar mit dem kollektivistischen Gesellschaftsbild der Deutschen. So sehen Schulen und Hochschulen heute auch aus. Der Hang zur gleichmacherischen, bürokratischen Gängelung der Schulen und Universitäten ist überall zu finden, auch in Bundesländern, die von konservativen und liberalen Parteien regiert werden.

In der DDR war egalitäres Denken natürlich Staatsräson. Außer im Leistungssport war es für die Besten am besten, das Land zu verlassen. Und auch in Partei und Staat kamen nicht die Leistungsfähigsten, Intelligentesten zum Zuge, sondern die Glaubensfesten, Opportunisten, das trostlose Mittelmaß. Intelligente Querköpfigkeit galt generell als suspekt. Der gewöhnliche Arbeiter und Bauer wurde zum gesellschaftlichen Leitbild verkitscht.

Nun also endlich entdeckte die Bundesregierung die Elite als Vehikel für Deutschlands Rückkehr an die Spitze. Alles, was wir jetzt noch dazu bräuchten, hieß es in der SPD, seien »zirka zehn Spitzenuniversitäten« (Bildungsministerin Edelgard Buhlmann). Die Eliteplaner kapieren nicht, was Ausnahmekönner sind. Ganz gewiss nicht Menschen, die sich vom Staat organisieren lassen. Man kann sie nicht züchten. Es handelt sich in der Regel um eigenwillige, schwer lenkbare, bürokratieresistente, sich ihrer Einzigartigkeit durchaus bewusste Einzelgänger.

Der Staat kann Bedingungen schaffen, in welchen sich solche Individualisten wohl fühlen und sich leichter bewähren können. Aber dazu brauchen sie nicht nur mehr Geld, sondern vor allem die Freiheit, das Geld nach eigenem Gutdünken ausgeben zu dürfen. Das aber ist nicht vorgesehen. Die deutschen Universitäten besitzen nicht generell das Recht, Studierende selbst auszusuchen. Die Zentralstelle für die Vergabe der Studienplätze wird zwar teilweise entmachtet, aber auf eine völlige Freigabe der Numerus-Clausus-Plätze müssen die Universitäten noch hoffen. Sie dürfen auch keine Studiengebühren verlangen, um den Besten mehr Professoren und intensivere, individuellere Betreuung bieten zu können. Der Wettbewerb zwischen den Hochschulen wird vom Staat nivelliert.

Der Ölmagnat John D. Rockefeller fragte einmal den Präsidenten von Harvard, was er brauche, um eine Eliteuniversität zu gründen. Antwort: 200 Jahre Zeit und 50 Millionen Dollar.[36] An amerikanischen Eliteuniversitäten verdienen Spitzenprofessoren doppelt bis dreifach so gut wie ihre der Beamtenbesoldung unterworfenen deutschen Kollegen. Aber selbst Geld könnte nicht verhindern, dass Tausende von deutschen Nachwuchswissenschaftlern in die USA und andere Länder auswandern. Hierarchien und Bürokratien behindern die Forschungsfreiheit. Alle hochgepriesenen Modelle von Elitehochschulen, von Harvard bis Oxford, basieren auf privatem Engagement.

»Die SPD sitzt … wieder einmal ihrem alten Denkfehler auf, wonach es der staatliche Dirigismus richten soll.«[37] Statt ganze Universitäten zu Elitehochschulen zu ernennen, wäre es viel wirkungsvoller, einzelnen überdurchschnittlich erfolgreichen Lehrstühlen, Fachbereichen und Fakultäten, die es längst gibt, mehr Geld und Freiheit zu geben. Auch hier fehlt der Mut, mehr Ungleichheit zuzulassen.

Ein anderes Beispiel ist die Einwanderungspolitik. Ausgesprochen und unausgesprochen träumen die Deutschen noch immer von einem homogenen Volk. Und auch wenn die Einsicht wächst, dass die mit Abstand größte Bedrohung für dieses Land der Geburtenrückgang und die Vergreisung sind, will man nicht wahrhaben, dass es ein einziges Rezept dagegen gibt: Einwanderung. Aber statt die Einwanderung so zu organisieren, dass gut ausgebildete, leistungsstarke, ehrgeizige, junge, integrationswillige Menschen ins Land kommen, statt also ein Einwanderungsgesetz zu schaffen, das diesen Namen verdient, streiten die Parteien seit einer halben Ewigkeit darum, wie die Zuwanderung möglichst weiter begrenzt werden kann. Daran hat auch der Kompromiss eines »Einwanderungsgesetzes« nichts geändert. Die Chance, hoch qualifizierte Einwanderer nach Deutschland zu locken, wurde vergeben. Planung von Zuwanderung mittels eines Auswahlverfahrens wird es nicht geben, der generelle Anwerbestopp bleibt bestehen. Auch wenn die Deutschen hartnäckig abstreiten, ein Einwanderungsland zu sein, kommen Einwanderer. Bloß nicht die, die man bräuchte. Es versteht sich fast schon von selbst, dass die Ostdeutschen noch weniger Verständnis für Einwanderung haben als die Westdeutschen – obwohl es im Osten kaum Ausländer gibt und manche Gegenden inzwischen fast menschenleer sind.

VIER
Die Lügen des Kanzlers

Das gekaufte Volk

Wir kennen Odysseus, den Listenreichen, Ludwig den Deutschen, Karl den Kühnen, Johanna die Wahnsinnige und Bismarck, den Eisernen Kanzler. In solchen Kategorien denkt Helmut Kohl am liebsten. »Kanzler der Einheit«: der Titel seines Ruhmes.

Die Realität allerdings ist kein Ruhmesblatt.

Der Kanzler der Einheit hat den Beitritt der DDR ziemlich listenreich, eisern und kühn gesteuert. Er war, um es in seiner eigenen Diktion zu sagen, gut in Wiedervereinigung. Das Ziel war ihm wichtiger als der Weg. Daher verlor er die Übersicht und vielleicht auch das Interesse an den vertrackten Details. Kohl wollte Wahlen gewinnen, nicht Probleme lösen. Vor allem seine Fehler haben das Land heruntergewirtschaftet. Es wird noch lange ächzen. Kohls Glaube, die Deutschen ließen sich ihrer nationalen Verwandtschaft wegen mühelos vereinigen, erwies sich als Wunschtraum. Der »inneren Einheit«, der Schaffung *einer* Gesellschaft, hat der Kanzler der Einheit mehr geschadet als genützt.

Je größer die Machtfülle, desto stärker der Realitätsverlust. Er zählt zu den üblichen Deformationen lang gedienter Politiker. Seine grässlichste Form ist der Glaube, das eigene Wohl sei identisch mit dem Wohl der Nation, und es gehe um nicht mehr und nicht weniger als um Deutschland, wo in Wahrheit die eigene Person im Vordergrund steht. Aus dieser Logik werden Kritiker zu gewissenlosen Volksfeinden erklärt. »Verräter« nennt Kohl bis heute alle, die damals vor den Folgen seiner Politik warnten.

Vor dem Fall der Mauer war seine Regierung wahrlich nicht in bester Verfassung. Seine Partei war in ernster Sorge, die nächste Bundestagswahl zu verlieren. Kohl hatte auf dem Bremer Parteitag im September 1989 sogar, wie er es sah, eine Art von Verschwörung abgewehrt, einen vermeintlichen Putschversuch. Ohne den Fall der Mauer wäre Kohl gefallen. Er verdankt ihm weitere acht Jahre im Amt. Erst nach dem Mauerfall bekam Kohl die CDU fest in den Griff. Seine Macht als Parteichef war nahezu absolut.

Als Kohl am 9. November 1989 die Mauer vor die Füße fiel, war er genauso überrascht und unvorbereitet wie alle anderen westdeutschen Politiker. Er befand sich gerade in Warschau und musste erst von seinen Beratern davon überzeugt werden, dass es besser sei, den Besuch vorzeitig abzubrechen und unverzüglich nach Berlin zu fliegen. Das ist kein Vorwurf.

Es ist auch kein Vorwurf, sondern spricht für das Augenmaß Kohls, wenn er in den Wochen danach erst einmal auf die Bremse trat. Er legte im Dezember 1989 einen Stufenplan vor, der »konföderative Elemente« als vorläufige und notwendige Zwischenstufen einer allenfalls in ferner Zukunft denkbaren Einheit vorsah. Noch war Kohl der getreue Enkel Adenauers, der an eine Art Österreich-Lösung dachte und für den die Europäische Vereinigung Vorrang hatte vor der Rekonstruktion des Nationalstaats.

Aber Kohl war auch, anders als Adenauer, durch und durch Wahlkämpfer, Parteimensch. Begnadete Machtspieler waren beide. Aber für Adenauer war Macht Mittel der Gestaltung. Kohl liebt die Macht um ihrer selbst willen.

Es geschah, was Kohl bedenkenlos seine eigene Politik umstoßen ließ. Sein Besuch in Dresden war für ihn zweifellos ein Schlüsselerlebnis. Die Menschenmassen vor der Ruine der Frauenkirche bejubelten ihn wie einen Heiland. All ihre Hoffnungen spürte er geradezu physisch. »Wir sind *ein* Volk!«, skandierten sie. Bis dahin hatte es immer nur »Wir sind *das* Volk« geheißen. Ob der neue Spruch von geschickten Propagandisten aus der CDU-Zentrale lanciert worden war oder nicht, spielt keine Rolle, er drückte jedenfalls die Sehnsucht der Menge aus.

Dieses Volk berauschte Kohl. So war er niemals zuvor, zu seinen besten Zeiten nicht, bewundert und begehrt worden. Das Volk ließ ihn plötzlich eine Bestimmung fühlen. Er war ein von der Geschichte Auserwählter. Wer so sentimental und selbstsüchtig veranlagt ist wie Kohl, glaubt an so etwas. Plötzlich fühlte sich dieser von den Bundesrepublikanern so oft so schwer gedemütigte Mann an der Schwelle einer vermeintlichen Unsterblichkeit.

Aber dieses Hochgefühl musste ja nicht automatisch dazu führen, dass der Staatsmann Kohl plötzlich seine Vernunft verlor. Wäre es jetzt nicht erst recht darauf angekommen, dem Überschwang der Emotionen kühle Staatskunst entgegenzusetzen? Die maßlosen Hoffnungen dieses Volkes mussten doch gerade jetzt mit realistischer, vernünftiger Planung beantwortet und kanalisiert werden. Nichts verbot sich mehr als gewissenloser Populismus. In Dresden hielt Kohl sich noch zurück, bewundernswert gefasst hielt er seine vielleicht beste Rede.

Aber bald kam die ihn schockierende Erkenntnis. Die Wahlforscher sagten voraus, dass bei den ersten freien Volkskammer-Wahlen der DDR die Sozialdemokraten siegen würden. Lothar de Maizière, Kandidat, Parteifreund und Statthalter des Kanzlers (der ja nicht persönlich kandidieren durfte, da die DDR noch ein souveräner Staat war), war trotz des Wahlkampfeinsatzes Kohls auf bestem Wege zu verlieren.

Was in Kohls Gemüt jetzt vorging, lässt sich leicht ausmalen. All seine Umsicht, all seine Staatskunst, all seine tief empfundene Sympathie für dieses Volk zahlte sich offenbar nicht aus. Welch ein Skandal! Welche Ungerechtigkeit und Undankbarkeit! Ausgerechnet die SPD, die in seinen Augen mit den DDR-Kommunisten paktiert hatte, diese Verräter an der Einheit, sollte die Früchte seiner Arbeit ernten.

Wussten die Wähler in der DDR denn nicht, dass sie auf seine Hilfe angewiesen waren, auf seine, Kohls Großherzigkeit? Na warte, sagte er sich, die kaufe ich mir.

Er meinte es wörtlich. Ohne sich sorgfältig genug mit den Sachverständigen zu beratschlagen, ohne Diskussion, nicht einmal im Parlament, kündigte er den Umtausch der Ostmark in harte D-Mark an, für den Mann auf der Straße zum Kurs von 1:1. Dem einfachen Volk musste die Mark vorkommen wie ein Geschenk des Himmels, beziehungsweise Helmut Kohls persönlich.

Die D-Mark! Nichts sehnten DDR-Bürger mehr herbei, nicht einmal die Reisefreiheit oder die Meinungsfreiheit. Die D-Mark war ein Synonym für die Freiheit, die sie meinten.

Kohl wusste, dass seine einsame Entscheidung die Stimmung in der DDR binnen weniger Tage umdrehen und die Wahlen zu seinen Gunsten entscheiden musste. Kohl kaufte sich die Stimmen der DDR-Bürger mit dem Geld des Westens.

Damit missbrauchte er die Ungeduld der Ostdeutschen, die nicht wissen konnten, welche Folgen dieses »Geschenk« haben würde. Und er schadete zugleich den Westdeutschen. Die hatten die Zeche 1:1 zu bezahlen. Aber das ahnten zu diesem Zeitpunkt die wenigsten.

Kohl spürt die Magie des Bimbes. Aber er besitzt keinen ökonomischen Verstand; keine Kenntnisse, kein Interesse an wirtschaftlichen Zusammenhängen. Damit steht er in der Reihe der deutschen Kanzler nicht allein. Aber kein Kanzler hat auf das Urteil der Fachleute so gepfiffen wie er. Nun gut, mit der Unabhängigkeit von Experten in der Nähe der Macht ist es so eine

Sache. Die meisten kuschten. Die meisten ließen sich mitreißen von Kohl. Auch der damalige Staatssekretär Köhler im Finanzministerium. Aber es gab immer noch genug skeptischen Sachverstand. Bundesbankpräsident Pöhl warnte Kohl eindringlich vor der Währungsunion. Am selben Tag noch verkündete sie der Kanzler, Pöhl trat frustriert zurück.

Niemals zuvor hatte ein Kanzler ökonomische Entscheidungen solcher Tragweite bedenkenloser getroffen. Statt Wohlstand zu mehren und Schaden abzuwenden, wie er es im Amtseid geschworen hatte, vernichtete er Wohlstand und stiftete Schaden.

Allerdings kann man ihm allein diesen Vorwurf nicht machen. Die politische Elite des Landes fiel Kohl nicht entsetzt in den Arm, sondern um den Hals. Der Fallwind der Geschichte erfasste eine ganze Generation von Deutschen. Föhntage in Bonn!

In Deutschland war damals ein ähnliches Phänomen zu beobachten wie in den USA nach dem Terroranschlag auf das World Trade Center. Präsident Bush zog mit Lügen in den Krieg – und die Medien zogen mit. Blinder Patriotismus ersetzte kritische Kontrolle. Abweichende Meinungen wurden gesellschaftlich geächtet. Demokratische Spielregeln zwar nicht de jure, aber de facto außer Kraft gesetzt. Die Nation versammelte sich bedingungslos hinter ihrem Präsidenten.

Die »Wiedervereinigung« war kein Krieg und kein Kreuzzug, aber doch eine tiefe historische Zäsur. Und auch in Deutschland schienen die Gesetze der Demokratie vorübergehend außer Kraft gesetzt. Berauscht vom Sturmwind der Geschichte wurden selbst politische Gegner Kohls und fast alle Journalisten zu Gefolgsleuten des Kanzlers.

Kohl saß am Geldhahn der Republik und drehte ihn voll auf. Jeder Widerspruch hätte sich wie kleinkrämerischer Geiz angehört. Wenn sie nicht noch mehr Stimmen verlieren wollten, konnten Kohls Konkurrenten nichts anderes tun, als der wahnwitzigen Währungs- und Sozialunion zuzustimmen.

Im Osten konnte es noch keine mündigen Bürger geben, die in der Lage gewesen wären, die Versprechungen der Politik zu durchschauen, oder die gar den ökonomischen Weitblick besessen hätten, die Folgen abzusehen. Was der Westen anbot, musste aus der Perspektive des Ostens vernünftig sein. Wenn man in Bonn nichts von Wirtschaft verstand, wo denn dann?

Mit der Einführung der D-Mark waren die Tage der DDR gezählt und alle Stufenpläne reif für den Papierkorb. Schon die nächste Wahl, das war jetzt Kohls Ziel, würde er zum gesamtdeutschen Plebiszit für sich selbst machen.

Erst einmal wurden die Ostdeutschen, so glaubten sie, reich beschenkt. Sie bekamen die D-Mark, die westdeutschen Sozialsysteme und sicher bald auch annähernd gleiche Löhne und Gehälter. Dass sich von dieser Rosskur das Land bis heute nicht erholt hat, wollte kaum jemand wahrhaben. Die Medizin schmeckte doch so herrlich. Wie Schlankwerden ohne Fasten. Nein, noch besser: Abnehmen durch Schlemmen! So hätte der Wahlspruch – die Wahlpropaganda – Kohls lauten können. Zu Risiken und Nebenwirkungen seiner Therapie machte Dr. Kohl keine Angaben.

Das Unrecht der Enteignung

Kohl leistete sich beim Verfertigen der Einheit noch eine andere haarsträubende Verletzung von Amtseid und Verfassung.

»Am Anfang der Einheit stand eine Lüge«, titelte am 29. Januar 2004 *Die Zeit* über alle fünf Spalten des Aufmachers. Damit war nicht Kohls ökonomische Selbsttäuschung gemeint. Es ging um fundamentales Unrecht. Inzwischen kümmert sich der Straßburger Gerichtshof für Menschenrechte um die Geschädigten.

Der Einigungsvertrag zwischen der Bundesrepublik und der DDR hatte die Opfer der sowjetischen Besatzung zwischen 1945 und 1949 ein zweites Mal enteignet. In dieser Zeit wurden der gesamte private Großgrundbesitz von mehr als 100 Hektar, der landwirtschaftliche Grundbesitz von »Kriegsverbrechern und Nationalsozialisten« und auch kleineres Eigentum entschädigungslos enteignet. Betroffen waren davon mehr als 13 000 Betriebe auf 3,3 Millionen Hektar Grund einschließlich aller Gebäude. Der stalinistische Klassenkampf bedeutete für nicht wenige Opfer darüber hinaus Plünderung und Einweisung in die Konzentrationslager Sachsenhausen und Buchenwald. Über die sowjetische Enteignungswelle wird der Gerichtshof demnächst entscheiden – bis zur Drucklegung dieses Buchs war es noch nicht so weit.

Anschließend wurde das Land in kleinen Parzellen an Landarbeiter und Vertriebene verteilt. Aber schon drei Jahre später wurden auch diese »Neubauern« genötigt, ihr Land in die staatlichen Produktionsgenossenschaften der DDR einzugliedern. Auch dies hieß de facto Enteignung ohne Entschädigung. 70 000 Familien waren betroffen. In diesem Fall kommen auf Deutschland dank eines bereits gefällten Urteils der Straßburger Richter Ausgleichszahlungen in Milliardenhöhe zu. Das Urteil sah ein Gesetz der Regierung Kohl von 1992 als rechtswidrig an. Danach hatten die Erben der damaligen »Neubauern« ihre Grundstücke ohne Entschädigung an den Staat abtreten müssen.

Der Schutz des Eigentums zählt zum Kern einer freiheitlichen Staatsordnung. Diese Freiheit endlich auch in Ostdeutschland ins Recht zu setzen war der tiefere Sinn der »Wiedervereinigung«. Nur offenbar nicht für Kohl und seine Mitspieler in der DDR. Kohls Regierung opferte das Grundrecht auf Eigentum einer schnelleren, bequemeren Einigung mit der DDR. Die höchsten deutschen Gerichte in Karlsruhe gaben ihren Segen dazu. Dies zeigt beispielhaft, wie im Nationalrausch der Wendezeit tatsächlich rechtsstaatliche Maßstäbe außer Kraft gesetzt und alle Institutionen zu willenlosen Handlangern des Kanzlers geworden waren.

Kohl sagte auch vor dem Deutschen Bundestag am 30. Januar 1991 die Unwahrheit. Das Unrecht sei unvermeidbar gewesen, sagte er, denn: »Der Fortbestand der Maßnahmen wurde von der Sowjetunion zu einer Bedingung für die Wiedervereinigung gemacht. Ich sage klar: Die Einheit Deutschlands durfte an dieser

Frage nicht scheitern.« Der damalige sowjetische Präsident Gorbatschow bezeichnete diese Behauptung inzwischen als »einfach absurd«.[1] Wäre dieses Problem so entscheidend gewesen, stünde es auch im Zwei-plus-Vier-Vertrag, der die staatliche Vereinigung zwischen den beiden deutschen Staaten und den vier ehemaligen Besatzungsmächten regelt. Dort ist davon mit keinem Wort die Rede.

Kohls Bestätigung von Unrecht hatte ganz andere Gründe. Er wollte sich um hohe Entschädigungssummen für die Alteigentümer drücken. Und er wollte Ärger mit der DDR vermeiden. Regierung und Volkskammer der DDR wollten an den Enteignungen nicht rütteln. Sie befürchteten die Landnahme zahlreicher Westdeutscher.

Der damalige Fraktionsvorsitzende der SPD in der Volkskammer, der Theologieprofessor Richard Schröder, erinnert sich: »Unstrittig war die frei gewählte Volkskammer der Auffassung, dass die Enteignungen von 1945 bis 1949 nicht rückgängig gemacht werden können.« Er verteidigt Kohl mit lupenreiner DDR-Logik: »Ein großer Teil des Landes war doch Volkseigentum geworden! Das wäre ja niemandem weggenommen worden. Es wurde aber von den LPGs bewirtschaftet und von der Landbevölkerung als ›ihr Land‹ angesehen. Obwohl die LPGs durch massive Repressionen zustande gekommen waren, waren sie inzwischen akzeptiert.«[2] Dies ist des Pudels Kern. Die alte Ideologie vom Volkseigentum war noch immer populär im Osten. Darauf nahm Kohl Rücksicht, wie üblich aus wahltaktischen Überlegungen. Einst musste Franz Josef Strauß zurücktreten, weil er (in der *Spiegel*-Affäre) das Parlament belogen hatte. Kohls Lüge wurde hingenommen.

Der Sturz vom Denkmal

Der »Kanzler der Einheit« gewann zwei weitere Bundestagswahlen. Wenn er danach den Ruin seines Ansehens beklagen musste, dann nicht wegen der Lügen und Kardinalfehler der Einheit. Zwar werden Kohls Fehler inzwischen allgemein gesehen, ihm aber nicht so sehr verübelt wie andere Sünden. Das liegt daran, dass seinerzeit kaum jemand Kohl widersprochen hatte. Kohls Versagen trugen viele mit.

Vom Denkmal gestoßen hat Kohl vor allem die Bedenkenlosigkeit, mit der er sich bis heute weigert, die Absender illegaler Parteispenden an die CDU zu nennen und damit geltendes Recht missachtet.

Seine Verfehlungen in der Parteispendenaffäre wiegen freilich nicht so schwer wie die Kardinalfehler der Einheit. Trotzdem werden sie härter »bestraft«. Es hat ganz den Anschein, als sei ein großer Teil der Empörung über sein Verhalten in der Spendenaffäre unbewusst auch eine Art Ersatz-Vergeltung für das Einheitsdesaster gewesen. Und natürlich waren da noch andere versteckte Rachemotive im Spiel. Wer sich über Jahre von Kohl hat ducken, deckeln und mit hämischem Spott behandeln lassen müssen, zahlte es ihm gern in doppelter Dosis zurück. Es kostet keinen Mut und gefährdet keine Karriere mehr.

Der egomanische Kohl glaubt, die Welt kreise um ihn. Er hatte fest damit gerechnet, neben Bismarck und Adenauer in den Geschichtsbüchern zu stehen. Wenn ihn schon kein Biograf verehrt, muss er eben auch das noch selbst erledigen. Die Memoiren Kohls (der erste Teil erschien im Frühjahr 2004) sind als historische Quelle kaum einen Pfifferling wert. Der informierte Leser erfährt praktisch nichts Neues. Kohl erzählt sein Leben und Wirken nicht, er kommentiert es bloß. Genauer: er kämpft unentwegt an gegen eine imaginäre Armee von »Geschichtsfälschern«, »die in breiter Front« unterwegs sind, sein Lebenswerk zu zerstören. Diese »Erinnerungen« erinnern an nichts als an Kohls Verfolgungswahn. Seine sprachlich ungelenke Suada zeigt nicht eine Spur selbstkritischer Reflektion aus der zeitlichen Distanz. Kohl tut das, was er seinen vermeintlichen Feinden vorwirft, er bildet »Legenden über historische Zusammenhänge«.

Dass seine Partei ihm, dem »Ehrenbürger Europas«, wie er immer wieder stolz erklärt, zumutete, die Ehrenmitgliedschaft ruhen zu lassen, solange er nicht die Namen der Spender nenne, hält er für entsetzlichen Undank und schändlichen Verrat. Die Namen seiner getreuesten Wegbegleiter, wie der von Norbert Blüm, wollen ihm nicht mehr über die Lippen. In gewisser Hinsicht ist seine Verbitterung verständlich: Das System Kohl hat der Kanzler der Einheit doch nicht allein errichtet. Viele seiner heutigen Verächter waren daran beteiligt. Davon wollen sie nun nichts mehr wissen.

Kohl hat sich nicht verändert und nichts dazugelernt. Herabwürdigend wie eh und je redet er über Gegner wie Freunde, verabscheut kritische Journalisten, die er, wenn überhaupt, nur als Instrument in den eigenen Händen akzeptiert. Menschen waren entweder nützlich oder schädlich oder uninteressant. Kohl war und ist von sich selbst besessen.

Inzwischen hat er sich zu einer fast schon bemitleidenswerten Karikatur seiner selbst gemacht. Rührselig, larmoyant, selbstgefällig, sentimental, verletzlich und verletzend. Vom großen Wahlkampfstrategen ist nichts mehr übrig – ohne die Fähigkeit zu Selbstkritik taugen Strategen nun einmal nichts. Es ist nur noch der andere Kohl übrig, der Romantiker, dem die Tränen in die Augen schießen, wenn er vom Vaterland oder Europa spricht und noch lieber von der eigenen Bedeutung. Neuerdings pocht er wieder an die Tür der Partei wie ein steinerner Gast. Nicht, um seine Nachkömmlinge mit in die Hölle des Vergessens zu nehmen, sondern um als Geschichte auf zwei Beinen seltsam gestrige Reden zu halten. Dass man keine neuen Soldatenfriedhöfe in Europa wolle. Die Scheunentore, die er da einrennt, gibt es schon längst nicht mehr.

Niemand hat jemals Kohl mehr geschadet als er selbst. Schon richtig: Man hatte ihn lange maßlos unterschätzt. »Sie tun mir

Leid, Herr Kohl«, so hatte Herbert Wehner den damaligen Oppositionsführer Kohl im Bundestag immer wieder verhöhnt. Später dann aber überschätzten die meisten Deutschen Kohl ebenso maßlos. Die heimliche deutsche Sehnsucht nach Führung schlug wieder durch. Und wie das so ist in diesem Land, folgt enttäuschter Liebe ebenso übertriebene Verachtung.

FÜNF
Sehnsucht nach Normalität

Die Patriotismuskeule

Die Parteien sind sich einig: Wir brauchen mehr Patriotismus im Land. Eine neue Patriotismusdebatte fordert die womöglich künftige Kanzlerin Angela Merkel. Sie möchte, dass die Deutschen sich ihre Geschichte »unbefangener« aneignen, sich an die »freiheitlichen Traditionen« des Landes erinnern.

Welche freiheitlichen Traditionen? Die niedergeschlagenen Bauernkriege? Die gescheiterte Revolution von 1848? Den Fehlschlag der Weimarer Republik – wohl eher nur ein Zwischenspiel im rund dreißigjährigen nationalistischen Weltkrieg?

Spricht da aus Frau Merkel ein von DDR-Pädagogen fabriziertes Geschichtsbild? Oder vor allem Stolz über die jüngste, die doppelte Befreiung? Erst Befreiung der DDR, dann von der DDR. Oder haben wir es einfach nur mit jener herrlichen Unbefangenheit Angela Merkels zu tun, die so viele ihrer Parteifreunde beglückt? Wir rätseln.

Nicht Aufklärung wollen die Patrioten, sondern mit Angela Merkel: »Versöhnung der Deutschen mit sich selbst.« Es hat mit der »Wiedervereinigung« zu tun, dass die Deutschen, wie Bernd

Ulrich schreibt, »nie miteinander so versöhnt«[1] waren wie heute. Das soll ja doch wohl heißen: auch mit ihrer Geschichte im Reinen. Geschichte soll wie ein frischer Quell sein, der den Nationalstolz wässert und zum Blühen bringt. Wenn schon sonst nichts blüht. Aber Geschichte ist kein klares Gewässer, sondern ein morastiger Tümpel. Versöhnung ist das eine, kritische Aneignung der deutschen Geschichte, auf die aufgeklärter Patriotismus angewiesen wäre, etwas anderes: »Kritische Aneignung ist das Gegenteil einer Pflege nationaler Mythen gleich welcher politischen Herkunft.«[2]

Geschichte lässt sich nicht in freiheitliche und totalitäre Traditionen separieren, das, was einem passt, besingen und das andere verdrängen. Geschichte kann man sich überhaupt nicht aneignen. Man kann nur versuchen, sie zu verstehen. Es ist schwer genug. Den annähernd 70 Hitler-Biografien werden sicher mindestens 70 weitere folgen und wir werden noch immer nicht verstehen – verstehen wollen? –, wie *es* passieren konnte.

Weil die materielle Basis der Identifikation mit dem Staat bröckelt, sollen emotionale Werte Ersatz bieten. Geschichte als Opium fürs Volk. Das Vertrauen in die Politik sinkt, woran das Einheits-Desaster seinen Anteil hat. Nationale Gefühle sollen die Frustration ausbügeln. Der Bonner Staat leistete ganz ohne nationales Getue mehr für den Zusammenhalt der Gesellschaft als der wiederhergestellte Nationalstaat. »Da die Ökonomie labil wird, suchen die Deutschen neue Identitätsanker, nicht zuletzt in der Historie. Daraus ergibt sich leicht die Tendenz zur Verkitschung, Verharmlosung, Verflachung. Geschichte, wo man gerne hingeht.«[3] Ach, hätten wir weniger Nationalstolz nötig! Es ginge uns besser.

Der Schlüsselbegriff der Patrioten lautet: Normalität. Gerhard Schröder hatte sich bei seinem Amtsantritt schon gewünscht, Kanzler eines »normalen« Volks zu sein, das »ohne Schuldkomplexe« in die Zukunft blickt. »Selbstverständlich und normal« sei künftig »der deutsche Weg«, meinte der Architekt der sozialdemokratischen Ostpolitik Egon Bahr: »Wer Normalität fürchtet, weil er sich erinnert, was deutsche Normalität einmal gewesen ist, hängt an der Vergangenheit; er wird auch gegen seinen Willen zu ihrem Gefangenen.«[4]

Einverstanden: Normalität heute ist nicht mehr die Normalität von gestern. Aber warum erklärt Bahr alle, die ohne Nationalgefühl auskommen, gleich zu Psychopathen? Das zu tun war doch eher zu jenen Zeiten »normal«, die Deutschland ins Verderben führten. »Wir müssen uns von der fast psychopathischen Last heilen, psychopathisches Leid zu kultivieren«[5], schreibt Chefarzt Bahr und fügt hinzu: »Normalität ist unentbehrlich, sie ist gleichbedeutend mit geistiger und politischer Gesundung.«[6] Wir lernen also, die Bundesrepublikaner waren krank und nicht normal, ehe das Glück der Einheit sie heilte. Ist diese Ansicht normal?

Machen wir uns auf die Suche nach »Normalität« im vereinten Deutschland. Trat die DDR auch dem Geschichtsbild des Westens bei? *Ein* Volk kann sich schließlich nicht zwei verschiedene Geschichtsbilder leisten, *ein Volk* kann nicht sein ohne *eine* gemeinsame Geschichte.

In Deutschland ist das aber noch ein Wunschtraum. Denn die DDR hatte in dem Bemühen, als eigene Nation zu gelten, ihre eigenen Geschichtsmythen erfunden. Die sozialistische Verklärung der Bauernkriege gehörte dazu. Die Geschichtsphilosophie des Karl Marx prägte das historische Denken. Nicht das deutsche Volk war an Hitlers Machtergreifung schuld, sondern nur die Kapitalisten und die Junker. Die DDR sprach die unterdrückten Kleinbürger und Proletarier von jeder Mitverantwortung frei. Es gab keine russische Reeducation. Das Ergebnis sind zwei nicht kompatible Bilder von der Geschichte.

Dass auch die DDR einen Führerkult pflegte, dass die Massen mit ihren Aufmärschen, Paraden, Fackelzügen wunderbar in die Tradition Preußens passten, wollte nicht gesehen werden. Der totale Staat hatte nur die Farbe gewechselt. Die Arbeiterklasse verstand sich ausschließlich als Opfer des Naziregimes. Im Osten wurde mehr verdrängt als im Westen – und nicht nur die Umstände der Nazizeit.

»Kaum ein historischer Sachverhalt war in der DDR strenger tabuisiert als die Tatsache, dass das KZ Buchenwald unter sowjetischer Regie bis zum 2. April 1950 weiterexistierte als Internierungslager.«[7]

Was also heißt im Osten, sich »unbefangen« deutsche Geschichte anzueignen? Es wäre ja wünschenswert, dass endlich diskutiert wird über die Verharmlosung der Unfreiheit, über die getöteten und beschädigten Menschenleben. Aber noch immer wird die sozialistische Fortsetzung des preußischen Obrigkeitsstaats nostalgisch geschönt. Solange dies so ist, ist Deutschland nicht normal.

Ist es überhaupt normal, dass so viel über das Normalsein geredet wird? Nein, normal ist das nicht.

Was also ist ein »normaler« Patriot?

Dumme Frage, würde der Patriot sagen, natürlich ein Mensch, der sein Vaterland liebt. Aber kann man ein Land lieben, in das man zufällig geboren worden ist? Kann man überhaupt ein Land lieben? Darf man es – wo doch Liebe blind macht? Und wie soll man stolz sein auf ein Land? Stolz auf seine Vergreisung? Seine Unbeweglichkeit? Auf die Gängelei seiner Bürger? Auf den Schuldenstaat?

Vielleicht kann man stolz sein auf seine Geistesgrößen, auf Bach und auf Goethe. Stolz ist vielleicht das falsche Wort. Stolz sein kann man schließlich nur auf etwas, was man selbst geleistet hat. Goethe war bestimmt kein Patriot, er hat bekanntlich Napoleon bewundert. Damals war Deutschland noch gar kein Nationalstaat.

Vielleicht wäre es am einfachsten, zu sagen, ein Patriot ist, wer seinem Land nützt? Vorsicht! George W. Bush ist ganz zweifellos ein glühender Patriot. Aber hat er seinem Land genützt? Oder eher geschadet? Kein Amerikaner hat es jemals so schnell geschafft, so viel Ablehnung, ja Hass auf sein Land zu ziehen wie er.

Auch Patrioten können ihrem Land schaden. Manchmal schaden sie ihm sogar gerade deshalb, weil sie Patrioten sind. Right or wrong, my country: dieses Motto ist nicht wirklich patriotisch.

Und gelegentlich artet Vaterlandsliebe sogar in Verbrechen am eigenen Volk aus. (Von den Verbrechen an anderen Völkern ganz zu schweigen.)

Politiker sind sozusagen Patrioten von Beruf, die wissen sollten, was ein Patriot tut und lässt. Der Kanzler nennt Unternehmer unpatriotisch, die im Ausland investieren. Die Unternehmer wiederum behaupten, sie sicherten dadurch Arbeitsplätze in Deutschland. Der Kanzler an die Adresse der Opposition: »Patrioten durch Handeln werden Sie, wenn Sie den Regierungsplänen zustimmen.« Oppositionsführerin Merkel an die Adresse des Kanzlers: »Patriotismus ist nicht, wie das Karnickel auf die Schlange zu starren, ob irgendwo auf der Welt Wachstum entsteht. Patriotismus ist, aus eigener Kraft Wachstum zu generieren.«

Es ist die Patriotismuskeule. Wer sie schwingt, muss sich nicht mit Argumenten herumschlagen. Eine vernünftige Wirtschaftspolitik wäre dringend nötig, aber es kommt nicht darauf an, ob sie patriotisch ist, sondern ob sie etwas taugt.

Patrioten haben die Welt gern einfach und überschaubar. Gut ist, was dem Gemeinwohl nützt. Aber es ist gar nicht mehr so einfach zu definieren, was gemeinsame deutsche Interessen sind. Es gibt wohl keinen Patrioten, der nicht auch persönliche Interessen verfolgen würde. Er erklärt sie nur zu Gemeinwohl.

Patriotismus ist eine Art geistiger Bequemlichkeit.

Warum Deutschland keine »normale« Nation wurde

Der wirkungsmächtigste und zugleich verhängnisvollste deutsche Philosoph war Georg Wilhelm Friedrich Hegel. Auf seine Lehre stützen sich alle totalitären Systeme, der Marxismus ebenso wie der Nationalsozialismus. Hegel gründete die Kirche des totalen Staats (und Platon war sein Gott). Nicht trotz, sondern gerade wegen seines verquasten und schwülstigen Jargons verehrt ihn das deutsche Bildungsbürgertum als seinen Propheten. Hegel begründete die Staatsphilosophie, die mit verhinderte, dass Deutschland beizeiten eine normale Demokratie werden konnte.

Hegel wurde »von oben herunter zum großen Philosophen gestempelt, ein platter, geistloser, ekelhaft-widriger unwissender Scharlatan, der, mit beispielloser Frechheit, Aberwitz und Unsinn zusammenschmierte, welche von seinen feilen Anhängern als unsterbliche Weisheit ausposaunt und von Dummköpfen richtig dafür genommen wurden.«[8] So schrieb sein Erzfeind Schopenhauer. Ein opportunistischer Lakai des preußischen Königs war Hegel. Denn er schuf seine totalitäre Staatstheorie, um »die Ideen von 1789 zu verdrehen«.[9] Sein Auftraggeber war Friedrich Wilhelm III., der nach der französischen Revolution ein Regiment der Reaktion führte und Preußen von Reformern säuberte.

»Die Affäre Hegel wäre kaum eine Rede wert, wenn sie nicht zu jenen unheilvollen Konsequenzen geführt hätte, die zeigen, wie leicht ein Clown zu einem ›Geschichtsbildner‹ werden kann. Die Tragikkomödie der Entstehung des ›deutschen Idealismus‹ ähnelt trotz der abscheulichen Verbrechen, zu denen sie geführt hat, am ehesten noch einer komischen Oper.«[10] So urteilte Karl Popper, Hegels brillantester Gegner.

Der Staat ist alles, das Individuum nichts. Das ist Hegels Lehre: »Der Staat ist die göttliche Idee… Man muss daher den Staat wie ein Irdisch-Göttliches verehren… der Staat ist um seiner selbst willen… der Staat ist das vorhandene, wirkliche, sittliche Leben. Der Staat… ist der Geist des Volkes selbst.«[11] Hegel verklärt den Staat als absolute, sittliche Autorität, um das individuelle Gewissen der Bürger auszuschalten und sie zu entmündigen. Kein Wunder, dass in diesem Geist gedrillte Soldaten und Beamte unter bestimmten Umständen zu Massenmördern werden konnten, nur, weil es ihnen befohlen wurde. Kein Wunder, dass Pflichterfüllung nach der Art Hegels dazu führte, dass sich Hunderttausende dem Staat der DDR als Spitzel zur Verfügung stellten. Denn der »göttliche« Staat kann nicht unmoralisch sein. Er steht über jeder Moral.

Der deutsche Nationalstaat im Geiste Hegels brauchte keine Demokratie, da »die Nation und ihr Geist auf jeden Fall die Hauptrollen spielen«[12]. An Stelle der Freiheit stand die Verehrung eines Staates, der durch den Krieg gegen Frankreich erst zur Einheit zusammengeschweißt werden konnte. Alles ganz normal, sagen die Patrioten.

Die Hegelschen Ideen haben die Entstehung und Pervertierung des deutschen Nationalismus stark beeinflusst. Dieser Nationalismus wendet sich an »unseren nostalgischen Wunsch, von der Last individueller Verantwortung befreit zu werden, die er durch eine kollektive oder Gruppenverantwortung zu ersetzen sucht«.[13] »Normal« wäre eine ganz andere Idee von Nation gewesen. Doch leider war die »normale« Idee eine Erfindung Frankreichs. Diese Nation vertrat die Freiheit, Preußen vertrat die Reaktion. Der deutsche Nationalismus war ihr Instrument.

Hegel benutzte den Nationalismus, indem er ihn auf die Mühlen des preußischen Staatsinteresses lenkte. »Er tat dies, indem er den Nationalisten einredete, dass ihre kollektivistischen Forderungen in einem allmächtigen Staat automatisch erfüllt seien und dass sie nur bei der Stärkung der Macht des Staates hilfreich mitzuwirken bräuchten.«[14]

Von der Vorstellung, der Staat sei die Inkarnation des Geistes einer Nation, bis zur Vorstellung, der Staat sei die Inkarnation einer Rasse, war es nicht weit. Denn »wenn der Staat keinem sittlichen Gesetz unterworfen ist, sondern selbst die höchste und einzige Instanz darstellt«, dann ist »die Weltgeschichte … sein einziger Richter«. Recht ist dann nur noch, »was der Macht des Staates dient«.[15]

Der Nationalismus war in Deutschland nach dem Scheitern der liberalen Befreiungsbewegung von 1848 vor allem eine Bewegung zur Befreiung von den Franzosen – und damit zur Befreiung von der Freiheit nach dem Muster der französischen Aufklärung. Man könnte deshalb mit Popper auch sagen, dass »eine Nation im Sinne Hegels eine Anzahl von Menschen ist, die vereinigt sind durch einen gemeinsamen Irrtum in Bezug auf ihre Geschichte«.[16]

Wie sehr dieser Irrtum bis heute nachwirkt im Selbstbild der Deutschen, ist erstaunlich. »Der Mythos von der unparteiischen effizienten Bürokratie verdrängt, wie tief sie das Obrigkeitsdenken und die Untertanengesinnung eingeschliffen hat.«[17]

Nicht das Volk, nicht die Nation stand für Preußen im Zentrum, sondern nur die Interessen des preußischen Staates. Mit Hilfe von Hegels Ideen verstand Bismarck es aber, seinen »Aufstand gegen die Freiheit«[18] zu einer populären Bewegung zu machen.

Ein noch immer großer Teil der Deutschen glaubt, Bismarck sei einer ihrer, wenn nicht gar der größte deutsche Staatsmann aller Zeiten. Bis heute gilt er als der »Gute« im Stück. Sogar als »Friedensfürst« wird er von manch Ahnungslosem gerühmt. An dieser Legende hatte schon der alte Bismarck selbst zu stricken begonnen. Nicht zuletzt hat er Hitler seinen Ruhm zu verdanken. Alles Unheil der deutschen Geschichte wird ja dem österreichischen Teufel zugeschoben, der, glaubt man den mit der Geschichte der Nation Versöhnten, wie ein Meteor in die deutsche Geschichte geplatzt ist. Bismarcks Teufeleien dagegen bleiben als milde Nebenwirkungen eines segensreichen Wirkens im kollektiven Gedächtnis.

Bismarcks Ziel war es nicht, die deutsche Einheit zu vollenden, sondern Preußen zur europäischen Großmacht zu machen. Jedes Mittel dazu war ihm recht. Er begann Kriege – aber das hatte auch schon der Alte Fritz getan, der andere Säulenheilige der deutschen Geschichtspropaganda.

Die nationale Bewegung war 1848 in der Frankfurter Paulskirche an Preußens Weigerung gescheitert, eine konstitutionelle Monarchie zu gründen und den demokratischen Weg einzuschlagen. Von 1848 übrig blieb die Erfahrung, dass die Deutschen zur Revolution nicht taugten. Aber die Sehnsucht nach Einheit blieb lebendig in der romantischen Vorstellung, man könne den Freiheitskampf durch eine Art Revolution von oben ersetzen. Das Reich erschien den Deutschen als Antwort auf die Kraft und Herrlichkeit der Engländer und Franzosen. Seit dem Dreißigjährigen Krieg, der das Land zerstört und zersplittert hatte, fühlten die Deutschen ein tiefes Minderwertigkeitsgefühl gegenüber den besser situierten älteren Nationalstaaten. Nicht »normal« zu sein ist ein sehr altes Trauma der Deutschen.

Sie verstanden aber nicht, was Engländer und Franzosen ihnen wirklich voraus hatten: die Aufklärung. Die Deutschen hatten sich von deren Idealen abgewandt, schon deshalb, weil sie ihnen von den Truppen Frankreichs »nahe gebracht« worden waren. Freiheit, Gleichheit, Brüderlichkeit hätten sie gern selbst gehabt, aber bitte ohne die hässlichen Nebenwirkungen der Französischen Revolution. Diese Schizophrenie nützte Bismarck schamlos aus. So schuf er sein kleindeutsches Reich und konnte damit die wirkliche Einheit Deutschlands verhindern.

Wie alle anderen deutschen Länder hatte Österreich dem deutschen Bund angehört. Nach allen Kriterien dafür, was eine Nation ausmacht, Sprache, Kultur, Geschichte, Zusammengehörigkeitsgefühl, war es damals ein deutsches Land.

Österreich war aber zu mächtig, um sich unter preußische Hegemonie zu begeben. Bismarck, der erste »Kanzler der Einheit«, machte sich deshalb daran, die Nation gründlich zu spalten. Mit moderneren Zündnadelgewehren ausstaffiert, überfiel Preußen das Königreich Sachsen und besiegte wenige Tage später, am 3. Juli 1866, in Königgrätz Österreich und seine Verbündeten, darunter auch Bayern.

»Es war das letzte Mal, dass wir auf Preußen schießen durften«, ein wehmütiger Seufzer, der bis auf den heutigen Tag an den weiß-blauen Stammtischen nicht ganz verstummt ist. Wie alle Nationalstaaten ist auch Deutschland das Ergebnis von Willkür und historischen Zufällen. »Den natürlichen Lauf der Geschichte darf man nicht übel nehmen«[19], meint Egon Bahr. Geschichte ist aber niemals »natürlich«.

Österreich war also besiegt und Bismarck wird bis heute für seine kluge »Mäßigung« bewundert, Österreich praktisch den gesamten territorialen Besitz gelassen zu haben. Aber es war ihm nicht um Eroberung gegangen, sondern um die Zerschlagung des Deutschen Bundes und die Neuordnung Deutschlands ohne Österreich.

Sie sah so aus: Bismarck annektierte gewaltsam drei souveräne norddeutsche Länder, vertrieb die dort seit Jahrhunderten ansässigen Fürstenhäuser und enteignete sie. Ein Rechtsbruch, der in den gängigen Geschichtsbüchern gerne verziehen wird. Es musste sich eben alles dem großen Ziel der Nation unterordnen.

So entstand zunächst der Norddeutsche Bund. Bismarcks Äußerungen belegen, dass er zu diesem Zeitpunkt noch immer nicht an die Gründung eines Deutschen Reichs gedacht hatte. Er hielt es vielmehr »für unmöglich ... das süddeutsch-katholisch-bayerische Element hineinzuziehen. Letzteres wird sich von Berlin aus noch für lange Zeit nicht gutwillig regieren lassen; und der Versuch, es gewaltsam zu unterwerfen, würde uns dasselbe Element der Schwäche schaffen wie Süditalien dem dortigen Gesamtstaate.«[20] So sprach der preußische Machtmensch über seine angeblichen Landsleute.

Das geraubte Geld der Hannoverschen Welfen legte Bismarck gut an. Er machte sich damit den wegen seiner Bauwut chronisch klammen, verrückten bayerischen König Ludwig II. gefügig, der ihm zum Dank jenen berühmten Brief (unter)schrieb, der dem preußischen König die deutsche Kaiserkrone antrug. Es genügte Bismarck, einen einzelnen, unzurechnungsfähigen Fürsten zu bestechen. (Kohl hatte es schwerer, er musste ein ganzes Staatsvolk mit Westgeld gefügig machen.)

Aber das allein hätte nicht gereicht. Bismarck war klar, dass er die anderen deutschen Länder nicht ins preußische Boot bekam ohne gemeinschaftsstiftendes Erlebnis. Am besten einen Krieg gegen den gemeinsamen Feind.

Den völlig nebensächlichen Streit darüber, ob ein Hohenzollernprinz die spanische Krone übernehmen könnte, nahm Bismarck mit List und Tücke zum Anlass, Krieg gegen Frankreich vom Zaun zu brechen. Es war ein überflüssiger und vermeidbarer Krieg. Die Deutschen gewannen ihn. Anschließend demütigte Bismarck Frankreich so sehr, dass nichts anderes als »Erbfeindschaft« herauskommen konnte. Er schlug Elsass-Lothringen zum Deutschen Reich, ein sinnloser Raub, den die Deutschen später umso bitterer zu begleichen hatten. Bismarck gründete sein Reich nicht in Berlin, sondern im Spiegelsaal von Versailles. Das Versailler Friedensdiktat am Ende des ersten Weltkriegs war die Rache dafür. Hitler war das Feld bereitet. Die Geschichte wiederholt sich zwar nie, hat aber oft eine mörderische Logik.

Es gibt durchaus Ähnlichkeiten zwischen Bismarcks Vereinigung und Kohls »Wiedervereinigung«. Beide verfehlten die Einheit im Inneren. Der ersten Reichsgründung folgte ebenfalls ein Goldrausch der Profiteure und Spekulanten. Tausende Deutsche wurden um ihre Ersparnisse gebracht. Der Einheit folgte auch damals eine hausgemachte Wirtschaftskrise.

Die größeren Unterschiede liegen auf der Hand. Bismarcks Reich war mit französischem Blut bezahlt worden, es schürte und schuf jenen Hass, der zur doppelten Zerstörung Deutschlands führte. Kohls Einheit dagegen wurde in gutem Einverständnis mit allen Nachbarn geschaffen. Sie war Teil eines europäischen Vereinigungsprozesses. Bismarcks Reichsgründung war der Sieg eines autoritären Regimes. Der zweiten Einheit ging das Ende eines autoritären Regimes voraus. Bismarck erzwang die Einheit mit Blut und Eisen. Die »Wiedervereinigung« war friedlich.

Was »normal« gewesen wäre

Es hätte Alternativen zu Bismarcks Reichsgründung gegeben. Aber: »Niemals plagte ihn ein Zweifel, ob den wahren Interessen Preußens nicht auf andere Weise besser gedient sei als mit ›Blut und Eisen‹, oder ob ein allmähliches friedliches Aufgehen Preußens in einem geeinten und föderal strukturierten Deutschland, das dessen historischen, landsmannschaftlichen, kulturellen und konfessionellen Traditionen viel gemäßer gewesen wäre, nicht auch den wahren Interessen des preußischen Volkes weit eher entsprochen hätte.«[21] Frankreich hätte nichts dagegen gehabt, dass die Deutschen sich zu einem Nationalstaat zusammenschließen. Aber eine friedliche Einigung der Deutschen hätte Preußens Vorherrschaft bedroht. Deshalb musste Bismarck sie mit aller Macht verhindern. Die Einheit durfte es nur von Preußens Gnaden geben oder gar nicht und keinesfalls als Demokratie. Nicht der Wille der Nation galt, sondern das Machtspiel der Fürsten. Dass die Deutschen sich damit nicht nur abfanden, sondern sich – gleichsam als Ersatz für die Entwicklung einer funktionierenden Demokratie – in den Rausch des Nationalismus treiben ließen, ist der Kern der deutschen Tragödie. Und jeder, der sich die Geschichte ganz unbefangen aneignen möchte, sollte dem Mythos von der Einheit der Nation mit etwas mehr Skepsis begegnen.

Bismarcks Einheit war nämlich »nichts anderes als die Verhinderung der deutschen Nation durch Preußen«.[22] Deshalb hielt Bismarcks Reich auch nur einen historischen Wimpernschlag lang: 74 Jahre. In die Spanne eines einzigen Menschenlebens passten die größten Katastrophen der europäischen Geschichte – zwei verheerende Weltkriege und tausend Jahre nationalsozialistische Perversion.

Sollten die Deutschen, um eine »normale« Nation zu werden, nicht erst ihre Geschichte mit nüchternem Verstand beurteilen? Was, zum Teufel, war daran »normal«?

Wer sich in Deutschland nach Normalität sehnt, meint in der Regel die »Normalität« von Nationalstaaten wie England, Frankreich oder den USA. Aber es gibt keine Norm für nationale Traditionen. Jedes Land ging seinen eigenen Weg. Frankreichs Staat war seit jeher zentralistisch organisiert. Das ist übrigens ein Grund dafür, dass Frankreich heute mit einem ähnlichen Reformstau gesegnet ist wie Deutschland. Zu viel Staat ist auch in Frankreich das Problem. Wer stolz sein will auf Deutschland, darf nicht die nationale Brille aufsetzen und in Bismarcks Reich das Maß der deutschen Dinge sehen. Es gab zuvor das Heilige Römische Reich Deutscher Nation mit einer ganz anderen, aus heutiger Sicht moderneren Traditionslinie. »Der Begriff des Reiches, wie er 1000 Jahre in der deutschen Geschichte gelebt hat, war der Begriff eines übernationalen, eines europäischen Gebildes. Es war die Bezeichnung für das christliche Abendland. Und wenn ich den Begriff ›Reich‹ einmal in die moderne Sprache der gegenwärtigen Politik übersetzen wollte, müsste ich das, was man damals ›Reich‹ genannt hat, heute europäische Union oder europäische Föderation nennen.«[23]

In dieser Tradition steht es Deutschland gut an, als Promoter der europäischen Einigung zu wirken. Oder, um diesmal Bahr zuzustimmen: »Die europäische Zukunft ist wichtiger als die deutsche Vergangenheit.«[24] Aber die Nation wird beschworen, als sei sie der Sinn deutscher Geschichte schlechthin.

Lassen wir uns einen Moment lang auf die angeblich so beneidenswerte »Normalität« von Franzosen und Amerikanern ein. Beide Nationalstaaten entstanden als Umsetzung der Ideen der Aufklärung. Die »Nation« ist in Frankreich geradezu ein Synonym für Freiheit von absolutistischer Herrschaft. Herkunft spielte deshalb in Frankreich eine geringere Rolle als in Deutschland. Franzose zu sein bedeutet Zugehörigkeit zu Sprache und Kultur, das allein jedoch reicht nicht. Einwanderer haben es leichter, Franzosen zu werden. Voraussetzung dafür ist aber, dass sie die politischen Werte Frankreichs ohne Wenn und Aber akzeptieren. Deshalb wurde zum Beispiel das Tragen von Kopftüchern an Frankreichs Schulen verboten. In Deutschland haben viele nicht begriffen, dass die Gefahr nicht darin besteht, ein multikulturelles Land zu sein. Es muss sich nur auf eine politische Leitkultur verständigen.

Auch die Vereinigten Staaten sind ein zunehmend mehrsprachiges, multikulturelles Land. Aber am Anfang stand die Declaration of Rights. Es ist das Recht jedes Amerikaners, sein persönliches Glück zu finden. Man kann die Vereinigten Staaten als eine Organisation verstehen, die dieses Recht auf Glück als höchsten Wert begreift und schützt. Glück benötigt Freiheit. In Deutschland ist das individuelle Glück nichts, wofür sich politische Redner interessieren würden. Es gilt in Deutschland noch immer als leicht dekadent, dem Einzelnen Vorrang vor dem Kollektiv zu geben. Wir reden lieber vom »Glück« der Wiedervereinigung und bedauern, dass dieses kollektive Glück so wenig empfunden wird. »Blüh im Glanze deines Glückes«, heißt es in der Hymne. Aber es sollte nicht darum gehen, dass das Vaterland blüht, sondern seine Menschen aufblühen.

Man sollte die USA nicht idealisieren. Die Nation ist traumatisiert von den Anschlägen des 11. Septembers. Intoleranz und Hysterie gegenüber Andersdenkenden sind die Folge. Patriotismus à la Bush ist hysterisch, kurzsichtig und anmaßend. Alles in allem aber sieht es ganz so aus, als sei der Nationalstolz »normaler« Nationen nichts anderes als das, was in Deutschland gern als unreif und abnormal diffamiert wird: nämlich Verfassungspatriotismus.

Nach landläufiger deutscher Auffassung sind Verfassungspatrioten Leute, deren Engagement und Zugehörigkeitsgefühl sich nicht auf die gemeinsame Herkunft bezieht, sondern auf die politischen Werte, auf den Staat als Garanten individueller Freiheit. Der Verfassungspatriot kommt ohne Glaube und Liebe zur Nation aus. Er sieht den Staat als eine Art Serviceunternehmen und pflegt eine innige Geschäftsbeziehung zu ihm. Verfassungspatrioten passten gut in den verweichlichten Bonner Rumpfstaat, so sehen es die Patrioten. Seit der Wiedervereinigung gelten sie als vaterlandslose Gesellen von gestern.

Ist nicht die Verfassung, das Bonner Grundgesetz, »selbst eine Art von Vaterland«, schrieb der Schöpfer des umstrittenen Begriffs, der Publizist Dolf Sternberger. Er berief sich auf einen aufgeklärten Preußen, auf Thomas Abbt, der 1761 die Schrift »Vom Tode für das Vaterland« verfasst und damit ganz gewiss nicht die damals noch gar nicht als Staat existierende deutsche Nation gemeint hatte. »Wenn mich die Geburt oder meine freie Entschließung mit einem Staate vereinigen, dessen heilsamen Gesetzen ich mich unterwerfe, Gesetzen, die mir nicht mehr von meiner Freiheit entziehen, als zum Besten des ganzen Staates nötig ist, alsdann nenne ich diesen Staat mein Vaterland.«[25]

Auch Karl Popper hilft zuverlässig gegen nationalistischen Gefühlsmüll: »Das Prinzip des Nationalstaats ... ist durchaus nicht so einleuchtend, wie es vielen Menschen heute erscheinen mag. Selbst wenn man den Begriff der Nation genauer umschreiben könnte, wäre es doch noch lange nicht klar, warum gerade die Nationalität eine fundamentale politische Kategorie sein soll, eine Kategorie, die wichtiger ist als zum Beispiel die Religion oder die Geburt innerhalb eines bestimmten geographischen Gebietes oder die Loyalität zu einer Dynastie oder als ein politisches Bekenntnis, wie das zur Demokratie ... Keine der Theorien, die die Einheit einer Nation in ihrem gemeinsamen Ursprung, in ihrer gemeinsamen Sprache oder in ihrer gemeinsamen Geschichte sieht, ist haltbar oder lässt sich in der Praxis anwenden. Das Prinzip des Nationalstaats ist aber nicht nur unanwendbar, es wurde außerdem niemals klar durchdacht. Es ist ein Mythos, ein irrationaler, romantischer und utopischer Traum, ein Traum von Naturalismus und Stammeskollektivismus.«[26]

Oder knapper formuliert: Nicht Nationen erzeugen Nationalismus, sondern der Nationalismus schafft sich die Nation. Zu diesem Zweck erfanden die europäischen Nationen Mythen, die sich erstaunlicherweise sehr ähneln. Ob »Hermann der Cherusker« oder der »Franzose Vercingetorix« gegen die Römer kämpfen – die Gründungsmythen werden von sehr ähnlichen »Freiheitshelden« getragen. Im blutigen Kampf um eine eigene Identität, also um Unterschied zu allen anderen, gleichen sich die Nationen. Das ist die Ironie der europäischen Geschichte. Überall wird die durchaus nicht natürliche Einheit beschworen und »überall kommt die gleiche Überzeugung zum Ausdruck, dass nur die zur Gemeinschaft vereinigte Nation den einzelnen Individuen Sinn geben kann«.[27]

Manchmal würde es sich lohnen, solche Mythen nicht blind zu konsumieren, sondern sie genauer anzusehen. Der Schweizer Mythos von Wilhelm Tell und dem Rütli-Schwur ist ebenfalls reinster Verfassungspatriotismus. Die Schweiz ist bekanntlich ein mehrsprachiges, multikulturelles Land. Die Einheit der

Schweiz beruht nicht auf gemeinsamer Herkunft. Die Schweizer sind kein Volk, sondern eben »Eidgenossen« – nur ein anderes Wort für »einer gemeinsamen Idee von Freiheit verpflichtet«, etwa besonderen Formen direkter Demokratie. Natürlich hissen die Schweizer bei jeder Gelegenheit ihr Fähnlein in den Vorgärten und lassen sich an Patriotismus nicht übertreffen. Die Schweiz ist eine Willensnation. Die Deutschen dagegen wollen eine völkische Gemeinschaft sein.

»Bayern, Masuren, Hamburger waren aber 1871 durchaus kein einig Volk von Brüdern. Vielmehr bestand die Bevölkerung des neuen kleindeutschen Nationalstaats aus kulturell, sozial, politisch, konfessionell außerordentlich heterogenen Elementen.«[28] Und deshalb fordert Wehler: »In der kritischen Öffentlichkeit muss der Fetisch des souveränen, zentralistischen Nationalstaats als Nonplusultra der Staatenordnung pointiert in Frage gestellt werden. Erst wenn das gelingt, gewinnt die Politik Spielräume zum Handeln, das sonst an orthodoxen Vorurteilen abprallt.«[29]

Normal wäre es also, den Verfassungspatriotismus endlich als die nach westlichem Standard »normale« Form von Patriotismus zu akzeptieren.

Im Übrigen diskutiert in Frankreich und England kein Mensch darüber, wie patriotisch der Bürger zu sein hat.

Was ist überhaupt eine »normale« Nation? Wie zeigt sich das in der praktischen Politik?

Nehmen wir als Beispiel die Wehrpflicht. Was gestern noch normal gewesen ist, ist es heute nicht mehr. Die Debatte um ihre Abschaffung zeigt, wie schwer sich selbst diejenigen mit »Normalität« tun, die sie am lautesten einklagen.

Die Wehrpflicht war in Deutschland nur so lange normal, solange das Land in der Lage sein musste, einen mit starken Landstreitkräften aus der DDR geführten Angriff auf sein Territorium abzuwehren. Diese Gefahr ist gebannt. Und gegen anderes Ungemach aus dem Osten hilft doch wohl kein Militär.

Seit dem Ende des Kalten Krieges ist der Soldatenberuf paradoxerweise gefährlicher geworden. Die Bundeswehr wird in

Krisenregionen entsandt. Für solche Einsätze sind notgedrungen oberflächlich ausgebildete Wehrpflichtige kaum zu gebrauchen. Gefragt sind jetzt länger dienende Freiwillige und Berufssoldaten. Nationen, deren patriotische »Normalität« gern als vorbildlich genommen wird, wie die USA und Großbritannien, haben die Wehrpflicht längst abgeschafft, auch Frankreich, wo sie im Zuge der Großen Revolution einst entstanden war. Beendete Deutschland die Wehrpflicht, wäre es ein Zeichen überfälliger Normalität.

Aber selbst die sozialdemokratische Regierung scheut diesen Schritt. Das zentrale Argument lautet: nur die Vielfalt der Wehrpflichtigen garantiere, dass die Armee ein Abbild der ganzen Gesellschaft bleibe. Eine Berufs- und Freiwilligenarmee dagegen gerate in die Gefahr, zum Sammelbecken autoritär gestrickter, wenn nicht gar rechtsgewirkter Charaktere zu werden und dazu »Staat im Staate«.

Was ist das für eine Logik? Entweder ist Deutschland nun so normal wie andere Nationen, dann besteht kein Grund zu solchen Ängsten. Oder die Deutschen sind tatsächlich noch nicht mit normalen Maßstäben zu messen. Dann misstrauen sie sich selbst zu Recht.

Vielleicht offenbart das Festhalten am Vaterlandsdienst aber auch ein unterbewusstes Motiv aus den Tiefen des Deutschtums. Denn plötzlich tauchen in der Wehrpflichtdebatte abwegige Argumente auf. Mit der Abwehr des Terrors etwa begründet Innenminister Otto Schily seine Forderung nach einem »sozialen Pflichtjahr«. Was wäre daran denn sozial? Entpuppt sich das prinzipielle Beharren auf Dienstpflicht am Ende als trotzig nostalgische Klage über den angeblichen Werteverlust der Jungen? Soll ihnen Patriotismus notfalls aufgezwungen werden? Eine Spanne ihrer kostbarsten Lebenszeit sollen sie auf dem Altar des Vaterlandes opfern.

Das Kölner Verwaltungsgericht hat festgestellt, dass von Wehrgerechtigkeit keine Rede mehr sein kann. Das Vaterland schlägt willkürlich zu. Das irritiert die Mehrheit der Volksvertreter aber nicht.

Es ist viel von mangelnder Wettbewerbsfähigkeit der Deutschen die Rede. Dazu trägt bei, dass die jungen Leute in keinem Land so lange brauchen, bis sie endlich Geld verdienen und Steuern zahlen. Die Verkürzung der Schulzeit steht überall auf der Tagesordnung. In dieser Situation an der Dienstpflicht festzuhalten ist alles andere als normal. Und der bejammerte Werteverlust ist in Wahrheit nur der notwendige Wertewandel. Weniger strammstehen sollen die Leute, sich weniger vom Staat durchs Leben dirigieren lassen, mehr Verantwortung für sich selbst übernehmen. Wer Individualismus mit Egoismus verwechselt, kapiert nicht, welche Reform dieses Land wirklich braucht. Vielleicht sind die Egoisten die besseren Patrioten – die Patentpatrioten haben es nur noch nicht gemerkt.

»Normal« ist am Nationalstaat nur, dass er bis heute die politische Landkarte der Welt beherrscht. Bis heute wollen einem die Patrioten weismachen, dass »gesunder« Nationalstolz überhaupt nichts mit Nationalismus zu tun hätte. Das ist ein hartnäckiger Irrtum, nicht nur der Deutschen. Ohne »gesunden« Nationalstolz der Patrioten wäre Hitler nicht an die Macht gekommen. Nicht die Perversion des Nationalen, sondern die Idee des Nationalen selbst ist die Quelle des Übels. Der Soziologe Ulrich Beck spricht von einem »klinischen Wirklichkeitsverlust« des nationalen Blicks[30] und beklagt: »Es herrscht die Verblendung des Nationalstaatsglaubens gegenüber seiner eigenen Geschichtlichkeit; die beharrliche und befremdliche Naivität, mit der man für ewig oder natürlich hält, was vor zwei oder drei Jahrhunderten noch als unnatürlich und absurd galt. Dieser intellektuelle Protektionismus, diese nostalgische Lebenslüge herrscht nicht nur in der rechtspopulistischen Schmuddelecke Europas. Sie regiert – quer zur Rechts-Links-Unterscheidung – auch in den gebildetsten, kultiviertesten Kreisen.«[31] Die Deutschen zeigten, wie blind dieses überkommene Denken für die Notwendigkeiten rationaler Politik macht. Sie haben die Einheit versemmelt, gerade weil sie von der Naivität des Nationalen ergriffen waren.

Wahre Patrioten halten das Desaster noch immer für erträglich. Für sie ist Einheit nur ein anderes Wort für Glück. Deshalb bedauern sie den Mangel an Glücksgefühl in Deutschland. Sicher auch Kohl. Er ist davon überzeugt, seine Lügen seien allenfalls lässlich und verzeihlich, seine Selbsttäuschung nur zu verständlich und seine Kritiker geschichtsvergessen.

Damit steht er nicht allein. Seine Generation verstand die »Wiedervereinigung« niemals nur als Mittel zu dem Zweck, die Ostdeutschen von der DDR zu befreien. Für sie geschah die »Wiedervereinigung« um ihrer selbst willen. Die Einheit der Nation war das eigentliche Ziel. Die führenden Betreiber der Einheit gehören Generationen an, die vom nationalen Denken geprägt sind. Helmut Kohl, sein Koalitionspartner, Vizekanzler und Außenminister Hans-Dietrich Genscher, auch Willy Brandt, der mit dafür sorgte, dass die Opposition Kohl nach Herzenslust walten und schalten ließ.

Ist es nicht erstaunlich, dass die selben Politiker, die seit Jahren notwendige Reformen verschleppt und versäumt, die sich als »Aussitzer« und Zauderer einen Namen gemacht hatten, dass diese sonst eher entscheidungsschwachen, jede kleinste politische Entscheidung hundertfach hin- und herwendenden Männer plötzlich alle Regeln der Sorgfalt und des verantwortungsvollen Umgangs mit Risiken fahren ließen? Mit rauschhafter Unbekümmertheit stürzten sie sich in ihr nicht beherrschbares Abenteuer, setzten auf das Prinzip Hoffnung statt auf das »Prinzip Verantwortung«[32], wie es Hans Jonas definiert hat.

Für ihren Tatendrang gab es ein verdecktes, bis heute nicht offen ausgesprochenes Motiv. Es war die Vorstellung, die Deutschen durch die Einheit gleichsam von einem Fluch zu erlösen. Er lag der Generation Kohl seit dem Untergang des Dritten Reichs als schwere Last auf der Seele.

Zwar besitzt Helmut Kohl (Jahrgang 1930) die »Gnade der späten Geburt«, sein Bruder aber war als Soldat Hitlers gefallen.

Seine Eltern waren keine Nazis gewesen, aber doch von einem tief verwurzelten Nationalismus beseelt. Kohls Generation hat zwar nicht mitgemacht, aber noch miterlebt. Ihr war es nicht möglich, wie später den Achtundsechzigern, mit der Generation ihrer Eltern abzurechnen.

Es dürfte kein Zufall sein, dass sich in jüngster Zeit einige Mitglieder der Achtundsechziger-Generation mit hoch erfolgreichen Büchern mit den Kriegsteilnehmern auf neue Weise befassen.

Brillant tut dies Uwe Timm in seinem Bestseller *Am Beispiel meines Bruders.* Dieser Bruder, Karl Heinz Timm, Jahrgang 1924, war freiwillig in die Waffen-SS eingetreten und in der Ukraine gefallen. Auch sein Vater hatte sich bereits freiwillig zum Einsatz im Ersten Weltkrieg gemeldet. Vater wie Bruder waren keine erklärten Nationalsozialisten, aber wie Millionen Deutsche willig ihrem Führer gefolgt. Bloß warum? Timms Antwort: Sie waren letztlich Opfer einer Mentalität, Opfer eines alten deutschen Erziehungsideals. Kadavergehorsam, Tapferkeit, Pflichtgefühl, Militarismus, nationalistisches Denken wurden von Generation zu Generation vererbt. Timms Bruder wollte ein guter Sohn sein, dem Vater Ehre machen. Dies geschah in einer Gesellschaft, in der Gewalt normal war, in der aus pädagogischem Ermessen geprügelt wurde. Der Erste Weltkrieg hatte auch in dieser Hinsicht verheerende Wirkungen in der Gesellschaft hinterlassen.

»Ein tief traumatisierter Nationalismus brannte seither auf Revanche. Keiner verstand es, die Wiederherstellung der Ehre und Größe der Nation so fanatisch zu beschwören wie Hitler. Er war der Konsens dieses ressentimentgeladenen, revisionshungrigen Radikalnationalismus.«[33] Was eine offene Gesellschaft bedeutete, hatten die Deutschen niemals erfahren.

Der Vater, ein selbstständiger Handwerker, hatte, wie so viele Deutsche nach dem Ersten Weltkrieg, Jahre der Angst vor dem sozialen Abstieg und damit dem Absturz aus dem bürgerlichen Leben durchgemacht. Hitlers Rassismus redete selbst verkrachten, gescheiterten Deutschen ein, von edelstem Geblüt zu sein, einem Herrenvolk anzugehören. Wie tröstlich! So wurde

Deutschtum für viele zu einem letzten Halt. Man konnte die bürgerliche Existenz verlieren, aber nicht seine Herkunft. Auch nach dem Krieg fühlten sich diese Männer nicht schuldig, sondern als Opfer eines kollektiven Schicksalsschlags. Sie verstanden sich nun auch als Opfer Hitlers, als hätten sie ihn nicht vergöttert für seine Blitzsiege und seine innenpolitischen Schein-Erfolge. Opfer aber haben immer schon gesühnt – wie schuldig sie sich auch gemacht haben sollten.

Ebenso beeindruckend wie Timm erzählt Wibke Bruhns die Geschichte ihrer Familie.[34] Ihr Vater Hans Georg Klamroth, angesehener, wohlhabender Halberstadter Unternehmer, meldete sich schon als Siebzehnjähriger freiwillig – »hurra, hurra, felddiensttauglich« – zum Einsatz im Ersten Weltkrieg. Später trat er in die Hitlerpartei und Waffen-SS ein und verwies stolz auf die »Rassereinheit« seiner Sippe. Wie so viele preußisch-vaterländische Offiziere merkte er zu spät, von was für einem Regime er sich missbrauchen ließ. Schuld daran war die militärische Härtedressur dieser Menschen und ihr tradierter Nationalismus. »Es war Ehre und Pflicht, dem Vaterland zu dienen, und die Regeln der Klasse waren Gottesfurcht, Mannesmut und Selbstbeherrschung.«[35] Klamroth wurde Mitwisser der Attentatspläne gegen Hitler vom 20. Juli 44. Nach dem Todesurteil des Volksgerichtshofs wurde er in Plötzensee zu Tode stranguliert. Das versöhnt Wibke Bruhns mit ihrem Vater: »Du hast den Blutzoll bezahlt, den ich nicht mehr entrichten muß. Ich habe von dir gelernt, wovor ich mich zu hüten habe. Dafür ist ein Vater da, nicht wahr? Ich danke dir.«[36]

Man muss sich klar machen, welches geistig-moralische Klima in Deutschland seit Generationen herrschte. Deshalb konnte Deutschland nach dem Krieg nicht auf eigene freiheitliche Traditionen aufbauen. Die Freiheit kam als geistiges Care-Paket. Sie musste erlernt und eingeübt werden. Die Ostdeutschen bekamen dazu keine Gelegenheit. Sie hatten das schlechtere Los gezogen und waren härter bestraft worden als die Westdeutschen.

Deshalb erinnerten die Teilung Deutschlands, die Unfreiheit im Osten, die Abhängigkeit vom Willen der Besatzungsmächte im Westen immer auch an die tiefste Schmach der deutschen Geschichte.

Die »Wiedervereinigung« musste also den Kriegsgenerationen wie eine Art Wiedergutmachung vorkommen. Ein Makel der Geschichte konnte endlich getilgt werden, diesmal aus eigener Kraft. Das Ende der Teilung konnte noch einmal einen Neuanfang symbolisieren. Die erste erfolgreiche demokratische und dazu noch gewaltfreie Revolution in Deutschland nahm den Deutschen nicht ihre Schuld, bewies aber der Welt, wie sehr die Deutschen gelernt hatten. Die Vereinigung der beiden deutschen Staaten ließ die Verbrechen Hitlers zwar nicht vergessen, relativierte aber doch wenigstens ihre Folgen für die Deutschen selbst. Die »Wiedervereinigung« fügte der Schmach ein Happy End hinzu. Denn sie lieferte den Beweis, dass die Deutschen auch als Nation sich wandeln und Gutes tun konnten. Deutschland war vereint, aber trotzdem nicht mehr der Kern des Unfriedens in Europa, sondern im Gegenteil von Freunden umzingelt.

Die Generation Kohl sah die Chance, damit gewissermaßen auch die Generation ihrer Eltern zu entlasten. Es musste dem Regisseur Deutschlands vorkommen, als könne er aus einem alten, heillos missratenen Film eine Szene herausschneiden und noch einmal neu drehen.

Einen winzigen Augenblick lang schien es tatsächlich möglich, das Rad der Geschichte gleichsam zurückzudrehen. Darin bestand das eigentliche »Glück der Geschichte«, von dem nach dem Mauerfall so viel die Rede war.

Was aber haben die Enkel und Urenkel der Generation Kohl mit deren alten und neuen Fehlern, mit deren Lebenslügen und Obsessionen zu schaffen? Sie bezahlen die Selbsttherapie des Traumas einer Generation. Aber ihre Kosten wurden überwiegend verlagert auf die Nachgeborenen, die sich im Westen bereits endgültig verabschiedet hatten vom nationalen Geschichtsbild und deshalb auch nicht den Schmerz der Teilung empfanden. Mit der Wiedergutmachung durch Wiedervereinigung präsentierte die Generation Kohl ihren Nachkommen die Rechnung.

Nationales Denken imprägnierte die Kriegs-Generationen – unabhängig von ihren sonstigen politischen Einstellungen. Das kann man auch an Sozialdemokraten sehen. Sozialdemokraten seien vaterlandslose Gesellen, hieß es im Kaiserreich und auch noch in der Weimarer Republik. Dieses Trauma wollten sie nach dem Ende der Naziherrschaft loswerden.

Kurt Schumacher, der erste Nachkriegs-Vorsitzende der SPD, ließ sich als Patriot von niemandem übertreffen. Der Linke stand in der nationalen Frage meilenweit rechts vom konservativen CDU-Chef und ersten Bundeskanzler Konrad Adenauer. Man könnte auch sagen: meilenweit östlich vom rheinischen Preußenverächter. Anders als Adenauer wollte Schumacher die Einheit der Nation nicht westlicher Freiheit opfern. Er war deshalb gegen die strikte Bindung der Bundesrepublik an den Westen.

Einem mit Moskaus Segen und von Moskaus Gnaden vereinten Deutschland hätte er den Vorzug gegeben. Zu seinen Gunsten kann gesagt werden, dass er zugleich die Vereinigung der SPD mit den Kommunisten ablehnte. Damit hat er, wenn auch unfreiwillig, Adenauers Kurs gestützt, den er so heftig kritisierte. Seine Absicht, Stalin entgegenzukommen, war rein nationalistisch motiviert.

Schon Mitte August 1945 ließ Schumacher verkünden: »Das Reich muss als staatliches und nationales Ganzes erhalten bleiben!« Und als dann die Bundesrepublik für die gemeinsame europäische Kohle- und Stahlindustrie nationale Rechte aufgab, sah Schumacher darin einen nicht akzeptablen Verlust. Europa lag zwar im Interesse der Bundesrepublik, aber Schumacher erkannte darin eine Vertiefung der Spaltung. Die Sozialdemokraten stimmten im Bundestag gegen jeden einzelnen Schritt der europäischen Einigung und der Integration der Bonner Republik in das westliche Verteidigungsbündnis. Schumacher hätte lieber mit Stalin ernsthaft über ein blockfreies Deutschland verhandelt.

Auch den Deutschlandvertrag der Westmächte, die rechtliche Voraussetzung für die Gründung der Bundesrepublik, lehnte die SPD damals ab. »Wer diesem Generalvertrag zustimmt, der hört auf, ein Deutscher zu sein«, sagte Schumacher.

Sein Nachfolger als SPD-Vorsitzender, Erich Ollenhauer, verweigerte die Zustimmung zum Gründungsakt der Europäischen Union, den Pariser Verträgen. Er schrieb Adenauer im Januar 1955, vor der Ratifizierung dieser Verträge müsse versucht werden, mit allen vier Siegermächten über die Wiedervereinigung zu verhandeln.

Und Herbert Wehner, kein Kommunist mehr, aber damals wohl auch noch kein richtiger Demokrat, stand 1958 als Strippenzieher hinter dem »Deutschlandplan« der SPD. Er liebäugelte mit einer blockfreien deutsch-deutschen Konföderation nach dem Plan von DDR-Regimechef Ulbricht. Zum Glück war noch immer Adenauer Kanzler.

Man muss diese Vorgeschichte kennen, um die heute so hoch gepriesene Ost- und Deutschlandpolitik des ersten sozialdemokratischen Bundeskanzlers Willy Brandt beurteilen zu können. Inzwischen hatten die Sozialdemokraten die Westbindung und auch die Wiederbewaffnung akzeptiert. Der Kalte Krieg war eskaliert und hatte die ganze Welt in zwei Blöcke gespalten. Die Großmächte bedrohten sich gegenseitig mit ihren nuklearen Waffenarsenalen, die ausgereicht hätten, die Menschheit mehrfach auszulöschen.

Auf dem Höhepunkt dieser Bedrohung setzte die SPD auf Entspannung. Die konservativen Parteien warfen der SPD Willy Brandts vor, damit die Anerkennung der DDR als vollwertigem Staat zu betreiben und die Teilung des Landes schrittweise zu zementieren. Aber diese Unterstellung war falsch.

Ziel der Entspannungspolitik war in Wahrheit nicht die Zementierung der Teilung, sondern ihre Abmilderung. Die Front des Kalten Krieges sollte aufgeweicht werden. »Wandel durch Annäherung« lautete der strategische Slogan. Diese Annäherung schloss die Option der Einheit nicht aus.

Was aber erreichte die Entspannungspolitik tatsächlich? Zwangen ihre Folgen Honecker zur Aufgabe? Chefstratege Egon Bahr sieht sich und seinen Meister Willy Brandt heute gern als Väter der Einheit. Unbestreitbar aber ist: Die Anerkennung der DDR hat deren Existenz nur stabilisiert und trug zur verhängnisvollen ökonomischen Überschätzung der DDR bei.

Natürlich gab es gute Gründe für die sozialliberale Ostpolitik. Es war tatsächlich unerträglich, dass die Front des Kalten Krieges mitten durch Deutschland lief. Wäre der dritte Weltkrieg ausgebrochen, hätte er Deutschland vermutlich zerstört. Das pazifistische Motiv der Entspannungspolitik war also identisch mit nationalen Interessen. Die Deutschen in West und Ost sollten davor bewahrt werden, aufeinander schießen zu müssen. Es war schon unerträglich genug, dass DDR-Grenzposten auf Deutsche schossen.

Außerdem wirkte die Entspannungspolitik der Unmenschlichkeit entgegen, mit der Familien voneinander getrennt waren. Erleichterungen im Besuchs- und Reiseverkehr, der Freikauf von Häftlingen und wirtschaftliche Privilegien für die DDR sollten den Menschen, nicht politischen Prinzipien zugute kommen.

Die sowjetische Hegemonie brach nicht wegen der Friedfertigkeit des Westens zusammen. Im Gegenteil: Moskau verlor den Rüstungswettlauf. Der Westen gewann den Kalten Krieg letztlich durch Auf-, nicht mit Abrüstung. Die Hardliner machten das Rennen, nicht die Entspannungspolitiker.

Das sozialistische Wirtschaftssystem erwies sich als nicht reformierbar, wie Gorbatschow geglaubt hatte. Moskau verlor das Interesse an den Musterkommunisten in Ostberlin, die sich auch Perestroika und Glasnost noch verweigern wollten. Die DDR war zu teuer und zu lästig geworden.

Aber blenden wir kurz zurück zu den Anfängen der Entspannungspolitik. Moskau war sich der Risiken einer Normalisierung zwischen beiden deutschen Staaten durchaus bewusst. Deshalb drängte der Kreml Ostberlin immer wieder, die ideologischen Gegensätze zu verschärfen, ohne zugleich die wirtschaftlichen

Vorteile der Zusammenarbeit auszuschlagen. Das blieb die Doppelstrategie der DDR fast bis zu ihrem Ende.

Offiziell hatte die DDR Abschied genommen von der Idee der gemeinsamen Nation, hatte gar behauptet, eine eigene, »sozialistische Nation« zu sein. Ideologie galt mehr als gemeinsame Geschichte. Der Chefideologe der SED, Kurt Hager, verneinte 1973 sogar den Begriff der gemeinsamen »Kulturnation«.

Das sozialistische Nationalbewusstsein war freilich nichts als Selbsttäuschung. In Wirklichkeit war die Sehnsucht nach nationaler Einheit im Osten größer als im Westen. Im Westen vermisste die Nachkriegsgeneration den Nationalstaat gar nicht mehr. Im Osten propagierten die Kommunisten ihren Internationalismus. In Wirklichkeit war der Westen internationaler geworden. Die Bundesrepublikaner bereisten die Welt, integrierten die Genüsse der Fremde in die eigene Alltagskultur und begannen sich als Europäer zu fühlen. Im Osten glaubte man, Patriotismus durch Klassenbewusstsein ersetzen zu können. Aber weil der Staat seine Bürger unterdrückte und ihnen den Lohn ihrer Anstrengungen verweigerte, sehnten sie sich erst recht nach dem Westen. Und deshalb fühlten DDR-Deutsche unmittelbar nach dem Fall der Mauer nationaler als die meisten Westdeutschen.

Die hatten paradoxerweise auch eine Art Klassenbewusstsein entwickelt, auch wenn sie es nicht so nannten. Westdeutschland war eine Mittelstandsgesellschaft geworden. Es gab praktisch keine Proletarier mehr. Der wachsende Wohlstand führte zu einer hohen Identifikation mit der Bundesrepublik. Patriotismus kam im Westen ohne Nation aus. Welch wunderbare Errungenschaft in einem Land, das der Nationalismus zwei Mal in einen Weltkrieg, zwei Mal in eine Niederlage, zwei Mal in den wirtschaftlichen Zusammenbruch gestürzt hatte.

Ein Hauptwerk der sozialliberalen Entspannungspolitik war der 1972 unterzeichnete Grundlagenvertrag zwischen beiden deutschen Staaten. Er versprach »gutnachbarliche Beziehungen auf der Grundlage der Gleichberechtigung« sowie »die Unverletzlichkeit der zwischen ihnen bestehenden Grenzen«. Das war nicht unbedingt ein Dokument der nationalen Einheit, aber durchaus der nationalen Solidarität. Das Bundesverfassungsgericht hielt diesen Vertrag für zulässig, erklärte aber zugleich, dass das Deutsche Reich fortbestehe, die Bundesrepublik nach wie vor mit ihm identisch sei – lediglich in ihrer räumlichen Ausdehnung nur »teilidentisch« mit dem Reich. Tatsächlich war das höchste deutsche Gericht die letzte und einzige Instanz, die sich damals um solche Prinzipien noch scherte.

Dem SPD-Politiker Herbert Wehner ging der Grundlagenvertrag noch nicht weit genug. »Durch Verzicht auf alles, was nach seiner Meinung für die SED nicht zumutbar war, darunter auch das Festhalten am Begriff der *einen* deutschen Nation, wollte er dazu beitragen, dass die gespaltene Arbeiterklasse allmählich wieder zusammenwuchs.«[37]

Das Entgegenkommen der SPD wurde nicht belohnt. Die DDR platzierte den Spion Guillaume bei Willy Brandt im Kanzleramt und sorgte damit, womöglich ungewollt, für dessen Sturz. Außerdem scheute die sozialistische »Nation« vor keiner unsozialen Schikane zurück. Sie verdoppelte den Mindestumtauschsatz für DDR-Besucher, auch für Rentner.

Es ging ihr um Geld, nichts als Geld. Und das änderte sich auch nicht, als im Westen Helmut Schmidt und später Helmut Kohl regierten.

Die DDR litt immer wieder und immer mehr an akuten Zahlungsschwierigkeiten. In der Ölkrise war ihr die Sowjetunion, Vormund und Hauptlieferant, keine Hilfe. Sehr wohl aber die Bundesrepublik. Sie gewährte einen zinslosen Überziehungskredit im innerdeutschen Handel (»Swing«) und gestattete es der DDR, kostenlos an den Vorzügen des europäischen Gemeinsamen Marktes teilzuhaben.

So war die DDR spätestens Ende der 70er Jahre wirtschaftlich von Westdeutschland abhängig geworden. Und spätestens mit den Protesten der Arbeiter in Polen musste dem Westen klar sein, dass die Unzufriedenheit in Osteuropa in Zukunft größere Sprengkraft entwickeln würde.

Wäre Wiedervereinigung das oberste Ziel der Bonner Republik gewesen, hätte die DDR nicht weiter subventioniert werden dürfen. Statt Druck zu nehmen, hätte der Druck auf das Regime erhöht werden müssen. Ganz im Geiste sozialdemokratischer Entspannungspolitik päppelte aber auch die Regierung Kohl die DDR mit Milliardenkrediten und hofierte deren Repräsentanten. Das war nur so lange vernünftig, solange die Wiedervereinigung kein Ziel war.

Alle Fraktionen gemeinsam wollten zwar »die Folgen der Teilung für die Menschen in Deutschland erträglicher machen *und* die Einheit der Nation wahren« (Beschluss des Bundestags vom 9. 2. 1984). Niemand wollte aber wahrhaben, dass beide Ziele im Widerspruch zueinander standen.

Die SPD ging im Alleingang noch weiter. Gemeinsam mit den DDR-Kommunisten formulierte sie 1987 ein »Streitkulturpapier«: »Unsere Hoffnung kann sich nicht darauf richten, dass ein System das andere abschafft. Sie richtet sich darauf, dass beide Systeme reformfähig sind und der Wettbewerb der Systeme den Willen der Reform auf beiden Seiten stärkt ...« Das war nicht nur die bloße Anerkennung des ostdeutschen Staates, sondern auch die seines unmenschlichen Gesellschaftssystems. Die Annahme, es sei reformierbar, blieb ein sozialdemokratisches Hirngespinst.

Oskar Lafontaine schrieb 1987 in einem Grußwort zum 75. Geburtstag Honeckers: »Der relative Wohlstand, den die DDR in der Ära Honecker erreichte, hat es ihren Bewohnern leichter gemacht, sich mit ihrem Staat zu arrangieren.« Es darf gelacht werden.

Ein Jahr vor dem Fall der Mauer erklärte Willy Brandt »die Hoffnung auf Wiedervereinigung geradezu zur Lebenslüge der zweiten Deutschen Republik« (Rede vom 14. September). Er wollte nicht länger so tun, als »ob sich das ganze Problem darauf reduziere, wie sich der Anschluss der DDR an die Bundesrepublik Deutschland vollziehen lasse oder vollziehen werde.«

Heute hat die Wiedervereinigung viele Väter. Alle interpretieren ihre frühere Ostpolitik um. Das wirtschaftliche Desaster der

DDR hätte den Bonner Politikern seit Jahren geläufig sein müssen. Trotzdem hielten sie die DDR nach dem Mauerfall für einen der potentesten Industriestaaten der Erde und glaubten allein aus dessen Wirtschaftskraft die Einheit finanzieren zu können.

So logen sie sich selbst in die Tasche. Zu den wenigen Ausnahmen zählte der sozialdemokratische Kanzlerkandidat Lafontaine. Hatte er seine eigene Eloge an Honecker vergessen? Seine Warnung vor den Folgen einer zu raschen und unüberlegten Vereinigung wurde ihm von den Wählern nicht honoriert. Dafür belebte er das alte sozialdemokratische Trauma wieder. Lafontaine wurde als vaterlandsloser Geselle diffamiert, weil er die wirkliche Lage beim Namen nannte.

Die »normalisierte« Schande

Die Teilung Deutschlands als gerechte Buße für seine beispiellosen Verbrechen zu verstehen ist unsinnig. Das Land wurde nicht deshalb geteilt, sondern weil die Siegermächte den Kalten Krieg gegeneinander begonnen hatten.

Das größte Problem der nach »Normalität« lechzenden Patrioten bleibt aber die Schande, die Schuld am millionenfachen Morden im Namen der deutschen Nation. Deshalb reißt die Debatte nicht ab, wie, was nicht aus der Welt zu schaffen, zu leugnen oder zu ignorieren ist, doch irgendwie zu bewältigen sei – damit es die Deutschen nicht länger überwältige.

Wann endlich, fragen also die Patrioten, können wir endlich wieder »unbefangen« auch mit diesem Kapitel deutscher Geschichte umgehen?

Unbefangen? Heißt das, Autobahnen, Kraft durch Freude, drogenfreie Jugend endlich wieder rühmen zu dürfen? Oder ganz unbefangen Hitlers Massenmorde mit anderen, etwa den stalinistischen Massenmorden zu vergleichen? Vorsicht Fettnapf! Auch der »normale« Deutsche weiß inzwischen, wie einmalig und einzigartig Hitler gewesen ist.

Also muss jetzt auch das Erinnern unvergleichlich sein.

Niemand wäre in Bonn jemals auf die Idee gekommen, ein gewaltiges, zentrales Mahnmal aufzustellen. Das heißt nicht, dass in der Bonner Republik der nationalsozialistischen Untaten weniger reumütig und ernsthaft gedacht worden wäre; es bestand nur einfach kein Bedürfnis nach hauptstädtischer Wucht des Gedenkens.

Die Wiedervereinigung aber hat durch den Umzug der Verfassungsorgane in die Hauptstadt des Holocaust zu einem neuen Pathos des Erinnerns geführt. Die Restauration des Nationalen verstärkt die Sehnsucht der Deutschen nicht nur nach neuer, prächtiger Selbstdarstellung. Es soll auch demonstriert werden, zu welch grandioser Gründlichkeit die Deutschen fähig sind, wenn es ums Bewältigen geht.

Denkmäler und nationale Feiertage dienten schon immer der Begründung, Vertiefung und Beglaubigung von Zusammengehörigkeit. »Invention of tradition« nennt das der große britische Historiker Eric Hobsbawm. Das funktioniert auch mit selbst verschuldeten Tragödien. Die Deutschen erinnern sich weniger ihrer (kargen) Glanztaten als ihrer Schandtaten. Ist das »normal«?

So war nicht etwa der Tag der Befreiung (8. Mai), auch nicht der Tag des Inkrafttretens des Grundgesetzes (23. Mai) der alte bundesrepublikanische Feiertag, sondern der leicht masochistische 17. Juni. Den Westdeutschen ging es darum, eine offene Wunde auszustellen. So wurden die blutig niedergeschlagenen Proteste Ostberliner Arbeiter gegen schlechte Bezahlung nicht nur als Volksaufstand gegen die »Diktatur der Arbeiterklasse«, sondern als Schrei nach deutscher Einheit mystifiziert. In der Praxis war der 17. Juni ein willkommener sommerlicher Ausflugstag, garniert mit Bekenntnissen, die keiner ernst nahm.

Wie aber verfährt man am eindrucksvollsten mit dem Völkermord der Nazis? Schließlich werden die Deutschen mit ihm in aller Welt identifiziert. Es bleibt ihnen nichts anderes übrig, als sich nicht nur verschämt, sondern mit ganzer Kraft zu diesem welthistorischen Supergau zu bekennen. Dies geschieht längst nicht mehr nur aus moralischer Pflicht gegenüber den Opfern.

Denn dafür bräuchte man kein Ensemble zentraler Gedenkstätten. Es reichten schon die in Stand gehaltenen Originalschauplätze.

Das monströseste Verbrechen aller Zeiten wird mit dem monströsesten Mahnmal aller Zeiten beantwortet, der zentralen Gedenkstätte für die ermordeten Juden Europas wenige Meter vom Nationalsymbol Nummer eins, dem Brandenburger Tor entfernt.

Zwar ist der Gedanke abwegig, man könne die Ermordung von sechs Millionen Juden durch das Aufstellen von 2751 Betonstelen – auch 100 000 Stelen könnten es nicht – ästhetisch »bewältigen«. Die Initiatoren des Mahnmals sind auch völlig frei von solch absurden Gedanken.

Das Mahnmal für die ermordeten Juden hat aber etwas Unerbittliches und wirkt gerade durch die Übertreibung so, als könnte der Endlösung der Judenfrage die Erlösung der Deutschen folgen. Das Mahnmalpathos transzendiert die Trauer und Scham. Es lässt am Ende die Beschämten selbst ein wenig wie Opfer übermächtiger Schicksalskräfte erscheinen. Das ist die Mahnmal-Dialektik. Normal ist das nicht.

Schon die Geschichte des Baus hat absurde Zwischenfälle produziert, die auf höchste Hysterie der Beteiligten schließen lassen. So stellte sich heraus, dass ein Betonschutzmittel verwendet wurde, das aus der Fabrikation eben jenes Konzerns stammte – der Degussa – der einst das Auschwitzgas Zyklon B geliefert hatte. Was hatte man im Kuratorium erwartet? Dass nur Firmen und Personen am Mahnmalbau beteiligt sind, deren Vorfahren geprüfte Widerstandskämpfer waren? Verlangt totales Gedenken totale Reinheit? Wenn es sich aber doch erklärtermaßen um ein Mahnmal handelt, das die Erben der Täter errichten, wäre dann die Degussa nicht genau die richtige Firma? Es wurde aber tagelang darüber gestritten, ob die Degussa ausgeschlossen werden müsste. Der Fall wurde noch gesteigert durch den Witz des Herrn Eisenmann.

Über das tägliche Gemetzel in Israel darf auch in Deutschland böse und alles andere als politisch korrekt gespottet werden.

Nicht aber über den Holocaust. Der jüdische Architekt des Berliner Mahnmals tat es im Kuratorium der Gedenkstätte aber dennoch und erntete wütende Rücktrittsforderungen. Eisenmann hatte auch schon den Wunsch der Hardliner abgelehnt, wegen des Degussa-Schutzmittels den Bau zu stoppen. Sein Witz hatte damit zu tun. Er geht so: Sein jüdischer Zahnarzt informiert Eisenmann darüber, dass auch dessen Goldplomben von Degussa stammen. Ob er sie sofort entfernen solle?

Komisch? Jedenfalls makaber. Jeder weiß, dass die Nazis das Zahngold der ermordeten Juden hatten einschmelzen lassen. Aber Eisenmann hatte mit der Entrüstung nicht gerechnet. Nicht nur Juden im Kuratorium waren tief verletzt. Weil seine Familie nicht von Nazis ermordet worden sei, fehle es ihm an der nötigen Sensibilität, hielt ihm die nichtjüdische Initiatorin des Mahnmals, Lea Rosh, vor. Die Vertreterin der »Täternation« trat als Sprecherin der Opfer auf.

Eisenmann wurde klar, dass er sich, wie er sagte, nur in Deutschland als Jude fühlt. Nicht wegen des antisemitischen Klimas, sondern weil weder Deutsche hier »normal« sein dürfen noch Juden. Nicht einmal über dasselbe lachen dürfen sie wie in New York.

»Normal« ist etwas anderes. Und daran wird auch das Mega-Mahnmal nichts ändern. Der bemerkenswert nüchterne Vorsitzende der Berliner jüdischen Gemeinde, Albert Meyer, sagte: »Der so genannte Witz ist genauso ein Horror wie die Beteiligung der Degussa am Stelenbau und genauso ein Horror wie das gesamte Mahnmal.« Auch Meyer bekam Probleme.

Die deutsche Sehnsucht nach Normalität bezieht sich auch auf das generelle Verhältnis zwischen »Deutschen und Juden«. Vorsicht, der nächste Fettnapf! Schon die Formulierung ist falsch, weil sie unterstellt, deutsche Juden seien keine richtigen Deutschen. Niemand würde etwa in Amerika von einem amerikanisch-jüdischen Verhältnis sprechen.

Normalität könne es noch lange nicht geben, meint der Vizepräsident des Zentralrats der Juden in Deutschland und intellektuelle Kopf der jüdischen Deutschen, Salomon Korn. Nach allem, was geschehen ist, sei es gar nicht möglich, innerhalb von zwei oder drei Generationen zur »Normalität« zu gelangen.[38] Normalität stelle sich umso eher ein, je weniger sie gefordert – und je mehr sie gelebt werde, meint Korn. Es gilt für Juden und für Nichtjuden gleichermaßen, »dass aufrichtige Annäherung und dauerhaftes Miteinander nur im Bewusstsein des dauerhaft Trennenden möglich sind«.[39] Voraussetzung dafür ist, dass die Deutschen die Vernichtung der Juden erst einmal als »Selbstamputation« begreifen, nicht als Verbrechen an Fremden. Dies sei auch der »Geburtsfehler« des Mahnmals.

»Normal« wäre es vielleicht gewesen, den zentralen Gedenkprotz zu unterlassen und stattdessen die Folterkeller der SS in wenigen hundert Metern Entfernung als Gedenk- und Dokumentationsort zu restaurieren. Dort aber wurden ein Jahrzehnt und 15 Millionen Euro verschwendet und eine berlintypische Provinzposse veranstaltet. Dem Architekten wurde kürzlich gekündigt, alles geht von vorne los. Stattdessen kommt jetzt ein Mahnmal zum anderen. Es waren ja nicht nur Juden dem Terror zum Opfer gefallen, sondern auch Zigeuner, Homosexuelle, geistig Behinderte, Kommunisten. Sie wollen und sollen alle ihr eigenes Mahnmal bekommen, in entsprechender hierarchischer Abstufung. Der Topografie des Terrors folgt eine Topografie des Opfer-Lobbyismus.

Seit der Wiedervereinigung entdecken aber auch die Deutschen die Nazi-Diktatur neu, aus der Perspektive von Opfern. Deshalb finden die Bücher des Historikers Jörg Friedrich[40] über den Bombenkrieg gegen Deutschland so reißend Absatz, oder auch das Buch einer anonymen Zeitzeugin über die Vergewaltigung deutscher Frauen durch russische Besatzer[41].

Immer öfter sind Sätze zu hören wie: Wir haben genauso gelitten, wenn nicht sogar mehr. Wir hatten auch eine Art Holocaust.

In der Sache hat Friedrich Recht. Das britisch-amerikanische »moral bombing« diente wohl, auch wenn dies von englischen Historikern bestritten wird[42], nicht der Ausschaltung deutscher Truppen und der deutschen Rüstungsindustrie, sondern ausschließlich der Demoralisierung der Bevölkerung. Dieses Ziel wurde nicht erreicht. Das Morden verkürzte den Krieg nicht. Die einzige moralische Rechtfertigung des Bombenterrors wäre aber gewesen, weitere, schlimmere Verbrechen zu verhindern. Eine halbe Million Menschen kamen im Feuersturm um und unschätzbar wertvolle Stadtlandschaften wurden zerstört. Aber natürlich darf diese systematische Verwüstung nicht mit dem Holocaust verrechnet werden. Auch ist vom Bombenterror der Deutschen in Friedrichs Büchern kaum die Rede. Auf suggestive Art lässt Friedrich das Leiden in den brennenden Städten an den Tod in den Vernichtungslagern der Nazis erinnern.

Auch die Vertreibung wird seit der »Wiedervereinigung« nicht mehr nur als Problem reaktionärer Vertriebenenverbände wahrgenommen, sondern als Unrecht an Millionen Deutschen.

Im Übrigen fordern auch die Vertriebenen eine Gedenkstätte in Berlin, auch wenn sie es »Zentrum gegen Vertreibung in Europa« nennen. Darin eine Gleichsetzung mit anderen Opfergruppen zu sehen, liegt nahe. Der Plan löste heftige Ablehnung, Unverständnis, Proteste und antideutsche Polemiken vor allem in Polen aus. Erika Steinbach, die Vorsitzende der Vertriebenenverbände, wurde in einem Warschauer Magazin in SS-Uniform auf dem Kanzler reitend karikiert. Auch in Deutschland regte sich Widerstand gegen die Vertriebenen, als sei die Erinnerung an deutsche Opfer politisch nicht korrekt. Auch das ist nicht normal.

Es sind nicht nationalkonservative Autoren, die am erfolgreichsten über die Verbrechen der Vertreibung schrieben. Literaturnobelpreisträger Günther Grass erinnerte in seinem Roman *Im Krebsgang*[43] an die ostpreußischen Opfer auf dem von der Roten Armee versenkten Flüchtlingsschiff Wilhelm Gustloff. Und der Sozialdemokrat Peter Glotz schrieb das »Lehrstück« über Böhmen: *Die Vertreibung*[44]. Auch dies ein Bestseller. Glotz versteht Vertreibung als Folge einer Spirale der Diskriminierung und Vergeltung eines im Lauf von Jahrhunderten entfesselten Nationalismus.

Ein einziges Mahnmal für die Opfer des Nationalismus würde

vollkommen ausreichen und alle Opfergruppen vereinen. Aber leider wird Nationalismus in Europa, vor allem in den postkommunistischen Gesellschaften (also auch in Ostdeutschland), keineswegs als das Grundübel verstanden. Diskriminierung und Vertreibung (»ethnische Säuberungen«) gibt es auch heute in Europa, etwa auf dem Balkan und auf Zypern, was die Europäische Union nicht daran hindert, nationalistischen Staaten den Beitritt zu gestatten. Es wird zwischen »gutem« Nationalstolz und »bösem« Nationalismus unterschieden. Aber das eine ist nur die Steigerung des anderen.

Die Beschäftigung mit den Kriegsverbrechen an den Deutschen hat Nebenwirkungen. Das kollektive Opferschicksal erstickt die Frage nach individueller Schuld. Gerade die Jüngeren verdrängen den Gedanken, ihre eigene Familie könnte in Naziverbrechen verstrickt sein. Emnid fragte im Auftrag des Essener Kulturwissenschaftlers Harald Welzer, was Jüngere über die Haltung ihrer Eltern und Großeltern zu wissen glauben. »Nach den Ergebnissen dieser Umfrage müsste die Geschichte des Nationalsozialismus neu geschrieben werden.«[45] Denn danach hätten 26 Prozent der damals erwachsenen Bevölkerung Verfolgten geholfen, 13 Prozent wären aktive Widerstandskämpfer, aber nur drei Prozent antijüdisch eingestellt gewesen.

»Normaler« Antisemitismus?

Die deutsche Opferdebatte absurd auf die Spitze getrieben hat die Rede des CDU-Abgeordneten Martin Hohmann zum 3. Oktober 2003. Er drehte die Debatte gleichsam um, erklärte nicht nur die Deutschen zu Opfern, sondern stellte die Frage, ob man nicht auch die Juden als »Tätervolk« bezeichnen könne, lege man den für die Deutschen üblichen Maßstab an. Dabei bezog er sich fälschlich auf die angeblich führende Rolle von Juden im stalinistischen Terror. Es gehe ihm nur um »Gerechtigkeit für Deutschland«, betonte Hohmann.

Ist dieser Volksvertreter nur ein gewöhnlicher Nationalist oder zugleich auch Antisemit? Hohmann selbst hält sich für einen Patrioten.

Es existiert durchaus eine Art »Entlastungsantisemitismus nach dem unsterblichen Motto des israelischen Psychoanalytikers Zvi Rex: ›Die Deutschen werden den Juden Auschwitz nie verzeihen.‹«[46] Jemand wie Hohmann will den Juden nicht mehr ans Leder, sondern nur dafür sorgen, dass man ihnen »den moralischen Boden für ihre Anklagen entzieht«.[47] Er bewies jedenfalls, das sein Patriotismus eine Form von Dummheit ist.

Ist es etwa normal, dass ein Wiederholungstäter vom Schlage des Nordhessen überhaupt Bundestagsabgeordneter werden kann? Erst als der öffentliche Druck zu groß geworden war, fand sich die CDU/CSU-Bundestagsfraktion bereit, Hohmann auszuschließen. Hohmann hat noch immer viele Freunde in der Partei. Ist auch das normal?

Reinhard Günzel, hoch angesehener Brigadegeneral des Kommandos Spezialkräfte und ebenfalls ein schlichtes Exemplar von einem Patrioten, verlor binnen Stunden seinen Job. Er war dem Abgeordneten Hohmann schriftlich beigesprungen, hatte ihm bestätigt, »der Mehrheit unseres Volkes eindeutig aus der Seele« gesprochen zu haben.

Wie antisemitisch sind die Deutschen?

Kein Zweifel, grölende Skinheads, Schmierereien auf jüdischen Friedhöfen und zuletzt der gerade noch vereitelte Anschlag auf die Feier der Grundsteinlegung des jüdischen Gemeindezentrums in München am 9. November 2003 sprechen nicht für Normalität.

Sozialforscher registrieren bei etwa 15 Prozent der Bevölkerung antisemitische Tendenzen; im Osten, was niemanden überraschen muss, ist die Quote etwas höher. Diese Zahl entspricht den Werten in anderen europäischen Ländern. Ist sie deshalb normal?

Viele normalitätssüchtige Deutsche berufen sich gern auf das angeblich ganz normale deutsch-jüdische Verhältnis vor Hitler. Wie normal war es wirklich?

Es gibt in Deutschland allerdings sehr spezielle Ursachen des Antisemitismus. Die jüdische Minderheit wurde im revolutionären Frankreich uneingeschränkt emanzipiert. Napoleons Truppen erst setzten diesen Schritt in Deutschland durch. Deshalb »galt die Emanzipation der Juden in Deutschland als Zwangsmaßnahme der verhassten französischen Nachbarn«[48]. Den Juden ging es in Deutschland wie den Werten der Aufklärung überhaupt, die als »jüdisch-zersetzend« galten. Das setzt sich fort bis Hitler, der in den Juden Protagonisten des modernen, kosmopolitischen westlichen Denkens sah. »Die Juden waren in der Tat die unbestrittenen Nutznießer der Moderne, ganz gleichgültig, ob als Demokraten, Kapitalisten, Intellektuelle oder Kommunisten.«[49] Denn »die Notwendigkeit zum modernen Denken verlieh den Juden einen Vorsprung gegenüber ihrer nichtjüdischen Umgebung, einen, wie es vielen schien, uneinholbaren Vorsprung«.[50]

Die Ausgrenzung der Juden hing eng mit dem deutschen Nationalismus zusammen. Der völkische Historiker Heinrich von Treitschke meinte 1879, die deutsche Nation sei »wehrlos gegen fremde Wesen«. Ihnen bleibe also nichts anderes übrig, als »rückhaltlos Deutsche zu werden – was in der Praxis permanent verwehrt wird – oder als fremde Nation immer Außenseiter in Deutschland zu bleiben«.[51] Das romantische Ideal der vollkommenen Geschlossenheit, der absoluten »Identität« zwischen Volk und Nation, war eine besondere Quelle des Antisemitismus.

Einer Gesellschaft, die derart imprägniert ist vom Wahn der Einheitlichkeit, der Geschlossenheit, der Gleichmacherei wie die deutsche, müssen Menschen suspekt sein, die sich nicht eindeutig einordnen lassen. Juden bilden keine Nation. Aber sie sind mehr als nur eine Religionsgemeinschaft. Sie entziehen sich den üblichen Kategorien der Einordnung.

Außerdem bietet die Politik Israels jeden Anlass, ungeniert den niederen Instinkten Auslauf zu verschaffen. Kritik an der Politik der israelischen Regierung ist nicht automatisch antisemitisch, ja noch nicht einmal antiisraelisch. Aber manche Israelkritik ist eben doch auch getarnter Antisemitismus. Heimtückischerweise geraten aber auch »normale« Kritiker Sharons leicht unter Antisemitismusverdacht.

Die deutschen Antisemiten stehen nicht allein. Ein arabisch-islamischer Antisemitismus gedeiht auch in den multikulturellen Gesellschaften Europas prächtig.

Eine Meinungsumfrage im Auftrag der EU-Kommission ergab Ende 2003, dass die Mehrheit der Europäer Israel für die größte Gefahr für den Weltfrieden hält. Die Befragten hatten aber keine Möglichkeit, »Palästina« oder »Terrorismus« als Gefahrenquelle anzukreuzen. »Israel« stand für den Nahostkonflikt. Viele Israelis und europäische Juden sind trotzdem beunruhigt über diesen vermeintlichen Beweis eines neuen Antisemitismus in Europa.

Auch deutsche Umfragen tragen nicht zur Beruhigung bei. Laut Infratest glaubten 2002 40 Prozent der Deutschen, Juden übten einen zu großen Einfluss auf die Weltgeschehnisse aus, und 35 Prozent glaubten, »dass Rache und Vergeltung im Handeln von Juden eine größere Rolle spielen als bei anderen Menschen«.

Und mit der berühmten »Auschwitzkeule« (Martin Walser) verhält es sich inzwischen leider so, dass man sie auch als Stufe benutzen kann, um besser gesehen zu werden in einer leicht skandalisierbaren Öffentlichkeit. Solange das so ist, kann etwas nicht »normal« sein in Deutschland.

Antisemitische Untertöne mischen sich häufig auch in die Kritik an der Politik der USA. Einer verbreiteten Verschwörungstheorie zufolge steckt der israelische Geheimdienst hinter den Anschlägen des 11. September.

Der neue Antisemitismus findet auch unter Pazifisten Gehör. Und aus der Anti-Globalisierungs-Bewegung Attac sind gelegentlich antisemitische Töne zu vernehmen. So werden die palästinensischen Attacken auf Israel zum entwicklungspolitischen Befreiungskrieg verklärt. Alte antisemitische Motive (Weltherrschaft, »internationales Finanzjudentum«) erhalten unter dem Vorzeichen zeitgemäßer Zukunftsängste neue Zündkraft.

Antisemitische Reflexe sind manchmal daran zu erkennen,

dass deutsche Juden häufig zu Israelis gemacht werden. Ob gedankenlos, ob absichtlich, werden sie auf »ihr Land« angesprochen. Gemeint ist nicht Deutschland, sondern Israel. Auch dies ist eine Form der Ausgrenzung. Und sie nimmt Deutsche für Israels Politik in Haftung. Auch wenn Vertreter der deutschen Juden gelegentlich wie Sprecher der Regierung Sharon reden und alles, was Israels Regierung tut, verteidigen, bleiben sie Deutsche.

Israels Premierminister Sharon ist selbst ein schrecklicher Nationalist, der die zionistische Idee Theodor Herzls pervertiert. Wer ihn attackiert, darf aber nicht übersehen, dass es einen mindestens so radikalen palästinensischen und arabischen Nationalismus gibt, und die palästinensischen »Befreiungsbewegungen« terroristische Organisationen sind. Und natürlich ist es völlig unangebracht, den israelischen Terror in Palästina mit dem Holocaust zu vergleichen. Das größte Problem des Nahen Ostens ist nicht der einzige demokratische Staat der Region, nämlich Israel, sondern ein fanatischer islamischer Nationalismus, der Israel am liebsten vernichten würde.

SECHS
Stolz auf unsere »Besten«

Die Bedeutung von Menschen lässt sich nicht anhand einer Hitparade messen, denn Künstler, Politiker oder Wissenschaftler kann man nicht miteinander vergleichen. Einstein, Kant oder Goethe waren Weltbürger, und ihre eigentliche Nation die Vernunft. Noch nie waren die großen Fragen der Menschheit mit den Denkrastern der Nation zu begreifen.

Und dennoch bauen die Patrioten den Leitbildern der Nation Denkmäler. Zum Vorbild und Ansporn der Jungen, Trost und Stolz der Alten. Können sich die Deutschen in Ost und West überhaupt auf Identifikationsfiguren einigen? Wer sind die Leuchttürme im vernebelten Fahrwasser zur inneren Einheit?

Wären die Deutschen *ein* Volk, wäre die Frage unsinnig. Aber als das ZDF im vergangenen Jahr »Unsere Besten« wählen ließ, stellte sich heraus, Ostler und Westler haben verschiedene Vorbilder, denn das Geschichtsbild der Ostdeutschen stimmt nicht mit dem der Westdeutschen überein.

Der insgesamt am besten Bewertete, Konrad Adenauer, findet im Osten kaum Sympathie.

Die vier insgesamt beliebtesten Deutschen haben eines gemeinsam: Sie stehen nicht für die Einheit der Nation (wie etwa

Bismarck), sondern haben auf imponierende Weise für ihre Ideen gekämpft – selbst zum Preis einer wie auch immer gearteten Spaltung. Das hat die patriotischen Interpreten nicht daran gehindert, das Bild vom Nationalhelden zu entwerfen. Adenauers politische Leistung ist unübertroffen, aber ein Vorkämpfer der Einheit war er gewiss nicht. Luthers religiöses und literarisches Werk ist bewundernswert, aber zum Freiheitskämpfer für Volk und Vaterland taugt er ganz und gar nicht. Marx war neben Hegel der wirkungsmächtigste deutsche Philosoph. Der DDR-Marxismus in den Köpfen behindert die Einheit aber leider bis heute. Die Geschwister Scholl schließlich wären als Vorbilder aller Deutschen der Idealfall, verkörpern sie doch, woran in Deutschland so sehr Mangel herrschte (und herrscht): Tugenden, die wichtiger sind als Vaterlandsliebe.

Platz 1: Konrad Adenauer. Wie der Kanzler den Verlockungen der Einheit widerstand

Konrad Adenauer war ein patriarchalischer, autoritärer Knochen, der aus der Weimarer Zeit in die Nachkriegszeit hineinragte und den 50er Jahren seinen Stempel aufdrückte. Er hielt die Einheit der Nation nicht für das wichtigste Ziel seiner Politik – und genau dies macht ihn zu dem Politiker, dem die Deutschen am meisten zu verdanken haben.

Sein ehrgeiziges Ziel war es, den Deutschen ihre Obsessionen zu nehmen, die deutsche Krankheit zu kurieren. Er tat es lieber nur im Westen als gar nicht. Er befreite die junge Bundesrepublik von »Identitätsfixierung, Antiwestlertum, Markt- und Fortschrittsfeindlichkeit, Zivilisationsverachtung und dazugehöriges Kulturpathos«[1].

Hitler wäre nicht an die Macht gekommen, erklärte Adenauer, hätte das deutsche Volk nicht über Jahrzehnte »den Staat zum Götzen gemacht und auf den Altar erhoben. Die Einzelperson, ihre Würde und ihren Wert hat es diesem Götzen geopfert.«[2] Dieser radikale Bruch mit dem damals noch »normalen« deutschen Wesen machte Adenauer so herausragend.

Die Ostdeutschen sehen das natürlich ganz anders. Und die Lordsiegelbewahrer der Adenauerlegende im Westen vermitteln gern den Eindruck, die gesamte Geschichte der Bundesrepublik sei nur eine Art Vorspiel auf dem Weg zur Einheit gewesen, ein einziges Streben danach und Adenauers Herzensziel.

Auch das ist »invention of tradition«. Adenauers Republik war aber kein Provisorium. Sie war eine kraftvolle, gültige Antwort auf die Abgründe und Abstürze deutscher Geschichte.

Adenauer machte sich und seinem Volk nichts vor. Das unterschied ihn fundamental von seinem Enkel Dr. Kohl. Ohne in Tränen auszubrechen hatte Adenauer schon im Sommer 1945 festgestellt: »Der von Russland besetzte Teil ist für eine nicht zu schätzende Zeit für Deutschland verloren.«[3] Natürlich verzichtete auch Adenauer nicht auf die üblichen Bekundungen, wie sie ja ebenfalls die Präambel des Grundgesetzes enthielt: »Das gesamte Deutsche Volk bleibt aufgefordert, in freier Selbstbestimmung die Einheit und Freiheit Deutschlands zu vollenden.« Aber doch Einheit *und* Freiheit! Und Freiheit nicht nur im Sinne staatlicher Souveränität. Das eine durfte nicht ohne das andere geschehen. So selbstverständlich dies heute klingt, so selbstverständlich war es nicht.

Adenauer wusste, worauf es zuerst ankam. Es mussten demokratische Spielregeln etabliert werden, die einen legalen Staatsstreich nach dem Vorbild Hitlers verhindern konnten. Auch deshalb war es zwingend notwendig, nicht länger die Nation zum heiligsten Wert zu erklären, sondern die Einbettung Deutschlands in einen demokratischen Bund europäischer Staaten.

Schon der erste Bundestags-Wahlkampf thematisierte die Freiheit. Die SPD hätte gern mehr Planwirtschaft gehabt. Die Union propagierte Erhards soziale Marktwirtschaft, den »rheinischen Kapitalismus« – ein ganz eigenes, originelles Gesellschaftsmodell der Bonner Republik.

Vor dem Hintergrund deutscher Erfahrungen war das eine

großartige Innovation. Sie verbannte den Klassenkampf. Stark von der katholischen Soziallehre beeinflusst, lag ihr die Annahme zu Grunde, dass jeder Mensch ein einzigartiges Ebenbild Gottes sei – und nicht nur auswechselbares Teilchen der Gesellschaft. Freiheit statt Kollektivismus plus sozialer Absicherung. Das war ein Rezept, mit dem der blanke Kapitalismus ebenso gezähmt wurde wie die sozialistischen Verlockungen.

Seit der »Wiedervereinigung« wird dieser rheinische Kapitalismus häufig als Reformbremse verspottet. Man hatte versäumt, das System beizeiten weiterzuentwickeln. Aber Schuld am Abstieg dieses Gesellschaftsmodells waren eher die »Wiedervereinigung« und ihre Folgen. Jahrzehntelang war die soziale Marktwirtschaft der Bonner Republik der Garant des Aufstiegs.

Adenauer erkannte, dass die deutsche Frage für die Großmächte nicht das Wichtigste war, sondern nur ein Instrument im Kalten Krieg. Er wusste, auf welcher Seite der größere Teil Deutschlands zu stehen hatte, wenn die erstrebte Freiheit so schnell wie möglich erreicht werden wollte. Sobald feststand, dass sich die Siegermächte nicht über die Zukunft Deutschlands einigen konnten, lehnte Adenauer alle verlockenden Angebote Stalins ab.

Dem Herrscher über das Sowjetreich und ehemaligen Verbündeten Hitlers ging es zunächst nicht darum, aus der künftigen DDR ein kommunistisches Musterland zu machen. Ostdeutschland war für ihn zunächst nur ein Werkzeug im großen Machtpoker, ein Lockmittel, das er dem Westen vor die Nase hielt. Die Sehnsucht der Deutschen nach Einheit sollte die Amerikaner aus Europa entfernen. Dafür wäre er bereit gewesen, die »Ostzone« zu opfern. Ein vereintes Deutschland, das außenpolitisch von Moskau abhängig war, hätte sowjetischen Interessen besser gedient als ein kommunistischer Satellitenstaat à la DDR.

Genau dies wollte Adenauer verhindern. Deshalb schlug er gemeinsam mit den Westmächten den Weg ein, der zur Gründung der NATO und der Europäischen Union führte.

Unumstritten war dieser Weg nicht. Adenauer musste sich

auch gegen die Nationalisten in der eigenen Partei durchsetzen. Eine Gruppe um den Berliner Politiker Jakob Kaiser, die »um fast jeden Preis die Reichseinheit erhalten« wollte, griff nach der Parteiführung. »Welche Überheblichkeit und welche Unvorsichtigkeit zugleich!« So dachte Adenauer, als Kaiser »den Slogan prägt, Deutschland müsse sich außenpolitisch und wirtschaftspolitisch als ›Brücke zwischen Ost und West‹ verstehen«.[4]

Auch der damalige Koalitionspartner FDP war nationalistisch angehaucht. Und selbst der Haltung der Alliierten konnte sich Adenauer nicht sicher sein. Er hatte die Amerikaner im Verdacht, insgeheim in Europa doch auf einen Gürtel neutraler Staaten hinzuwirken.[5] Die Geschichte der westdeutschen Befreiung war zugleich die Geschichte der deutschen Teilung, es sind zwei Seiten einer Medaille. Es begann mit dem Fünfmächtepakt der »West-Union« (Großbritannien, Frankreich, die Benelux-Staaten). Moskau antwortete mit dem ersten Schritt zur Spaltung und zog aus dem gemeinsamen Alliierten Kontrollrat aus. Der Währungsunion der vereinten Westzonen folgte zwei Tage später die Ostzone mit ihrer eigenen Währung. Und es begann die Blockade Westberlins. Bald darauf bekamen die Väter des Grundgesetzes von den Westmächten grünes Licht zur Gründung der Bundesrepublik.

Ohne den absolut verlässlichen und glaubwürdigen Partner der Alliierten Konrad Adenauer, ohne dessen oft gescholtene »Erfüllungspolitik« wäre die Bundesrepublik nicht so schnell zu Wohlstand, Frieden und Stabilität gekommen.

Er musste sich als »Kanzler der Alliierten« beschimpfen lassen (von Kurt Schumacher in der legendären Nacht-Debatte des Deutschen Bundestags am 24. November 1949), als es um den Beitritt der Bundesrepublik zur Internationalen Ruhrbehörde ging, einer Vorstufe der Montanunion, die wiederum der erste Schritt auf dem Weg zur Europäischen Union war.

Auch als die DDR schon gegründet war, gab Stalin seine Versuche nicht auf, die Deutschen mit der Einheit zu ködern. Die DDR galt lange nur als Provisorium.

Adenauer fiel auf Stalins Verlockungen nicht herein, vollendete stattdessen Schritt um Schritt die Westintegration der Bundesrepublik. Dazu gehörte auch die Wiederbewaffnung. Die Bundesrepublik konnte ihren neuen Partnern schließlich nicht zumuten, bei der Verteidigung der Freiheit nur zuzuschauen. Der Preis für den Militärpakt war wiederum die Vertiefung der Spaltung. Aber die Vorzüge der Teilung waren ungleich größer als die zweifelhafte Aussicht auf einen Nationalstaat von Moskaus Gnaden.

Stalin ließ den ostdeutschen Regierungschef Otto Grotewohl im November 1950 Adenauer den modifizierten Vorschlag machen, einen »Gesamtdeutschen Rat« zu bilden, der freie gesamtdeutsche Wahlen vorbereiten sollte. Es war davon auszugehen, dass diese Wahlen nicht gerade das gewesen wären, was wir heute unter freien Wahlen verstehen.

Mit der berühmten Note vom 10. März 1952 machte die Sowjetunion sensationell neue Vorschläge. Eine Viermächtekonferenz sollte einen Friedensvertrag beschließen, das vereinte Deutschland sogar eigene Streitkräfte haben und eine Rüstungsindustrie. Die Alternativen hießen: Unfreiheit für alle oder Freiheit für die Mehrheit. Nur die Nationalisten und unverbesserlichen Patrioten hätten anders entschieden.

Der nationalistische Flügel der CDU und die damals noch nationalistischeren Sozialdemokraten drängten Adenauer, darauf einzugehen. Eine nationale Armee sei wertvoller als ein europäisches Bündnis, glaubten sie. Adenauer blieb standhaft. Dieser rheinische Odysseus auf den aufgepeitschten Wassern der Nachkriegszeit musste sich nicht die Ohren mit Wachs verstopfen, um den Moskauer Sirenenklängen zu widerstehen. Adenauer: »Ich bin seit Jahr und Tag davon ausgegangen, dass das Ziel Sowjetrusslands ist, im Wege der Neutralisierung Deutschlands die Integration Europas zunichte zu machen.«

Den folgenden »Generalvertrag« mit den Westalliierten, der den Weg zur Gründung der Bundesrepublik frei machte, nannten manche Koalitionspartner Adenauers »Unterwerfungsvertrag« und »Zweites Versailles«.[6] Es kam zur Zerreißprobe.

Viele Ostdeutsche glauben noch heute, Adenauer hätte eine historische Chance für die Einheit verspielt. Aber zwei Drittel der Westdeutschen gaben seinerzeit in einer repräsentativen Umfrage Adenauer Recht.[7] Kühle Distanz wahrte Adenauer gegenüber nationalen Tönen auch nach dem gescheiterten Arbeiteraufstand in der DDR am 17. Juni 1953. Er war nicht prinzipiell gegen »Wiedervereinigung«, auch nicht, wie ihm unterstellt wurde, weil er als katholischer Rheinländer die Übermacht des protestantischen Preußens fürchtete. Aber er hielt den Wert der deutschen Einheit für geringer als den Wert der europäischen Einigung. Mit den Sozialdemokraten hätte Moskau leichteres Spiel gehabt.

Immer wieder versuchte die DDR, die Westdeutschen gegen Adenauer in Stimmung zu bringen, und kam 1957 mit der Idee einer – natürlich blockfreien – deutschen Konföderation. Kremlchef Chruschtschow benutzte den Vorschlag auch als Druckmittel in der Dauerfrage des freien Zugangs nach Ostberlin.

Darüber war Adenauer weniger beunruhigt als über die empfängliche Haltung der Sozialdemokraten. Sie unterstellten ihm, die Wiedervereinigung nie gewollt zu haben, er dachte jedoch durchaus über vernünftige Wege zu diesem Ziel nach. So fragte er im Frühjahr 1958 den sowjetischen Botschafter, ob die DDR nicht den Status Österreichs bekommen könne. Zwei demokratische Staaten, die sich gegenseitig völkerrechtlich anerkannten, einer davon blockfrei, wäre im Sinne der Deutschen in beiden Staaten akzeptabel gewesen.

Adenauer begriff die Westbindung nicht nur als Vorteil für die Wirtschaft, sondern auch für die Öffnung der Bundesrepublik gegenüber der Kultur des Westens. Die Deutschnationalen hatten westliches Denken und westliche Lebensart immer verachtet und abgelehnt. Wie dicht unter der Oberfläche solche Ressentiments heute noch brodeln, zeigt ein Anschwellen des kulturellen Antiamerikanismus, wo nur Kritik an der Regierung der USA angebracht wäre.

War Adenauer nicht ein Prophet? Im Sommer 1946 sagte er

voraus: »Schon jetzt kann man, gleichgültig wie die russische Politik werden wird, davon ausgehen, dass, wie vor 700 Jahren und früher, das östliche Deutschland vom westlichen Deutschland her von neuem kultiviert werden muss, und zwar in wirtschaftlicher und in geistiger Hinsicht.«[8]

Nein, so einen können die Ossis nicht zum »Besten« wählen, niemals. In Sachsen und Brandenburg bekam er sechs, in Thüringen fünf Prozent der Stimmen. Aber in allen westlichen Bundesländern lag Adenauer mit weitem Abstand vor allen anderen Kandidaten.

Platz 2: Martin Luther. Wie der Reformator Deutschland in zwei Hälften spaltete

Unerwartet schaffte es der Reformator Martin Luther sogar auf die Titelseite des *Spiegel.* Bücher über ihn verkaufen sich blendend und er wurde zum Helden eines populären Hollywoodstreifens – obwohl es nicht einmal ein rundes Jubiläum zu feiern gab. Aber hatte nicht schon der letzte Ministerpräsident der DDR, Lothar de Maizière, gedroht, Deutschland werde nun östlicher und protestantischer? Ist der Lutherboom dafür ein Zeichen?

Was heißt überhaupt protestantisch? War die DDR nicht vor allem ein heidnisches Land? Gibt es für Katholiken jetzt weniger zu lachen? Siegt die protestantische Pflichtethik und ihre verklemmte Moral über fröhlich-katholische Sünder? Bilden die Deutschen eine Lichterkette als Dauereinrichtung und erheben das Harmoniegesülze und die penetrante politische Korrektheit eines evangelischen Kirchentags zum nationalen Maßstab?

Und ist Luther ein Mann, in dem sich ganz Deutschland wiedererkennt? Luther, dem – so der große französische Historiker Lucien Febvre – »dieses einzigartige Kunststück« gelang, »sich an die Spitze eines anarchischen Deutschlands zu stellen«. Um was zu tun? »Ihm einen Augenblick lang die Illusion zu vermitteln, dass es einstimmig genau das wollte, was er mit ganzer Leidenschaft betrieb.«[9] Dieser deutsche Held ist also der Held einer großen Illusion. Und genau deshalb so typisch deutsch.

Was bedeutete damals überhaupt »deutsch«? Einen Nationalstaat gab es nicht, sondern Dutzende kleiner Länder und freier Reichsstädte, die nicht daran dachten, gemeinsame Sache zu machen. Luther schwante Schlimmes. »Ich sehe Deutschland im Blut schwimmen.«

Dass es dann tatsächlich so kam, dass der Dreißigjährige Krieg Deutschland verwüstete wie kein Krieg zuvor (die Bevölkerung nahm von 17 auf 10 Millionen ab), das Land um Jahrhunderte zurückwarf und seine Zersplitterung zementierte, das alles ist nicht Luthers persönliche Schuld, aber doch auch das Ergebnis seines Werks. »In Deutschland hat der Konfessionsstreit des 16. Jahrhunderts die Nation glatt in zwei Hälften gespalten. Das ist so sonst nirgends gewesen.«[10] Wir stellen also ganz unbefangen fest, Deutschlands Zweitbester schuf mit der Abspaltung der Protestanten vom Katholizismus die Ursache für die politische und kulturelle Spaltung der Nation und dafür, dass Deutschland lange kein »normaler« Nationalstaat werden konnte.

Auf die Einheit der Nation kam es Luther gewiss nicht an. Vielleicht war er, wenn schon kein Nationalheld, dann doch wenigstens ein Prophet der Freiheit? Jedenfalls hat er »im friedlichen Deutschland Wind gesät und Sturm geerntet«.[11] Nur leider nicht als Freiheitsheld. Ganz im Gegenteil. Luther war nur revolutionär gesonnen, wenn es um den Glauben, nicht aber, wenn es um das irdische Dasein ging. Seine Revolution war geistiger Natur. Wahrscheinlich erschrak er selbst am meisten über die politischen Folgen seiner Theologie.

Anders ist es nicht zu erklären, dass er alles versuchte, den berechtigten Zorn seines Volks auf die Fürsten zu dämpfen. Der Erfinder des Protestantismus war noch nicht einmal ein Protestierer. Er war etwas viel Schlimmeres – nämlich ein Idealist. Idealisten sind Leute, die über die Politik jammern, sie aber nicht ändern. Luther hielt die Fürsten zwar für »eine Geißel, aber eine Geißel Gottes«.[12] Er glaubte, was wohl die meisten Deutschen glauben, dass es einen strengen Gegensatz zwischen dem privaten, geistigen und dem gesellschaftlichen Leben gebe.

Erst machte Luther die Leute wild, dann fiel er ihnen in den Rücken. Das Evangelium verurteile jeden Aufruhr, predigte er. »Das die oberkeyt böse und unrecht ist, entschuldigt keyn weder rottery noch aufrur.« Im Hollywoodfilm sagt er das nicht. Und im kollektiven Gedächtnis der Deutschen ist die Kultfigur Luther gar als Inbegriff des Unbeugsamen gespeichert. Nur seinem Gewissen gehorchte er, sonst niemandem. Mutig schleuderte er auf dem Reichstag in Worms den Fürsten sein »Hier stehe ich, ich kann nicht anders« entgegen. Jedes Kind kann das zitieren. So, genau so, wünschte man sich auch die Politiker, nicht wahr?

Aber es gibt viel erstaunlichere Sätze Luthers. Zum Beispiel den: »Ich bin der Meinung, es ist besser, dass alle Bauern erschlagen werden als die Fürsten und Obrigkeiten.«

Luther war also ein Pharisäer. Hart müsse die Obrigkeit sein und jede Bestrafung ohne falsche Sentimentalität bis zur Grausamkeit führen, schrieb er in seiner Schrift »Von weltlicher Obrigkeit«. Dem protestantischen Führer des Bauernaufstands, Thomas Müntzer, stärkte er nicht nur nicht den Rücken, sondern beschimpfte ihn als »Erzteufel«. Müntzer revanchierte sich, beleidigte Luther als »Doktor Lügner«, »Gevatter Leisetritt« oder »giftiges Würmlein mit seiner beschissenen Demut«.

Trotzdem wurde Luther ein Nationalheld. Wahrscheinlich zu recht. Er begründete eine Denkhaltung, die zur preußischen Staatskirche führte, »die durch ihre Heilsfunktionäre die gottgegebene Obrigkeit überhöhen, das Bündnis von Thron und Altar als Dauerkartell feiern lässt«.[13]

Protestanten waren in Deutschland von jeher nationaler gestimmt als Katholiken. So war das unter Bismarck, der die Katholiken verfolgte, so war das im Dritten Reich. Nach seinem Ende »rückte ein Teil von ihnen nach links, um national bleiben zu können«.[14]

Namhafte Kirchenmänner, die auch nach dem Krieg in Amt und Würden standen, wie der Bischof Otto Dibelius, hatten im

Dritten Reich gepredigt: »Ausnutzung unserer Macht bis zum Äußersten, das ist die Forderung des Christentums.« Andere, wie der militante Nationalist und Freikorpskämpfer Martin Niemöller, waren in der Nazizeit zu Widerstandskämpfern geworden, aber Nationalisten geblieben. Wie die meisten Deutschnationalen war der angesehene Kirchenpräsident entschieden antiwestlich eingestellt. »Die gegenwärtige westdeutsche Staatsform wurde in Rom gezeugt und in Washington geboren«, sagte er 1949 mit kulturkämpferischem Unterton in einem Interview.[15]

Einflussreiche deutschnationale Protestanten fanden sich in allen Parteien, auch in der CDU. Innenminister Gustav Heinemann, Präses der Synode der Evangelischen Kirche Deutschlands, trat aus Protest gegen die Wiederbewaffnungspläne Adenauers von seinem Amt zurück. Er wurde später der erste sozialdemokratische Bundespräsident. Nationales und pazifistisches Denken sind in Deutschland seit dem Krieg eng miteinander verwoben. Heinemann, der konsequenterweise in die SPD wechselte, befürchtete eine dauerhafte Spaltung Deutschlands. Auch er war bereit, auf die Bedingungen Moskaus für eine Wiedervereinigung einzugehen und dafür lieber auf die europäische Einigung zu verzichten.

Als 1981 Abertausende gegen die Aufstellung amerikanischer Atomraketen demonstrierten, mischte sich auch der DDR-Bürgerrechtler Robert Havemann ein. Seinen offenen Brief an Kremlchef Breschnew unterzeichneten Intellektuelle aus Ost und West, darunter zahlreiche evangelische Geistliche. Er enthielt ebenfalls nationalistische Argumente. Die Deutschen, hieß es, sollten nach dem Abzug aller »Besatzungstruppen« endlich »die nationale Frage« selbst lösen.[16]

Die Bürgerrechtsbewegung in der DDR entwickelte sich maßgeblich aus der protestantischen Friedensbewegung. »Schwerter zu Pflugscharen« hieß ihre Parole. Sie beschützte in ihren Kirchen und Pfarrhäusern eine wachsende Zahl von Regimegegnern.

Gleichzeitig verstand die Führung der DDR es aber auch geschickt, den Protestantismus als Traditionsbestand einer »sozialistischen Nation« zu reklamieren. Luther wurde anlässlich seines 500. Geburtstags zum deutschen Revolutionär erklärt. Dass er versucht hatte, den Protest gegen die Fürsten einzudämmen, störte die Propagandisten nicht. Luthers Nachfahren in der DDR taten ja nichts anderes. Die evangelische Kirche kanalisierte und dämpfte den Protest in der DDR. Sie war Stütze des Staates, aber ein wenig auch Motor des Wandels.

Viele von Luthers Landsleuten dienten den schlimmsten Tyrannen und schäbigsten Regimes, verstanden sich aber gleichzeitig als rechtschaffene Christen. Wie zum Beispiel Konsistorialpräsident Stolpe in der DDR. Gut lutherisch wollten die protestantischen Funktionäre immer beides zugleich sein, Staatsdiener und Fürsprecher derjenigen, die diesen Staat als Diktatur empfanden. Sie sprachen von einer »Mittlerrolle«. Heute wird daraus ein Mythos gemacht. Dank dieser Mittlerrolle sei »die Revolution friedlich«[17] verlaufen. Aber die Tatsache bleibt, dass auch Pfarrer, die in ihren Kirchen Friedensgruppen betreuten, zugleich mit der Stasi »sprachen«. »Es ist nicht sonderlich bekannt, dass am Ende 65 Prozent der Kirchenführer IMs für uns waren«, berichtete ein Stasi-Offizier.[18]

Nach dem Mauerfall tauchten zahlreiche Pfarrer und andere Kirchenleute in der Politik auf. In aller Regel waren sie ökonomisch überfordert und politisch ohne Erfahrung, und deshalb an vielen Stellen mit verantwortlich für das Scheitern des wirtschaftlichen Aufbaus Ost.

Freiheit gab es für Luther nur im himmlischen, aber nicht im Deutschen Reich. Freiheit war für ihn, den Idealisten, nur eine romantische Idee. Und der Staat, auch der tyrannischste, galt ihm als göttliche Fügung. Besser sei, schrieb er, »wenn Tyrannen hundert Ungerechtigkeiten gegen das Volk verüben, als dass das Volk eine einzige Ungerechtigkeit gegen die Tyrannen verübt«.[19]

Platz 3: Karl Marx.
Wie der Philosoph die Welt spaltete

Es gibt wohl keinen Zweifel daran, dass Nationalismus und Marxismus die Ursachen dafür waren, dass Deutschland am Ende einer langen, verhängnisvollen Entwicklung geteilt war. Der Marxismus hat nicht nur Deutschland, sondern die ganze Welt gespalten.

Obwohl Millionen von Deutschen Opfer marxistischer Ideen geworden sind, teilen sehr viele bis zum heutigen Tag diese Irrlehren. In den neuen Bundesländern wurde Marx mit überwältigendem Abstand zum »besten« Deutschen aller Zeiten gewählt. Er erhielt in Brandenburg 50, in Thüringen sogar 51 Prozent, in Berlin 46 und in Mecklenburg-Vorpommern 45 Prozent der Stimmen. In den westlichen Bundesländern dagegen rangierte Marx abgeschlagen zwischen drei und maximal neun Prozent. Wie ist das möglich?

Marx ist noch immer die Lichtgestalt der Ostdeutschen, weil er als unschuldig gilt. Nicht er hat alles verbockt, sondern die Bonzen und die Stalinisten. Nicht die Diktatur des Proletariats hat versagt, sondern nur der demokratische Zentralismus nach sowjetischem Muster. So zimmern sich viele Ostdeutsche ihre Lebenslüge zurecht. Und so erklärt sich auch, weshalb das DDR-Staatsvolk das einzige Volk auf der Welt gewesen ist, das es wirklich ernst gemeint hat mit dem Sozialismus. An die Utopie des Karl Marx wird noch heute gerne geglaubt.

In Wahrheit war die DDR nichts anderes als ein groß angelegtes Experiment. Es sollte am lebenden Objekt bewiesen werden, dass die berühmte sechste Feuerbachthese aus Marxens »Deutsche Ideologie« (jedes Schulkind in der DDR kannte sie) ihre Richtigkeit hat: »Der Mensch ist das Ensemble seiner gesellschaftlichen Verhältnisse.« Der angeblich »wissenschaftliche Kommunismus« hat mit Wissenschaft nichts zu tun, es handelt sich um eine Glaubenslehre.

»Kommunismus, zumindest in seiner ostdeutschen Variante,

war ein geschlossenes Glaubenssystem. Es war ein Universum in einem Vakuum, komplett mit selbst geschaffenem Himmel und Hölle, mit den eigenen Strafen und Bußen, zugemessen hier auf Erden. Viele der Strafen wurden einfach für den Mangel an Glauben zugeteilt, beziehungsweise für den Verdacht auf mangelnden Glauben.«[20]

Repressalien um des Glaubens willen aber gelten bei Fundamentalisten aller Arten nicht als Willkür. Deshalb werden sie auch nach dem Zusammenbruch des Zwangssystems noch immer verharmlost. Denn der Glaube konnte nach der Wende weiterbestehen. Dank Marx! War es doch dieser Geistesriese, der es den DDR-Bürgern immer erlaubt hatte, zugleich dafür und dagegen zu sein. Marx hatte Recht, nur die Trottel ganz oben kriegten es nicht auf die Reihe. So unterschied der DDR-Bürger in guter deutscher Tradition zwischen Ideal und Realität – um aber zugleich das Ideal für machbar zu halten.

Man kann Marx keine persönliche Schuld an den millionenfachen Verbrechen zuweisen, die in seinem Namen verübt worden sind. Aber man sollte auch nicht vergessen, welche seiner idealistischen Ideen zu Verbrechen führten. Karl Popper brachte es auf den Punkt. Marx hat Menschen dazu verführt »zu glauben, dass die wissenschaftliche Behandlung sozialer Probleme in der Aufstellung historischer Prophezeiungen besteht«.[21]

Das hört sich harmlos an, ist es aber nicht. »Der Marxismus ist eine rein historische Theorie, eine Theorie, die sich die Aufgabe setzt, den zukünftigen Verlauf ökonomischer und machtpolitischer Entwicklungen und insbesondere den Ablauf von Revolutionen vorherzusagen.«[22] Die Theorie von Marx ist eine falsche Prophetie.

Marx begriff die gesamte Weltgeschichte als Folge von Klassenkämpfen. Irrtum: Bis zum heutigen Tag bekämpfen sich Menschen auch aus nationalistischen und religiösen Motiven.

Den Wert einer Ware sah Marx ausschließlich in der Arbeitskraft der Lohnarbeiter bei der Herstellung. Auch dies ein Fehlschluss: In hochautomatisierten Fabriken ist der Anteil menschlicher Arbeit oft kaum mehr relevant. Aber Marx entwickelte seine Ideen vor dem Hintergrund der frühen Industrialisierung und vergaß den technischen Fortschritt.

Der Fabrikbesitzer verkauft seine Produkte zu einem höheren Preis, als er den Arbeitern bezahlt. Die bekommen von ihm nur das Existenzminimum. Marx war der Ansicht, dass die Akkumulation der Produktionsmittel in der Hand immer weniger Menschen immer mehr Reichtum auf der Seite der herrschenden Klasse, der Bourgeoisie, und immer mehr Armut auf der anderen, der Seite der Arbeiter, schaffen würde. Zwangsläufig werde die wachsende Spannung zwischen beiden Klassen zu einer sozialen Revolution führen. Das ist der nächste Irrtum: Schon zu seinen Lebzeiten stieg das Einkommen der Industriearbeiter über das Existenzminimum hinaus. Heute ist zwischen Arbeitnehmern und Kapitalisten nicht mehr wirklich zu unterscheiden. Auch Vorstandsvorsitzende sind letztlich »Lohnarbeiter«, auch gewöhnliche Lohnarbeiter besitzen heute Aktien.

Die »Diktatur des Proletariats« werde nur eine kurze historische Übergangsperiode sein, meinte Marx. Am Ende gebe es keine Konkurrenz zwischen den Klassen mehr, also werde auch die Staatsgewalt überflüssig. Die Weltrevolution schaffe ewigen Frieden. Ein weiterer Trugschluss: Es kam nicht, wie vorausgesagt, in den kapitalistisch fortgeschrittensten Ländern zur Revolution, sondern im rückständigen Russland. Mit der Weltrevolution rechnet heute außer ein paar ewig gestrigen SED-Veteranen niemand mehr. Die Befreiung der Massen endete in Unterdrückung und die sozialistischen Volkswirtschaften gingen bankrott.

Die kollektivistischen Ideen des Karl Marx entsprangen der Philosophie Hegels – so wie fast alle wichtigen Ideen aller totalitären Richtungen. Für Marx nimmt die Klasse die Rolle der Nation ein. Während für andere kollektivistische Philosophen die Weltgeschichte vom Kampf der Nationen vorangetrieben wird, soll laut Marx »das Klasseninteresse die Stelle jenes angeblich nationalen Interesses einnehmen, das in Wirklichkeit nur das Interesse der herrschenden Klasse einer Nation ist«.[23] Eine »wichtige Konsequenz dieser Theorie ist, dass im Prinzip jede Regierung, selbst eine demokratische Regierung, eine Diktatur der herrschenden Klasse über die beherrschte Klasse ist«.[24]

Wir können aber sagen, »dass es Marx auf Grund seiner geringschätzigen Einstellung zur Politik nicht nur verabsäumt hat, eine Theorie der wichtigsten potentiellen Mittel zur Verbesserung des Loses der wirtschaftlich Schwachen zu entwickeln, sondern dass er auch die größte potentielle Gefahr für die menschliche Freiheit außer Acht gelassen hat. Seine naive Idee, dass die Staatsgewalt in einer klassenlosen Gesellschaft ihre Funktion verlieren und ›absterben‹ wird, zeigt sehr klar, dass er das Paradox der Freiheit (wonach sich Freiheit selbst aufhebt, wenn sie völlig uneingeschränkt ist) nie begriffen hat und dass er auch die Funktion nicht verstanden hat, die die Staatsgewalt im Dienste der Freiheit und Menschlichkeit ausüben kann und soll ... In dieser Hinsicht ist die marxistische Ansicht mit dem liberalen Glauben verwandt, dass wir nichts anderes brauchen als ›Gleichheit der Gelegenheit‹.«[25]

Das ist eine hübsche Pointe. Der globalisierte Kapitalismus hat den Marxismus besiegt, begeht aber einen ähnlichen Denkfehler wie einst Marx. Der Staat werde überflüssig, glaubt auch der moderne Globalisierer. Der Staat in kommunistischen Ländern hat versagt, weil er von einer Ideologie beherrscht wurde. Er hat sich selbst erledigt – wenn auch auf ganz andere als von Marx prophezeite Weise. Im globalisierten Kapitalismus erscheint der Staat als ohnmächtig. Der Ausfall der staatlichen Ordnungsrahmen für die Wirtschaft ist die einzige Chance der Kommunisten auf eine Renaissance ihres Glaubens. Die Kapitalisten sind ihre einzige Hoffnung.

Platz 4: Die Geschwister Scholl. Wie die Anständigen nicht nur gegen Hitler kämpften

Bismarck landete weit hinter den Geschwistern Scholl. Wer hätte das gedacht? Sie und ihre Freunde eroberten nicht, regierten nicht, erfanden und entdeckten nichts und durften auch gar nicht alt genug werden, um mehr zustande zu bringen als ein paar Flugblätter. Dafür wurden sechs von ihnen von Nazi-Blutrichter Freisler auf die Guillotine geschickt. Christoph Probst, 24, Alexander Schmorell, 24, Willi Graf, 24, Professor Huber sowie Hans, 23, und Sophie Scholl, 21.

Sie stehen für die tiefste Spaltung Deutschlands in schrecklicher Zeit, zwischen Anständigen und Unanständigen, zwischen Deutschen mit Zivilcourage und gleichgültigen Deutschen, zwischen Herdentieren und Freiheitsliebenden. Sie kämpften nicht nur gegen den Verbrecher Hitler, sondern auch gegen verblendete Patrioten und gegen eine Mentalität, die Hitler das Feld bereitet hatte. Darin unterschieden sie sich deutlich vom militärischen Widerstand. Der bestand überwiegend aus Deutschnationalen, welche die Demokratie genauso verachteten wie die Nazis. Oftmals waren sie Hitler mit fliegenden Fahnen gefolgt und dann vor Schreck zu Widerstandskämpfern geworden.

»Wenn das deutsche Volk schon so in seinem tiefsten Wesen korrumpiert und zerfallen ist, dass es ohne eine Hand zu regen, im leichtsinnigen Vertrauen auf eine fragwürdige Gesetzmäßigkeit der Geschichte, das Höchste, das ein Mensch besitzt, und das ihn über jede andere Kreatur erhöht, nämlich den freien Willen, preisgibt ... wenn die Deutschen so jeder Individualität bar, schon so sehr zur geistlosen und feigen Masse geworden sind, dann, ja, dann verdienen sie den Untergang!« (1. Flugblatt der Weißen Rose) Das ist die klarste, hellste Sprache, die aus dieser finsteren Zeit überliefert ist.

Die Weiße Rose wandte sich mit ihren Flugschriften an die Deutschen, weil sie glaubte, es reiche schon der Mut zur Wahrheit, um einen Aufstand gegen das brutalste Verbrecherregime auszulösen. Die Studenten waren von ihrer Chance überzeugt, hatten keineswegs vor, ihr Leben wegzuwerfen, es für ihre moralischen Ansprüche zu opfern. Es waren nicht die ersten deutschen Revolutionäre, die vergeblich auf das Volk setzten.

Man könnte also meinen, auch diese Münchener Studenten

waren typisch deutsche Idealisten und Romantiker, schon der poetische Name – Weiße Rose – deutet darauf hin. Aber sie waren es in einem ganz anderen Sinn als die romantischen Idealisten des 19. Jahrhunderts, als die Mitbegründer des preußischen und später deutschen Nationalismus, wie Herder und Fichte, der mit seinen »Reden an die deutsche Nation« (1808) gegen die Franzosen hetzte.

Sechs Flugblätter verfassten, verschickten, verteilten die Studenten in immer höheren Auflagen, unter immer höherem Risiko. Und von Blatt zu Blatt stieg ihr Zorn auf dieses Volk, ihr Zweifel an ihm und ihre Verzweiflung über es.

»Nichts ist eines Kulturvolkes unwürdiger, als sich ohne Widerstand von einer verantwortungslosen und dunklen Trieben ergebenen Herrscherclique ›regieren‹ zu lassen«, schrieben sie im ersten Flugblatt. Und dann: »Goethe spricht von den Deutschen als einem tragischen Volke ... aber heute hat es eher den Anschein, als sei es eine seichte, willenlose Herde von Mitläufern.«

Im zweiten Flugblatt hieß es: »Und wieder schläft das deutsche Volk in seinem stumpfen, blöden Schlaf weiter und gibt diesen faschistischen Verbrechern Mut und Gelegenheit, weiterzuwüten.«

Die Weiße Rose machte sich keine Illusionen über das Ende, und zwar zu einem Zeitpunkt, als die meisten Deutschen noch immer auf einen Endsieg hofften. Erstes Flugblatt im Frühjahr 1943: »Wer von uns ahnt das Ausmaß der Schmach, die über uns und unsere Kinder kommen wird, wenn einst der Schleier von unseren Augen gefallen ist und die grauenvollsten und jegliches Maß unendlich überschreitenden Verbrechen ans Tageslicht treten?«

»Der deutsche Name bleibt für immer geschändet, wenn nicht die deutsche Jugend endlich aufsteht, rächt und sühnt zugleich, seine Peiniger zerschmettert und ein neues geistiges Europa aufrichtet.« (6. Flugblatt) Europa – nicht Deutschland!

Die deutsche Jugend tat nichts. Nur sehr wenige junge Leute sorgten durch ihre Tat und ihr Opfer dafür, dass die Deutschen nicht das »auf ewig … von aller Welt gehasste und ausgestoßene Volk« (5. Flugblatt) bleiben mussten.

Die Naivität und zugleich die Tollkühnheit der Geschwister Scholl und ihrer Freunde bestanden darin, an die Kraft des Guten zu glauben, das doch in der schweigenden Masse zu finden und zu mobilisieren sein musste.

»Wenn so eine Welle des Aufruhrs durch das Land geht, wenn ›es in der Luft liegt‹, wenn viele mitmachen, dann kann in einer letzten, gewaltigen Anstrengung dieses System abgeschüttelt werden.« Noch sei es »nicht zu spät, diese abscheulichste aller Missgeburten von Regierungen aus der Welt zu schaffen«. (2. Flugblatt)

»Mit aller Brutalität muss die Kluft zwischen dem besseren Teil des Volkes und allem, was mit dem Nationalsozialismus zusammenhängt, aufgerissen werden.« (4. Flugblatt)

Es gab keinen nennenswerten »besseren Teil«. Die meisten Deutschen wollten auch nach dem Krieg nichts von den Verbrechen der Nazis und der Wehrmacht gewusst haben. Widerstandskämpfer galten in den Fünfzigern noch als Volksverräter.

Die Mitglieder der Weißen Rose hatten nicht nur nicht weggesehen. Zwar wussten auch sie nichts Genaues, aber doch genug. Sie beklagten die »Tatsache, dass seit der Eroberung Polens dreihunderttausend Juden in diesem Land auf bestialische Art ermordet worden sind. Hier sehen wir das fürchterlichste Verbrechen an der Würde des Menschen, ein Verbrechen, dem sich kein ähnliches in der ganzen Menschheitsgeschichte an die Seite stellen kann.« (2. Flugblatt)

Nichtwissenwollen, Wegducken und Weggucken war für die Weiße Rose nicht entschuldbar: »Und nicht nur Mitleid muss er (der Deutsche) empfinden, nein, noch viel mehr: Mitschuld. Denn er gibt durch sein apathisches Verhalten diesen dunklen Menschen erst die Möglichkeit, so zu handeln … Ein jeder will sich von einer solchen Mitschuld freisprechen, ein jeder tut es und schläft dann wieder mit ruhigstem, bestem Gewissen. Aber er kann sich nicht freisprechen, ein jeder ist schuldig, schuldig, schuldig!« (2. Flugblatt)

Während der militärische Widerstand erst in die Gänge kam, als die Niederlage schon unabwendbar schien, kam der Protest der Weißen Rose unabhängig vom Kriegsglück Hitlers: »Nicht der militärische Sieg über den Bolschewismus darf die erste Sorge für jeden Deutschen sein, sondern die Niederlage der Nationalsozialisten. Dies muss unbedingt an erster Stelle stehen.«

Anders als die deutschnationalen Widerstandskämpfer wussten die Geschwister Scholl und ihre Freunde, dass Hitler keine Zufallstragödie der deutschen Geschichte war.

»Der imperialistische Machtgedanke muss, von welcher Seite er auch kommen möge, für alle Zeit unschädlich gemacht werden. Ein einseitiger preußischer Militarismus darf nie mehr zur Macht gelangen.« (5. Flugblatt)

Nicht der Nationalsozialismus allein, sondern der deutsche Untertanengeist und das Geschichtsbild der Nationalisten hatten diese Katastrophe verursacht. Und so entwickelten die blutjungen Widerstandskämpfer eine erstaunlich weitsichtige Vision. »Nur in großzügiger Zusammenarbeit der europäischen Völker kann der Boden geschaffen werden, auf welchem ein neuer Aufbau möglich sein wird. Jede zentralistische Gewalt, wie sie der preußische Staat in Deutschland und Europa auszuüben versucht hat, muss im Keime erstickt werden. Das kommende Deutschland kann nur föderalistisch sein ... Das Truggebilde der autarken Wirtschaft muss in Europa verschwinden. Jedes Volk, jeder Einzelne hat ein Recht auf die Güter der Welt.« (5. Flugblatt)

Die Mitglieder der Weißen Rose waren auf eine ganz andere Art Patrioten, als es in Deutschland bis dahin üblich war. Nicht der Staat an sich war für sie das höchste Gut, sondern das Individuum. »Im Namen der ganzen deutschen Jugend fordern wir von dem Staat Adolf Hitlers die persönliche Freiheit, das kostbarste Gut ... zurück.« Und anders als Luther trennten sie auch nicht zwischen der christlichen Privat-Moral und der weltlichen Unterwürfigkeit gegenüber den Mächtigen. Die Geschwister Scholl stehen in der Tradition der großen Freiheitsbewegungen. Sie kämpften gegen ein kollektivistisches Menschenbild, aber auch gegen »jedes ihm ähnliche System des absoluten Staates«. (1. Flugblatt)

Es war den jungen Hitlergegnern klar, was nach dem Krieg unbedingt würde folgen müssen. »Aus Liebe zu kommenden Generationen muss nach Beendigung des Krieges ein Exempel statuiert werden, dass niemand auch nur die geringste Lust je verspüren sollte, Ähnliches aufs Neue zu versuchen. Vergesst auch nicht die kleinen Schurken dieses Systems, merkt euch die Namen, auf dass keiner entkomme! Es soll ihnen nicht gelingen, in letzter Minute noch nach all diesen Scheußlichkeiten die Fahne zu wechseln und so zu tun, als ob nichts gewesen wäre.«

Genau dies geschah. »Wir sind Euer böses Gewissen« (6. Flugblatt), hatten sie geschrieben. Sie sind es noch immer.

Ihre Texte sollten heute in jeder Schule Pflichtlektüre sein, im Westen wie im Osten. Vielleicht ergäben sich daraus einige spannende, wenn auch unbequeme Diskussionen.

Wäre denn die Frage unfair, wie es den Geschwistern Scholl wohl in der DDR ergangen wäre? Auch dort wurden zahllose Menschen für ihre Meinung umgebracht und eingekerkert. In Schwerin zum Beispiel wurden Gymnasiasten dafür, dass sie regimekritische Flugblätter verfasst und verteilt hatten, von einem sowjetischen Militärtribunal zu 25 Jahren Freiheitsentzug verurteilt, abzuleisten in sibirischen Lagern.

Die ostdeutsche Diktatur ist nicht gleichzusetzen mit Hitler-Deutschland. Aber unmenschlich war auch sie. Sie zwang die Bürger zu uniformiertem Gleichschritt. Minder grausam als das Dritte Reich, aber geprägt vom selben deutschen Traditionsmüll. Eine Diktatur, die auf die Bereitschaft der Bürger setzte, sich gegenseitig zu bespitzeln und zu denunzieren.

Ein gewöhnlicher Hausmeister an der Münchener Universität, nicht einmal aktiver Nazi, hatte einst die Geschwister Scholl ans Messer geliefert. Feigheit, Mitläufertum und Blockwartmentalität gab es auch in der DDR, nur unter anderen, angeblich humanistischen Vorzeichen.

Am Unbegreiflichsten ist, wie Antifaschisten unmittelbar nach dem Überleben des Naziterrors die nächste Unterdrückungsmaschinerie betreiben konnten. Gewiss, da waren die sowjetischen Panzer. Aber Millionen von DDR-Bürgern fanden sich nicht nur mit der neuen Unfreiheit ab, sondern freundeten sich mit ihr an.

Wahrscheinlich hätten die Westdeutschen in vergleichbarer Zwangslage genauso gekuscht. Sie waren genauso demoralisiert. Aber ist das ein Trost? Kann das irgendetwas entschuldigen? Es hat im Bonner Staat auch 20 Jahre lang gedauert, bis die Jüngeren jene Fragen stellten, auf die sie noch immer keine glaubwürdigen und ehrlichen Antworten bekamen. Fragen, die in der DDR niemals gestellt wurden. Im Verdrängen waren die Ostdeutschen noch besser.

Die Einheit beschert ein unangenehmes Déjà-vu-Erlebnis. Sie ist wie ein Zeitsprung in die 60er Jahre. Die unerträgliche Duckmäuserei, die Ausflüchte und Lebenslügen der Westdeutschen klingen wieder in den Ohren. Sie sind nicht vergessen. Und auch deshalb gehen die ostdeutschen Geschichtsfälscher so auf die Nerven.

Vielleicht war die DDR doch irgendwie deutscher als die Bonner Republik (eine These etwa des ersten Ständigen Vertreters der Bundesrepublik in der DDR, Günther Gaus). Ihre Bürger waren vier Jahrzehnte länger autoritätsgläubiger und untertäniger als die meisten Westdeutschen. Jetzt wird ihre Duldsamkeit und Anpassungsfähigkeit gerühmt – und bedauert, dass sie sich die Verantwortung abnehmen lassen. Trotzdem nehmen die Ostdeutschen stolz für sich in Anspruch, erfolgreiche Revolutionäre und darin den Westdeutschen moralisch überlegen zu sein.

Es waren ganz wenige, die wirklich bereit waren, für die Freiheit ihr Leben zu riskieren. »Vergesst nicht, dass ein jedes Volk diejenige Regierung verdient, die es erträgt!« (1. Flugblatt) Galt dieser Satz nicht auch in der DDR?

SIEBEN

Hauptstadt der Illusionen

Ja zu Berlin!

Berlin repräsentiert Deutschlands Verfassung am trefflichsten. War das nicht das beste Argument der Gegner Bonns?

Berlin ist eine Hauptstadt, in der Anspruch und Wirklichkeit meilenweit auseinander klaffen. Sie ist ein Schaufenster der Republik. Alle Lügen, alle Täuschungen, alle Illusionen sind in ihr besonders prachtvoll ausgestellt. Berlin ist die Übertreibung dessen, was Deutschland ausmacht. Dic Übertreibung seines Stolzes wie seiner Schwäche. Insofern ist Berlin tatsächlich Inbegriff der Einheit.

Bonn war dagegen immer nur eine Untertreibung gewesen. Ein überschaubares, behagliches, selbstvergessenes Krähwinkel, das so trefflich für das selbstvergessene Land stand. So wurde Bonn von jenen gesehen, die Berlin preisen. Die Bonner Republik erschien ihnen wie ein Kind, das sich trotzig weigerte, groß und stark werden zu wollen. Ein Provisorium eben. Ein Regierungssitz bloß, keine Hauptstadt. Und schon gar keine Metropole von Weltrang. Bonn stand für ein bequemes Volk ohne Sinn und Verstand für seine historische Mission. Für eine politische Klasse provinzieller Kleingeister. Wie lächerlich es doch war, über die schnellstmögliche Flucht nach Berlin überhaupt zu streiten! Die Patentpatrioten können darüber nur noch verächtlich lachen.

Es war knapp ausgegangen im Juni 1991. Die westlichen Abgeordneten hatten mit großer Mehrheit (57,6 Prozent) für Bonn gestimmt. Die Ostdeutschen hatten sich durchgesetzt (81 Prozent für Berlin). Die SED-Nachfolgepartei PDS hatte den Ausschlag gegeben. Der Schwanz hatte mit dem Hund gewedelt. Die Mehrheit der Deutschen (56 Prozent) hätte anders votiert. Aber das Volk hatte damals nichts zu melden. Noch 1999 hatten 57 Prozent der Deutschen die damalige Entscheidung als falsch abgelehnt.[1] Schwamm drüber. Man muss auch mal wat jönne könne, wie der Bonner sagt. Auch einen Irrtum.

Nun also ist Berlin das Symbol aller Irrtümer. Die Hauptstadt der Illusionen.

1. Illusion: Politik mit Bodenhaftung

In Berlin, so hatten seine Befürworter prophezeit, werde die Politik das Raumschiff endlich verlassen und sich unters Volk mischen. Hier würden die Abgeordneten unentwegt und unerbittlich mit dem Leben konfrontiert. Genau so ist es bekanntlich gekommen. Wie jeder weiß, ist die Politik sympathischer, vernünftiger, zupackender, seit sie in Berlin gemacht wird.

Sollte das alte »Raumschiff im märkischen Sand« gestrandet sein?[2] Der konservative Publizist Hermann Rudolph grämt sich: »Ein ernsthafter Versuch, mit der Bonner Routine zu brechen, hätte genügt. Doch nichts davon: Die Berliner Republik macht da weiter, wo Bonn aufgehört hat.«[3]

Wirklich? Ist das Leben in Berlin, auch das politische, nicht unvergleichlich intensiver als in Bonn?

Weniger durchlüftet ist es. Das Regierungsviertel ist noch intimer als in Bonn und noch besser von der Polizei vor dem Volk geschützt. Endlich ist alles in Fußgängernähe untergebracht. Also bürgernah. Davon konnte Bonn nur träumen.

Wie bürgernah, erzählte kürzlich ein Taxifahrer. Ein Abgeordneter der CDU bestieg am Hotel Adlon die Droschke und ließ sich zum zweieinhalb Gehminuten entfernten Reichstag kutschieren. Macht keine fünf Euro. Berlin hilft bekanntlich sparen.

»Wären Sie so freundlich und stellen die Quittung auf 50 Euro aus«, sagte der Volksvertreter.

Darauf der Kutscher: »Gern, wenn wir uns die Summe teilen.«

Typisch. Ein Ausländer! Der Deutsche lehnte diese Ungesetzlichkeit natürlich sofort entrüstet ab. »Dann eben nicht!«

Kommentar des Ausländers: »So sind sie, die Deutschen. Sogar zum Bescheißen zu knauserig.«

Schon dieses kleine Beispiel aus dem Berliner Alltag zeigt, wie viel lebensnäher Politik hier gemacht wird. Dafür sollten wir dankbar sein. Vor allem steigert Berlin endlich das Selbstvertrauen auch des letzten Hinterbänklers. Der Pracht der historischen Fassaden, ob aus der Kaiser- oder aus der Führerzeit, lassen niemanden unbeeindruckt, der in ihnen arbeitet.

Die geschichtsmächtige Metropole beflügelt auch die anderen Mitspieler. Die Lobbyisten etwa. Ihr mehr oder weniger segensreiches Wirken war auch in der Bonner Republik nicht gänzlich unbekannt. In Berlin aber »treten diese Einrichtungen aufdringlicher, handfester, um nicht zu sagen: schamloser hervor. Die Handelsplätze und Niederlassungen der Macht ...: größer, stärker und näher an der Quelle als früher. Die hässlichen Züge der Verhandlungsdemokratie, die das Duell im Parlament durch vertrauliche Gespräche im kleinen Kreis ersetzt, treten in Berlin schärfer und greller hervor als in Bonn.«[4] Wie gesagt: Berlin repräsentiert den wahren Zustand der Republik, es ist ehrlicher als Bonn. Was will man mehr?

Berlin ist aber auch »indiskreter, marktschreierischer, hysterischer geworden«.[5] Und das gilt auch für den Journalismus. Hier erst ist die Politik ganz auf die Talkshow gekommen, ihre wahre Bestimmung. Christiansen und Illner stehlen den biederen Plenardebatten endlich die Show. Sie hätten als die wahren Verfassungsorgane längst den Eintrag ins Grundgesetz verdient.

In Berlin ist die Fernsehtauglichkeit der Politiker zur obersten Maxime geworden. Hier erst fand der »Medienberater«, eine in Bonn noch kaum bekannte Spezies, seine wahre Erfüllung.

So sorgen die Journalisten endlich für einen Triumph der Transparenz. Kein Hüsteln, das nicht tausendfach verstärkt würde. In Berlin ist die Meute der Berichterstatter nicht nur um ein Vielfaches größer als in Bonn, sondern auch um ein Vielfaches drängelnder, nörgelnder, geschwätziger. Sie sind die wahren Vertreter des Volkes.

2. Illusion: Dienstrang »Hauptstadt«

Da nun Deutschland mächtig und souverän geworden ist, muss auch seine Hauptstadt das pure Gegenteil von Bonn sein: Mächtig und souverän. Das ist Berlin. Oder nicht?

Gegründet wurde Berlin, als die meisten anderen europäischen Metropolen von Rang, ob Paris oder London, Prag oder Wien, Amsterdam oder Köln, von Athen, Rom und Venedig nicht zu reden, längst Weltgeschichte geschrieben hatten. Und auch zahlreiche ehrwürdige deutsche Städte hatten Königen und Kaisern als Regierungs- und Krönungsorte gedient, Aachen, Bamberg, Regensburg, Frankfurt und Nürnberg. Die Hafenstädte der Hanse oder das Augsburg der Fugger und Welser waren mit Handel und Wandel reich und bedeutend geworden. Nach alter Tradition hatten die Könige ihr Land bereist. Eine zentrale Hauptstadt wie Berlin im nationalistischen Kaiserreich widersprach den Eigenheiten und Erfahrungen deutscher Geschichte. Insofern bildete das funktionale Bundesverwaltungszentrum Bonn den Charakter der Nation besser ab als Berlin.

Die Hauptstadt möchte in doppeltem Sinne bezwingend sein. Unter der Bezeichnung *Hauptstadt* wird in Berlin seit jeher gleichsam ein Dienstrang verstanden. Ohne Dienstrang geht hier gar nichts. Das hat ja auch Tradition. Wohl auch deshalb ist die korrekte Bezeichnung *Bundeshauptstadt* kaum gebräuchlich. Denn mit Untertanen macht man sich nicht gemein. Man will sich auch nicht als Servicecenter dieser Bundesrepublik begreifen. Der preußische Beamte kannte ja auch keine Kunden, sondern Bittsteller. Diese Mentalität steckt im schnarrenden Gebrauch des Begriffs *Hauptstadt.*

Vor der »Wiedervereinigung« war ganz Deutschland von Berlin aus nur lächerliche 74 Jahre lang regiert worden. Dieser Wimpernschlag der Geschichte hatte es allerdings in sich. Von Berlin wurde Deutschland militärisch-bürokratisch in den Ersten Weltkrieg dirigiert, nach einem missglückten demokratischen Versuch (den man vorsichtshalber mit dem Namen einer anderen Stadt – Weimar – verknüpfte) von den Nazis in den Zweiten Weltkrieg terrorisiert. Ich weiß schon: Hitler kam aus Österreich, die »Hauptstadt der Bewegung« hieß München, die Berliner wählten eher zurückhaltend braun. Aber selbstverständlich nutzte Hitler die preußische Mentalität für seinen »legalen« Staatsstreich. Er identifizierte sich sehr mit dem Wesen Preußens. Der Alte Fritz hing in Öl in seinem Büro. Zum Glück durfte Berlin seinen Namen behalten und musste nicht Welthauptstadt Germania werden.

Als Nachbeben des Irrsinns musste ein Teil der Stadt gleich noch einmal einer Diktatur zu Diensten sein. Womöglich ein Fluch?

Von der Gesamtkatastrophe des deutschen Untertanentums hat sich Berlin bis heute nicht erholt. Seine Repräsentanten vertreten unverdrossen den Anspruch, mit Hilfe andernorts verdienter Milliarden vom Fluch erlöst zu werden. Wirtschaftlich ist Berlin zu einem Germanlingen geschrumpft. Trotzdem vergleicht es sich ungeniert am liebsten mit New York.

Man mutet ihm ja auch allerhand zu. Es soll nicht nur repräsentieren für Deutschland, sondern auch noch mit sich selbst ins Reine kommen. Das Erste ist leichter getan als das Zweite.

Das jugendliche Alter, seine mangelnde Verwurzelung in den

Tiefen abendländischer Kultur wollen wir Berlin nicht ankreiden. Gegründet wurde es schließlich nicht als Reichshauptstadt, sondern als Vorposten der Kolonisierung des slawischen Ostens.

Wir ersparen uns die ganze Geschichte vom Nürnberger Burggrafen Friedrich, der 1415 von Kaiser Sigismund mit dem »verrufenen Raubritterparadies«[6] Brandenburg belehnt wurde, bis zum letzten, dem Größenwahn verfallenen deutschen Kaiser, von den schwäbischen bis zu den preußischen Hohenzollern.

3. Illusion: Alle sind Berliner

Für eine köstliche Trouvaille ihrer preußischen Geschichte halten die Berliner bis auf den heutigen Tag ihre geradezu sprichwörtliche Toleranz: Der von den Sekundärtugenden seines Vaters seelisch ramponierte König Friedrich importierte sie unter dem Markennamen Aufklärung an seinen Hof.

Man hat den Berlinern die Toleranz immer befehlen müssen, etwa durch das legendäre Toleranz-Edikt. Eigentlich widersprechen sich »Toleranz« und »Edikt«. Offenbar kann man den Berlinern Toleranz genauso gut befehlen wie Intoleranz. Es kommt nur auf den Befehl an. Im Übrigen ist es von desinteressierter Toleranz zu Achtung und Respekt noch ein weiter Weg.

Wer jemals mit Apparatschiks in den Behörden der Stadt zu tun hatte, kann ein Lied davon singen, was Toleranz in Berlin wert ist. Bestenfalls wird Toleranz mit desinteressierter Wurstigkeit verwechselt und die preußische Beamtenmentalität vermählt sich mit Schlampigkeit. Kleines Beispiel?

Nicht irgendwo, sondern Unter den Linden, unweit des Brandenburger Tors, parkte seit Tagen ein schrottreifes Auto ohne Nummernschild. Auf dem Zettel, der hinter dem Scheibenwischer steckte, stand: »Der Halter dieses nicht mehr zum Straßenverkehr zugelassenen, ordnungswidrig abgestellten Fahrzeugs wird nach § 1 des Stadtreinigungsgesetzes aufgefordert, dieses unverzüglich vom öffentlichen Straßenland zu entfernen. Bei Nichtbeachtung erfolgt die kostenpflichtige Beseitigung durch die Verwaltungsbehörde.«

Wochenlang geschah gar nichts. Niemand schleppte ab, niemand durchsuchte die Kiste nach Sprengstoff. Eines Tages klebte ein zweiter Zettel an der Scheibe. »Wir holen ab. Entsorgung preiswert und schnell. Fahrzeuge aller Art.«

Nicht nur der Regierende Bürgermeister hält tagtäglich Reden, die Beschwerde führen, dass die Republik es einfach noch nicht erkannt habe, was sie »der Hauptstadt schuldig« sei. Unter den selbstbewussten Hauptstädten dieser Welt gibt es keine, in der absurde Gedanken dieser Art auch nur geäußert würden.

Anmerkung für die Berlinlobby, die es immer noch nicht verstanden hat: Die Republik ist ihrer Hauptstadt nichts, aber auch gar nichts *schuldig*. Berlin wäre es der Republik allmählich schuldig, seine Verwaltung in Ordnung zu bringen und die permanente Verschwendung auf Kosten anderer einzustellen.

Im besten Fall könnte eine Hauptstadt die Politik inspirieren. Aber »weil der politische Ort Berlin seine eigenen Probleme nicht zu lösen vermag, kann er keine Impulse geben.«[7]

Der Berliner verwechselt seinen Lokalpatriotismus mit Patriotismus schlechthin. Neutralität wird nicht zugelassen, Pardon nicht gewährt. Wer Berlin nicht mag, mag die Hauptstadt nicht und kann deshalb die ganze Nation nicht leiden. Wer Berlin nicht rühmt, ist kein guter Patriot. So geht die Logik. Der Berliner nimmt an, alle anderen seien seiner Großartigkeit etwas schuldig. Er fordert das Geld, die Liebe, den Stolz der ganzen Nation für sich. Mit weniger gibt er sich nicht zufrieden. Im Grunde, meint er, sei der Rest der Nation gleichsam tributpflichtig. Der Tribut ist zu entrichten in Begeisterung und Geld.

Man hätte die Berliner niemals mit dem Satz trunken machen dürfen: »Ich bin ein Berliner.« Sie haben ihn vollkommen missverstanden.

Weil also alle irgendwie Berliner sind, sollen auch alle zahlen. Das Land Berlin klagt vor dem Bundesverfassungsgericht. Ganz Deutschland soll für seine Misswirtschaft haften. Außerdem will man Nägel mit Köpfen: Die Subventionsmentalität der »Hauptstadt« soll tatsächlich Verfassungsrang bekommen. Berlins Extrawürste sollen ins Grundgesetz. Im Artikel 22, so der Wunsch, verpflichtet sich der Bund, alle hauptstadtbedingten Kosten für Repräsentation, Kultur, Erhaltung historischer Bauten und Infrastruktur für alle Zeiten zu übernehmen. Was Berlin darunter versteht, bestimmt es selbstverständlich selbst.

Die Hauptstadt leistet sich noch immer zu hohe Personalausgaben. Und der legendäre Filz provinzieller Kiezpolitiker ist die effektivste Reformbremse. Er sorgt zuverlässig für Misswirtschaft und Schlendrian.

Allein durch überfällige Privatisierungen könnte Berlin seine Finanzkrise überwinden. Eine Studie des Kieler Instituts für Weltwirtschaft stellt fest, die Hauptstadt verfüge über Wirtschaftlichkeitsreserven, die noch nie systematisch untersucht worden seien. Auf Ausgaben von 4 bis 21 Milliarden Euro im Jahr könnte Berlin verzichten.[8] Aber man setzt lieber auf die Tributpflicht des ganzen Landes. »Berlin muss entschuldet werden«, fordert in strengem Ton Bundestagspräsident Thierse. Es geht ja auch nur um die Kleinigkeit von 53 Milliarden Euro.

Die Stadt hat aber kein Einnahme-, sondern ein Ausgabenproblem, findet sogar Berlins Finanzsenator Sarrazin.

Der Bund übernimmt heute schon etwa die Renovierung der Museumsinsel fast vollständig, hat die Mittel für die so genannte »Hauptstadtkultur« erheblich aufgestockt und auch für andere Kosten ihrer »Hauptstadtfunktion« kommt der Bund auf.

Springer-Vorstandschef Döpfner, sozusagen von Amts wegen Berufs-Berliner, sagte: »Glücklicherweise ist es heute nicht so, dass, wenn Berlin hustet, Deutschland eine Lungenentzündung bekommt. Aber eines ist auch klar: wenn Berlin schon eine Lungenentzündung hat, wird Deutschland nicht wieder richtig gesund.« Die Frage ist aber doch inzwischen, was es Berlin nützt, wenn ganz Deutschland sich ansteckt. Umgekehrt wird ein Schuh daraus: Deutschland darf nicht länger durch die Hauptstadt geschwächt werden.

Das aber hieße: Abschied von der großen Illusion einer ganz großen Weltstadt. Der hessische Ministerpräsident Koch hat Recht: »Wir werden Berlin nicht zum Paris Deutschlands machen.« Deutschland braucht gar kein Paris.

4. Illusion: Berlin boomt

Das putzige Bonn lag in einer wirtschaftlich pulsierenden Region, hatte Köln, Düsseldorf, das ganze Ruhrgebiet in unmittelbarer Nachbarschaft.

Die großen Metropolen Europas, London und Paris, waren immer auch industrielle Ballungsgebiete. Und sie waren, anders als Berlin, Hauptstädte zentralistischer Staaten. In Deutschland konkurrieren mehrere hoch entwickelte Wirtschaftsregionen gegen Berlin.

Und nicht nur große Städte. Sogar die meisten Landkreise nehmen es locker mit der Hauptstadt auf. Das Wirtschaftsmagazin *Focus-Money* verglich die Attraktivität aller 439 deutschen Landkreise und kreisfreien Städte. Berlin landete auf dem unter den gegebenen Umständen wohl noch immer respektablen Platz 280! Und in der bisher umfassendsten kommunalen Vergleichsstudie belegte es Platz 48 unter den 50 größten Städten Deutschlands. Immerhin noch einen Platz vor der »Olympiastadt« Leipzig.[9]

»Berlin ist eine harte Stadt, eine Aufsteiger- und Niedermacherstadt, eine Stadt, die wie New York steile Karrieren unter der Begleitmusik von Frank Sinatra möglich macht ... und ebenso steile Stürze.«[10] Ja, so hätte man das gern.

In Berlin ist beinahe jeder Fünfte arbeitslos und jeder Vierte Sozialhilfeempfänger. Eine Schuldenlast von mehr als 50 Milliarden drückt. Nur 38 Prozent des Haushalts werden durch Steuereinnahmen gedeckt. In der zweitgrößten deutschen Stadt, in Hamburg, sind es 58 Prozent.

Wie es sich für eine echte »Hauptstadt« eben gehört, liefert

Berlin das beeindruckendste Beispiel für die Folgen des grandiosen Selbstbetrugs vom Aufschwung Ost. Vor zehn Jahren gründete es seine Bankgesellschaft. Die wahre Hauptstadtbank. Das Land behielt die Mehrheit der Anteile. Aber statt endlich mit der Bank solide Einnahmen zu erwirtschaften, spekulierte sich der Konzern geradewegs in die Pleite. Weshalb? Er war zum Marktführer für Immobilienfonds geworden und hatte die potemkinschen Fassaden des Aufschwungs finanziert. Nun drohen acht Milliarden Euro Verlust, ein Betrag, mit dem Berlin 20 Jahre lang seine Kultur bezahlen könnte. »Oder 20 Jahre eben nicht.«[11] Mit vier Milliarden Euro sprang das minderbemittelte Land schon einmal ein, als 2001 die ersten Verluste erkennbar wurden, damit die Berliner Bankgesellschaft nicht noch größeren Schaden anrichten kann.

Auslöser des Desasters war die Vorstellung, Berlin werde boomen wie Shanghai. Die Realität aber ist: In keiner anderen Metropole stehen so viele Wohnungen und Büros leer. Den größten Schaden haben nicht die Spekulanten, sondern die Steuerzahler. Die meisten Verluste sind von der Steuerschuld absetzbar.

Auch das ist nicht neu. Schon nach der Reichsgründung Bismarcks führten eine sich »überhitzende Baukonjunktur, dreiste Spekulation und miserables Management« dazu, dass die Stadt in eine Finanzkrise schlitterte. Im Unterschied zu heute »sah man im Berlin der Kaiserzeit jedoch eine Stadt mit Zukunft, in die es zu investieren lohne.«[12] Berlin galt als industrieller Standort von europäischem Rang.

Die Illusionäre der Einheit phantasierten sich eine Megacity zusammen. Bis 2010 sollten sechs, bis 2030 zehn Millionen Einwohner Berlin vor Energie schier bersten lassen.

Der Sozialwissenschaftler Meinhard Miegel stellt lapidar fest: »Zwar sind inzwischen die kühnsten Träume ausgeträumt und die gigantischen Pläne im Papierkorb gelandet. Aber der Wunsch nach einer großen Metropole lebt bei vielen fort. Offenbar merken sie nicht, wie tief dieser Wunsch in der Lebenswirklichkeit des 19. Jahrhunderts wurzelt und wie schwer er mit der Bevölkerungsentwicklung Deutschlands im Allgemeinen und der des deutschen Nordostens im Besonderen zu vereinbaren ist.«[13] Berlin war schon immer eine Metropole ohne nennenswerte Peripherie, ohne Einzugsgebiet. Dieses Handicap macht jede Hoffnung zunichte, als Industriestandort jemals wieder auf die Beine zu kommen.

Miegel sieht für die Stadt drei Optionen. Die erste: Ihre Einwohnerzahl könnte von heute etwa 3,3 Millionen im Laufe der nächsten vier Jahrzehnte auf 2,7 Millionen abnehmen, ohne das Umland zu stärken. Berlin würde eine Stadt der Alten ohne Kaufkraft. Soll die menschenleere Region zwischen Ostsee und Berlin gesunden, müsste es sogar »innerhalb weniger Jahrzehnte auf die Größenordnung des heutigen Hamburg zurückgeführt werden«, damit an anderer Stelle, wo es dringender nötig wäre, bis zu einem Dutzend attraktive mittelgroße Städte entstehen könnten. Berlin müsste zu Gunsten des ganzen Landes schrumpfen. Es war allerdings noch nie dafür bekannt, irgendetwas aus Rücksicht auf das übrige Land zu tun oder zu lassen. Die DDR-Bürger außerhalb Berlins können sich daran noch gut erinnern.

Es könnte, zweite Option, durch seine große Attraktivität ein Magnet werden und vor allem Menschen aus anderen Regionen des Ostens anlocken. Die würden dann noch mehr ausbluten. Die »Hauptstadt« würde sich in diesem Fall »schon bald im stillsten Winkel der Republik wiederfinden«.[14]

Die dritte Option wäre, dass Berlin sich mit Ausländern auffüllt. Nach den Türken ziehen seit einiger Zeit verstärkt Russen in die Stadt. Polen und andere Osteuropäer könnten mit der EU-Erweiterung folgen, der Ausländeranteil könnte binnen weniger Jahre von derzeit einem guten Achtel auf über ein Drittel steigen. »Wahrscheinlich würden sich dann aber ethnisch definierte Subkulturen bilden, die für sich eine Sonderbehandlung beanspruchen. Die Stadt würde den Deutschen zunehmend fremd werden, gleichzeitig aber zur Aufrechterhaltung ihrer Funktionsfähigkeit von ihnen immer größere Opfer verlangen.

Über kurz oder lang dürfte die Bevölkerung fragen, wozu das Ganze gut sein soll.«[15]

Vermutlich fragen sich das die Deutschen außerhalb Berlins schon heute.

5. Illusion: »Kulturhauptstadt«

Hauptstadt zu sein reicht nicht. Am liebsten schmückt sich Berlin deshalb auch noch mit dem Titel einer, nein *der* Kulturhauptstadt. Der Berliner kann es überhaupt nicht vertragen, wenn man ihm sagt, dass es davon in Deutschland, wenn überhaupt, dann mehrere gibt. Kein Land der Welt besitzt in der so genannten Provinz derart viele erstklassige Theater, Orchester und Museen wie Deutschland. Das Land braucht vieles, nur eines nicht: auch noch *die* Kulturhauptstadt; in der jeder Pups zu Hochkultur erklärt wird, nur weil er Unter den Linden gelassen wird.

Mag sein, dass die Unsterblichen Frankreichs Paris brauchten und die Unsterblichen Englands London. In Deutschland war das anders. Bach brauchte Berlin nicht, Händel fand London attraktiver, Mozart, Beethoven, Brahms zog es nach Wien, Schumann genügten Leipzig und Düsseldorf. Kant, Goethe, Schiller, Thomas Mann: alles Geschöpfe der Provinz, ein Leben lang. Bölls Kosmos war Köln, Grass verließ Berlin. Mögen junge Debütanten sich in Kreuzberg oder auf dem Prenzlauer Berg zu Hause fühlen, große Berlin-Romane bleiben eine Rarität in der deutschen Literatur und die vielen kleinen Berlin-Romane sind gerade wieder einmal aus der Mode.

Der Titel *Kulturhauptstadt* bedeutet mehr und anderes als nur die Vielzahl seiner Kulturinstitutionen und deren unbestreitbare Spitzenleistungen. Die auf- und anregende Konkurrenz der Künstler ist nur die eine Voraussetzung, ein großes, leidenschaftliches Publikum die andere. Kunst braucht Kunden, die so kundig wie zahlungskräftig sind. Sie sind aufgeschlossen für das

Neue, wissen aber auch bleibende Qualität von bloß modischen Trends zu unterscheiden.

Künstler gibt es in Berlin genügend, nur leider nicht genügend Publikum der erforderlichen Klasse. Denn Berlin ist eine zutiefst kleinbürgerliche, ja proletarische Stadt. Man hält nicht viel von Lebensart, Verfeinerung und Geschmack. In einer großen Premiere neben einem Menschen in zerrissenen Jeans zu sitzen ist nichts Ungewöhnliches. Schlampigkeit gilt in dieser Stadt als Ausdruck überlegener Kennerschaft, das Bedürfnis nach einer gewissen Festlichkeit dagegen als spießig, provinziell und vorgestrig. Solches Benehmen ist nichts anderes als arrogante Geringschätzung des Gebotenen. Es soll ja auch alles nichts kosten in Berlin.

Fast alles ist preiswerter in Berlin als anderswo, selbst die Opernhäuser. Bürgern anderer Städte wird zugemutet, einen höheren Anteil der tatsächlichen Kosten zu tragen. Hat man je davon gehört, dass anderwo gegen die Höhe von Eintrittskarten für eine Kunstausstellung (in der Nationalgalerie) protestiert worden wäre? Berlin ist nach wie vor eine feste Burg jener Subventionsmentalität, für die es berühmt ist. Auch deshalb hat es große Kultur schwer in Berlin. Sie kostet keine Leidenschaft. Sie wird als Sozialleistung vom kollektiven Konto abgebucht. Aber bitte nur vom Feinsten, es darf auch etwas mehr sein. Wozu ist man schließlich Kulturhauptstadt?

Wer genauer hinsieht, stellt fest, dass sich die überwiegende Mehrheit der Berliner für das, was geschieht, gar nicht interessiert. Dass etwa die Berliner Staatskapelle unter Daniel Barenboim in den vergangenen zehn Jahren in die Liga der besten Orchester der Welt aufgestiegen ist, begeistert wenige, auch nicht die Ortspresse. Andernfalls wäre doch wohl die Stadtregierung nicht auf die aberwitzige Idee gekommen, die auf umjubelten Auslandsgastspielen eingespielten Millionen abzukassieren, um damit Mittelmaß zu subventionieren, etwa die Komische Oper. Die freilich steht als Lieblingsoper der DDR unter Naturschutz der mitregierenden PDS. Auch die Schnapsidee, anderen Orchestern die Gehälter zu kürzen, um auch noch das fünfte Symphonieorchester der Stadt künstlich zu beatmen, war von ortstypischem Aberwitz. Die Illusion ist nicht auszurotten, der internationale Wettbewerb um die Besten lasse sich mittels Umverteilung bestehen.

Die jahrelange Diskussion um die drei Berliner Opernhäuser ist ein beeindruckendes Beispiel für das Gemisch aus Lüge und Selbstbetrug, das so typisch für Berlin ist – und damit so beispielhaft für die ganze Republik. Die Zahlen sind eindeutig: Berlin kann sich nicht drei Opern auf Dauer leisten. Ein Haus wie die Deutsche Oper würde sich auch keine andere Stadt leisten wollen, wie der aufschlussreiche Zahlenvergleich mit der Staatsoper in München beweist.

Die Bayerische Staatsoper nahm im Jahr 2003 knapp 27 Millionen Euro ein, was immerhin knapp 35 Prozent des Gesamtbudgets des hochsubventionierten Weltklassehauses ausmacht. Die Deutsche Oper Berlin dagegen verdiente nur gut 9 Millionen, lediglich 18,4 Prozent ihres Budgets. Auf jedes Ticket in München legte das Land noch einmal 89 Euro darauf, aber in Berlin fast 145 Euro.

Schön, wenn Kultur so viel zählt. Tut sie in Berlin aber gar nicht. Der Unterschied kommt nämlich daher: Die Münchener Oper ist fast immer voll und spielt häufiger. 566 000 Besucher erbrachten eine Platzauslastung von 93 Prozent. In Berlin dagegen kamen nicht einmal halb so viele Zuschauer und belegten nur 67 Prozent der verfügbaren Plätze. Das hochverschuldete Berlin hat aber noch zwei andere Opern durchzufüttern.

Trotzdem halten die Berliner Illusionisten an der Vorstellung fest, mit Hilfe einer neuen bürokratischen Dachorganisation, einer »Opernstiftung«, alle drei Häuser halten zu können. Diese Lösung sei »im besten Fall blauäugig, im schlimmsten Fall eine Mischung aus Verzweiflung und Heuchelei«, kommentierte Daniel Barenboim. Es sei »einfach eine Lüge, dass es auch in Zukunft noch drei Häuser geben wird. Wir werden ein Haus haben mit drei Bühnen!«[16]

Helfen würde nur mehr Wettbewerb, mehr Leistungs- und Erfolgskontrolle. Barenboims Fazit, nicht bloß bezogen auf die Opern: »Die Stadt ist pleite. Die Verantwortlichen interessiert allein: Wie können wir diesen Umstand verheimlichen?«

In einer echten Kulturhauptstadt wie Wien sind Oper und Theater mehr als bloß Bühnen, die mit den teuersten Sängern und Schauspielern renommieren. In diesen Institutionen erkennt sich das Bürgertum selbst. Die Öffentlichkeit, nicht nur ein paar tausend Bildungsbürger, weiß über seine Theater ebenso Bescheid wie über den Zustand der Fußballclubs. »Der Fanatismus für die Kunst ... ging in Wien durch alle Stände«[17], schrieb Stefan Zweig. Dazu war kunstsinniges Bürgertum, großes wie kleines, nötig. In Wien, auch in München ist das weitgehend noch heute so. »Immer erreicht Kunst dort ihren Gipfel, wo sie Lebensangelegenheit eines ganzen Volkes wird«, so Zweig.

Der Wettstreit der Besten setzt aber auch Kontrolle durch das beste Publikum voraus. Sie werde »nicht etwa nur bei den Premieren durch die professionellen Kritiker geübt, sondern Tag für Tag durch das wachsame und durch ständiges Vergleichen geschärfte Ohr des ganzen Publikums«. Während man auch in Wien »gleichgültig war gegen jede Schlamperei und nachsichtig gegen jeden Verstoß, gab es in künstlerischen Dingen keinen Pardon; hier war die Ehre der Stadt im Spiel ... Und dieses Wissen um das ständige Überwachtsein zwang jedem Künstler in Wien sein Äußerstes ab und gab dem Ganzen das wunderbare Niveau.«[18]

In Berlin, wirtschaftlich heillos und auf Dauer deklassiert, fehlt dagegen das breite Bewusstsein dafür, dass die Einzigartigkeit der Kunst auch die einzige Chance dieser von Politik verhunzten Metropole ist. Die Berliner Kultur könnte einpacken ohne die neuen, kulturbegeisterten Eliten aus Diplomatie, Verwaltung und Medien, zugezogen aus den Provinzen des Landes. Aber diese Eliten sind nicht groß genug.

6. Illusion: Große Gesellschaft

Oft genug schlägt das Proletarische in Berlin um ins Proletenhafte, und das gilt auch für die so genannte bessere Gesellschaft. Sie stellt in Berlin nur eine Illusion großer Gesellschaft dar, kann aber nicht verbergen, dass das alte Bürgertum oder gar der Adel bis heute nicht ersetzt sind. Schneider, Frisör, Fernsehnase oder Partyluder gelten hier als erstklassig. Und ein nicht sehr seriös wirkender Schweizer Botschafter mit texanischer Gattin reichte aus, die Hauptstadtpresse einige Jahre lang in Atem zu halten. Noch nicht einmal der Presse-Sex-Skandal des Diplomaten hatte weltstädtisches Niveau.

Als in der Deutschen Oper Berlin zu Ehren des achtzigjährigen Vico von Bülow (Loriot) der Berliner Pultstar Thielemann einen ganzen Abend lang Wagner dirigierte, war in die erste Balkonreihe neben zwei ehemaligen Bundespräsidenten auch Joop platziert worden. Der eitelste Schwadroneur Berlins platzte mitten ins Tannhäuservorspiel, ging dafür als Erster, während das Orchester noch spielte, in die Pause, nicht ohne beim Hinausgehen in alle Richtungen zu grüßen. Nach der Pause wiederholte sich die Prozedur. Joop kam als Letzter und ging als Erster. Niemand hielt sein Benehmen für unangemessen. Der Schneider stand wie stets unangefochten im Mittelpunkt. Lediglich der schlechter platzierte Schweizer Verleger Loriots, der den Abend mitfinanziert hatte, erkundigte sich verwundert, ob das, was er da erlebe, tatsächlich *die* Berliner Gesellschaft sei. Sie komme ihm doch etwas parvenuehaft vor.

Höhepunkt des Berliner Gesellschaftslebens ist der gute alte, aus Bonn importierte Bundespresseball. Im vergangenen Jahr schaffte es ein gewisser Dieter Bohlen, Ehrengast am prominentesten Tisch zu sein. Es ist zu befürchten, auch in dieser Hinsicht ist die »Hauptstadt« nur ein Abbild des ganzen Landes.

7. Illusion: Symbol der Hoffnung

Viele deutsche Städte besitzen prächtigere Schlösser und Paläste, kunstvollere Gärten, beeindruckendere Dome und Kathedralen, urbanere Zentren. Vielfalt zeichnet Deutschland aus.

Berlin hat gar kein Zentrum, sondern – treudeutsch – eine *Mitte,* ohne deshalb seit dem Abriss der Mauer seine Mitte gefunden zu haben. Denn die Stadt ist selbst Abbild der Dezentralität des Landes. Stadtteile, in Berlin Kiez genannt, bewahren ihr Eigenleben. Die Kiez-Bewohner kümmern sich wenig um Berlin als Ganzes.

Es ist ihnen beispielsweise vollkommen gleichgültig, ob ihre Weltstadt in absehbarer Zukunft einen konkurrenzfähigen internationalen Flughafen bekommt. Hauptsache, sie werden nicht von ihm belästigt. Dass man nicht einmal nonstop nach New York oder Washington fliegen kann, bedrückt sie nicht. Es ist natürlich lächerlich für eine nennenswerte Stadt, geschweige denn für die Hauptstadt eines der größten Industriestaaten der Erde, auch ausgesprochen lästig, aber eben auch ein treffender Beleg für die ökonomische Bedeutungslosigkeit Berlins.

Die eigentliche *Mitte* Berlins wurde im Endkampf gegen Hitler praktisch ausgelöscht und danach zur Todeszone zwischen den befeindeten Hälften der Welt.

Wirklich lebendig ist sie seither nicht wieder geworden. Diesen Eindruck gewinnt sofort, wer zu später Stunde den berühmten Lindenboulevard bewundern möchte. Einige bessere Restaurants mussten wieder zumachen, Souvenirläden dominieren die einstige Prachtmeile. Zu beobachten sind rührende Versuche, den Lindenboulevard aufzumöbeln. Mal mit Dutzenden scheußlich bemalter Kunststoffbären, mal mit Tonnen hässlicher kubistischer Bronzen eines taiwanesischen Staatskünstlers. Zur Weihnachtszeit spielt der Lindenkorso New York für Arme. Eine bretterverschalte Mini-Eisbahn steht auf dem Mittelstreifen. Dazu erstrahlen die kleinwüchsigen Linden und die Initiatoren schreiben in ihrer Einladung zum feierlichen Anknipsen der Beleuchtung: »Wir können also wieder sagen: Berlin grüßt New York! Wir freuen uns sehr darüber, dass wir den Boulevard auf diese Weise wiederbeleben können. Das Bild der 368 beleuchteten Bäume mit dem Brandenburger Tor im Hintergrund ist nicht nur wunderschön – es ist gerade in der heutigen Zeit mehr denn je ein Symbol der Hoffnung und der Zuversicht.« Man könnte auch sagen: ein wunderschönes Symbol der Illusion. Die Linden sind die am hübschesten beleuchtete tote Hose der Republik. Die erbärmliche Glanzlosigkeit des Regierungsviertels hat etwas Provisorisches, wie einst in Bonn.

Die Mitte der *Mitte* ist zweifellos das Brandenburger Tor. Es ziert Münzen und Briefmarken. Einst Symbol der Teilung, gilt es heute als Symbol der Einheit, ja der deutschen Nation schlechthin. Ein Minimum an Würde, sollte man meinen, stünde ihm also zu.

Aber Berlin ist für Würde leider zu klamm. Deshalb wurde das Tor zur Renovierung einer Telefon-Gesellschaft überlassen, die das Vorhaben zu Werbezwecken streckte. Das Tor wurde kostümiert, etwa als Fußballtor. Auch die *Bild*-Zeitung hat es schon gemietet, die freilich selbst schon eine Art Nationalsymbol darstellt. Das Tor kann praktisch jeder haben, vorausgesetzt er zahlt. Mal als Kulisse für Popkonzerte, mal als passenden Hintergrund für Skispringen. Der gute Geschmack kann in dieser Stadt nicht verletzt werden, da es ihn nicht gibt.

Doch es gibt Hoffnung. Kurz vor Weihnachten 2003 war es wieder einmal so weit. Ein Gebäude wurde seiner Bestimmung übergeben. Nicht irgendein Gebäude – immerhin der Ergänzungstrakt des den Reichstag ergänzenden Paul-Löbe-Hauses, Marie-Elisabeth-Lüders-Haus genannt, mit der gewiss frequentiertesten und beliebtesten Einrichtung aller Abgeordneten, der Bibliothek.

Es ist nicht bloß eine schöne Bibliothek geworden, das wäre Berlin nicht wirklich angemessen, nein, es sind »die schönsten Arbeitsplätze für Büchermenschen nördlich der Alpen« *(Frankfurter Rundschau)* entstanden. Wer die Einweihungsreden hörte, wer die Zeitungen las, konnte glauben, in Berlin habe die abendländische Architektur ihren ersten wirklichen Höhepunkt seit der italienischen Renaissance erfahren.

Die Architektur des Münchners Stefan Braunfels kann sich sehen lassen, aber wozu der gespreizte Ton? Die *Berliner Zeitung* etwa rühmte die »fast archaische Heiterkeit« dieses Zweckbaus. Archaische Heiterkeit? Nichts wäre fremder im betongrauen Einheitslook der Berliner Mitte. Der Berliner *Tagesspiegel* wollte nicht nachstehen, erkannte gar »südländische Grandezza« und »zauberhaft zweckfreien« Raum in »geradezu verschwenderischer Fülle«. »Herrliche Raumverschwendung!«, jubelte auch die *Frankfurter Rundschau* allen Ernstes über diesen Bau aus Steuergroschen. Ja, im Verschwenden erst kommt Berlin zu sich selbst, hier ist es Weltspitze. Und es tut den von Selbstzweifeln geplagten Deutschen gut, dass dieser Zug zur Größe in ihrer »Hauptstadt« endlich Ausdruck findet.

Die Frage bleibt nur, weshalb der schöne Flugzeughangar ins Bürogebäude der Abgeordneten integriert werden musste, statt ihn dort zu errichten, wo er dringend Verwendung finden würde, auf dem seit Jahren durch Geldmangel, Filz und Inkompetenz ausstehenden Großflughafen.

An ein genmanipuliertes Treibhaus erinnert der gewaltige Riegel aus Betonmauern und Glas. Auch das ist kein schlechtes Symbol. *Das Treibhaus* nannte Wolfgang Koeppen seinen berühmten Roman, der damit endet, dass sich ein Bundestagsabgeordneter von der Brücke in den Fluss stürzt. Selbst daran hat der Architekt gedacht und die Brücke gleich mitgeliefert. Auf zwei Ebenen überspringt sie die Spree. Die untere ist für die Wähler, die obere, wie könnte es anders sein, für die Gewählten. Es bedarf eben einer gewissen Fallhöhe, soll der Sturz erfolgreich sein. In Bonn musste der verzweifelte Abgeordnete noch die nächste Rheinbrücke aufsuchen. Berlin ist nun endlich auch in dieser Hinsicht eine Hauptstadt der ganz kurzen Wege.

Sichtbeton und Glas. Anderswo sind sie Ausdruck nüchterner Zweckmäßigkeit, in Berlin jedoch »illustre Triumphe«, und das

Marie-Elisabeth-Lüders-Haus, es musste einfach gesagt sein, »ein Ensemble von weltstädtischem Rang«. (Gottfried Knapp in der *Süddeutschen Zeitung.*)

Berlin strahle den Glanz einer Weltmetropole aus, wird mantrahaft beschworen. Dies ist mehr der Ausdruck eines unerfüllten Traums denn realistische Wahrnehmung. Womöglich verbirgt sich hinter solchem Triumphgeheul jedoch etwas ganz anderes, nämlich die landestypische Art, Mangel zu kompensieren. Die Architekturkritiken verraten es. Die *Süddeutsche Zeitung* hoffte sehnsüchtig, der Besucher des Neubaus werde doch bitte »andere europäische Hauptstädte nicht mehr als unerreichbar fern empfinden«. Fern, ja, leider! Aber wenigstens bitte nicht mehr unerreichbar fern. Die *Berliner Zeitung* gab noch deutlicher zu erkennen, dass ihr hohes Lob nichts anderes ist als Schmerz über das, was Berlin so sehr entbehren muss, nämlich »das Gefühl für Rhythmus, für die Staffelung von Baukörpern«. Endlich sei den »banal aufgereihten neuen Blöcken« ein »Stadtkunstwerk« entgegengesetzt worden, das »selbst im Berliner Dezembergrau etwas von der Lichtsehnsucht antiker Tempelanlagen« habe.

Da war nicht nur ein weiteres Gebäude fertiggestellt, sondern viel Bedeutenderes vollendet worden: Das »Band des Bundes«. Es handelt es sich dabei zweifellos um eine Schwester jenes »Grünen Bands der Sympathie«, mit dem die Dresdner Bank wirbt. Ein Band, das Vertrauen schaffen soll für ein Unternehmen in Schieflage. Es besteht aus einer endlos langen Heftklammer aus Beton, mit der – symbolisch, versteht sich – die beiden einst geteilten Hemisphären der Stadt mit Macht zusammengetackert wurden.

Das graue Band sollte eigentlich noch viel beeindruckender sein, als es die lausigen 400 Meter des Paul-Marie-Elisabeth-Löbe-Lüders-Riegels sind. Es beginnt bereits mit den ebenfalls mehrere 100 Meter langen Mauern des neuen Kanzleramts, welche so gut befestigt und bewacht sind wie früher der Todesstreifen, aber höher sind und in Nord-Süd-Ausrichtung verlaufen.

Die republikanische Riesen-Klammer transzendiert – oder soll man sagen: parodiert? – nicht nur die alte Mauer, sondern überspannt auch noch den weiten Bogen der Spree wie eine Sehne – genau dort wo einst Gröbaz, der größte Baumeister aller Zeiten, das Zentrum Germaniens vorgesehen hatte. Das neue Berlin macht das viel besser, doch nicht weniger eindrucksvoll. Statt mit einem größenwahnsinnigen Kuppelmonster die Welt zu irritieren, legt es sich hierarchisch flach auf den märkischen Sand und macht sich ganz lang.

Die übrige trostlose Neubauarchitektur in »Mitte«, Klotz an Klotz, erzwungen von hirnrissigen Bauvorschriften, könnte durchaus symbolischen Rang beanspruchen. Nicht nur für Berlin, sondern für den Geist der ganzen Republik. Besser als der große Architekt Günter Behnisch kann man es nicht formulieren. Er kritisiert die »Selbstherrlichkeit und Überheblichkeit« einer »von oben übergestülpten« Ordnung und fügt hinzu: »Wenn man Bauten antreten lässt wie Rekruten, dann spiegelt das für mich das Wunschbild unserer Gesellschaft wider.« Aber: »Man kann das nicht aufpressen, denn Zusammenhalt ist ja nichts Äußerliches. Und die Architektur kann nicht in Ordnung bringen, was die Realität versaut.« Für den Architekten Behnisch jedoch war »das Einzelne immer wichtiger als die große Ordnung«.[19] Deshalb wurden seine Gebäude zum Sinnbild eines anderen Staats, der Bonner Republik. Es ist die transparente, beschwingte Leichtigkeit des Münchener Olympiastadions und des Bonner Bundestags – dem vielleicht schönsten Parlamentsgebäude überhaupt, das leider erst fertig wurde, als der Umzug schon bevorstand.

Die Architektur Berlins ist rechthaberisch, aber nicht selbstbewusst. Das Kanzleramt ist sichtbarer Ausdruck von gleich zwei Illusionen. Die erste kommt vom Bauherrn Helmut Kohl. Das Kanzleramt durfte sich vom Reichstag nicht übertrumpfen lassen. Ein Kanzler vom Schlage Kohls will sich nicht einmal symbolisch dem Souverän unterordnen. Deshalb wurde die Betonkiste seines Kanzleramts aufgepumpt und wirkt so unersättlich und maßlos wie sein Bauherr. Es sieht wie das Mausoleum der Ära Kohl aus. Der kluge Architekt Axel Schultes hat das natürlich gemerkt. Deshalb hat er versucht, die schiere Masse des Baukörpers mit einer zweiten Illusion zu konterkarieren. Er versuchte die »Dummheit der Fassade« (Schultes) zu überspielen, aus der Not eine Tugend zu machen und für den ersten echten Medienkanzler, Gerhard Schröder, eine fernsehshowtaugliche Kulisse zu zaubern. Kollege Behnisch hat auch dafür das passende Urteil parat: »Das ist so ein Kinoding geworden, wo man immer darauf wartet, dass der Kanzler mit Elektrogitarre die Treppe runterkommt.«

Leider verdient das Band des Bundes seinen Namen nicht. Eine zugige, hässliche Schneise zerschneidet es zwischen Kanzleramt und Abgeordnetenriegel, dort, wo der Entwurf Axel Schultes ein Bürgerforum vorgesehen hatte, wofür aber nun das Geld fehlt, das schon im Flugzeughangar steckt. Die Lücke gibt den Blick frei auf einen Fremdkörper, auf das einzige Gebäude geradezu menschlich anmutenden Formats: die Botschaft der Schweizer Eidgenossenschaft, gebaut vor dem Krieg und wie ein Wunder unzerstört geblieben. Die Schweiz widersetzte sich allen Vertreibungsversuchen. Tell ignoriert den Gesslerhut des Kanzleramts. Außer der eidgenössischen Botschaft ist in der Lücke nichts zu sehen als ein riesiges Loch in der Stadt.

»Es gibt wenige Großstädte in der Welt, in deren Zentrum man sich wie auf einem niedersächsischen Acker fühlt«, stellte die *Frankfurter Allgemeine Sonntagszeitung* betrübt, doch ungerührt fest, »Berlin ist eine davon.« Metropolenglanz als Fata Morgana in der westsibirischen Steppe. Das Band des Bundes liegt mitten in der Stadt und doch zugleich mitten im Nichts. Gedacht war das ganz anders. Der neue Hauptbahnhof, eine bananenförmige Glaswulst, sollte von einem »Wolkenbügel« und »schwebenden Dach« überkrönt werden. Nur fehlen die Mittel und nichts schwebt außer Flausen. »Statt Häusern am Hafen: kalter Wind. Statt Bahnhofsviertel: wehender Sand. Kanzleramt und Lehrter Bahnhof stehen da wie schöne Metaphern einer arg ramponierten Stadtgesellschaft« (*Frankfurter Allgemeine Sonntagszeitung*). Die romantische Vision von Hauptstadt und die Wirklichkeit klaffen so weit auseinander wie an keinem anderen Ort der Welt.

8. Illusion: Geschichte ist heilbar

Ganz Berlin schwärmt vom Schloss. Das Schloss lag nicht in Berlin, das Schloss war Berlin (Wolf Jobst Siedler), habe es zu besseren Zeiten geheißen.

Für das Schloss, oder besser, die Illusion von einem Schloss, nämlich nichts anderes als seine rekonstruierte Fassade, fehlt ebenfalls Geld. Aber das hat in Berlin noch niemals jemanden davon abgehalten, die eigene Vorstellung für den Willen und den Willen für die Macht zu halten und das Wünschenswerte für Realität. Der Bau des Schlosses gilt selbstredend als patriotischer Akt. Mit überwältigender Mehrheit (384 zu 133 Stimmen) votierte der Bundestag am 2. Juli 2002 für die Rekonstruktion.

Das Schloss – die Schlossfassade – symbolisiert offenbar noch eine andere Illusion. Es ist die Illusion, die finsteren Kapitel der Berliner/deutschen Geschichte könnten überstrahlt werden von ihrer zurechtgeklitterten Vorgeschichte. Die barocke Fassade soll an die hohe Zeit des aufgeklärten Preußens erinnern. Potemkinscher Glanz soll der »Hauptstadt« helfen, den Müll ihrer Geschichte zu verstecken.

»Gebt uns unser Schloss, unsere Liebe, unsere Illusion, gebt uns diesen Anker in der Verlorenheit einer Stadt … gebt uns ein Phantasma von Identität – und schützt uns vor der Unfähigkeit unserer Architekten, vor den moralinsauren Bedenken der Historiker, vor der Wahrhaftigkeit vor unserer Geschichte.« [20] So parodierte der Berliner Architekt und Stadtplaner Axel Schultes die Motive der Schlossfreunde.

Weil hinter der Fassadenrekonstruktion eine propagandistische Absicht steckt, werden die Gegner der Illusion wie gewohnt als gestörte Patrioten denunziert. Sie betrieben den bekannten »deutschen Kult um die offene Wunde« (die grüne Vizepräsidentin des Bundestags, Antje Vollmer), Schlosshass sei Selbsthass (*Frankfurter Allgemeine Zeitung*).

Aber die Entscheidung für das disneyworldhafte Preußenschloss-Imitat ist ganz einfach eine Entscheidung gegen moderne Architektur. Ein Misstrauensvotum gegen die Zukunft. Günter Behnisch: »Alle reden von Innovation, in Wahrheit aber sind sie so verkniffen, dass sie sich nur Altes vorstellen können.«[21] So wird das Schloss zum Symptom des Zustands dieser Republik und ihrer Unfähigkeit zur Reform. Axel Schultes giftet: »Für nichts als eine Vedute, ein Panorama, eine Fassade, eine Illusion gibt Berlin ohne Not eine Jahrhundertchance aus der Hand … muss denn nun wirklich im anschwellenden Chorgesang der Nostalgiker und Populisten das Schloss als Farce wieder aufgeführt werden, als Komödie von Tradition und Geschmack, als Kurzschluss der Vorbilder, als Verrat an der eigenen Zeit, als Angst vor dem Neuen? … Dieser Mangel an Instinkt für das Urbane ist der Kern der Berliner Tradition bis heute.«[22]

Dem Schloss muss Platz geschaffen werden. Deshalb wurde beschlossen, vorsorglich schon einmal den Palast der Republik zu beseitigen, was die Kleinigkeit von 20 Millionen Euro kostet. Kulturelle Nutzungsangebote für den alten DDR-Palast wurden ausgeschlagen. Auf dem Weg zur Weltmetropole lässt sich Berlin nicht einmal von Ostalgie bremsen. Nun entsteht erst ein weiteres Loch in Mitte, ein weiteres weites Feld voller Pfützen, bis zu jenem St. Nimmerleinstag, an dem genug Geld da sein wird, das Phantomschloss zu materialisieren.

Der Abriss des Palastes der Republik könnte eine zwar nicht beabsichtigte, aber trotzdem willkommene Folge haben. Statiker befürchten das dramatische Absinken der Fundamente des nahe gelegenen Doms. Bei ihm handelt es sich zweifellos um einen der scheußlichsten Sakralbauten des christlichen Abendlandes, ein von Wilhelm II. persönlich mit geplantes und von nationalistischem Größenwahn buchstäblich gezeichnetes Bau-

und Machwerk, der »Petersdom« der preußischen Staatskirche. Man hätte Verständnis dafür, wenn der liebe Gott den kaisertreuen Deutschen dieses so genannte Gotteshaus dadurch heimzahlen wollte, dass sie jetzt mit dieser Hauptstadt geschlagen sind. Bis heute ringt der Dom mit dem Palast der Republik um den Sieg in der Berliner Stadtmeisterschaft um die jämmerlichste architektonische Hinterlassenschaft vergangener Regime.

ACHT

Die Spekulationsblasen platzen

Einheit und Globalisierung

Erstens kommt es anders, und zweitens als Politiker es versprechen. Das ist eine Grundregel der Politik. Zukunft ist nicht voraussagbar und Politikern die Gegenwart ohnehin viel wichtiger. Zukunftsentwürfe sollen die Wähler blenden. So war auch die »Einheit«, von der die Politiker sprachen, nur ein Projekt aus falschen Annahmen, Wünschen, Hoffnungen, Illusionen und Träumen.

Aber damit steht das Projekt der Einheit nicht allein in der Geschichte der Deutschen. Und auch nicht allein in einer weltgeschichtlichen Zäsur. In den Jahren des Umbruchs wurden nicht nur in Deutschland aus Zukunftsvisionen gigantische Spekulationsblasen.

Mit der Globalisierung kam der Traum von der Welt als unaufhaltsam boomender Markt. Die Übertreibungen der New Economy waren eine globale Hysterie. Die Leichtgläubigen, die Enthusiasten, die Unersättlichen: sie wurden bestraft und prallten hart auf den Boden der Realität. Die Spekulationsblase der Aktienkurse platzte.

Nicht zum ersten Mal geriet die Menschheit zum Epochenschnitt in Zukunftstaumel.

Stefan Zweig erinnert sich: »Das neunzehnte Jahrhundert war in seinem liberalistischen Idealismus ehrlich überzeugt, auf dem geraden und unfehlbaren Weg zur ›besten aller Welten‹ zu sein. Mit Verachtung blickte man auf die früheren Epochen mit ihren Kriegen, Hungersnöten und Revolten herab ... Jetzt war es doch nur eine Angelegenheit von Jahrzehnten, bis das letzte Böse und Gewalttätige endgültig überwunden sein würde, und dieser Glaube an den ununterbrochenen, unaufhaltsamen ›Fortschritt‹ hatte für jenes Zeitalter wahrhaftig die Kraft einer Religion.«[1] In welche Höllen dieser »Fortschritt« führte, wissen wir. Übrigens war gerade der Nationalismus für einen Garanten des Fortschritts gehalten worden.

Einige Denkfehler der Einheit wirken wie eine Ableitung der Fehler, die bei der Globalisierung der Weltwirtschaft gemacht wurden.

Auch die Globalisierung wurde vom Zusammenbruch der kommunistischen Hemisphäre ausgelöst. Seitdem hat der Kapitalismus kein natürliches Gegengewicht mehr. Und auch deshalb kannte der Taumel der Spekulation keine Grenzen. Gleich zwei neue Utopien folgten der gerade zerstörten. Die eine platzte an den Börsen. Die andere zerfiel mit den Türmen in New York zu Staub – die Utopie nämlich vom ewigen Frieden nach Kaltem Krieg.

In den Jahren seiner grenzenlosen Expansion wurde der Kapitalismus maßlos. Der Diktatur des Proletariats folgte die Diktatur des Marktes. Auch die Ostdeutschen lernten den Kapitalismus gleich in seiner aggressivsten Form kennen. Durch die neuen Länder fuhr der Eiswind des globalen Wettbewerbs. Die Deutschen glaubten, sie könnten ihn mit ihren biederen Bordmitteln eines überstrapazierten Sozialstaates in Schach halten. Aber der globale Kapitalismus lässt sich nicht mit nationalen Maßnahmen zähmen und wirkungsvolle supranationale Kontrollinstitutionen gibt es noch nicht.

In weiten Teilen der Welt wurde die Globalisierung als ökonomische und kulturelle Kolonisierung durch den Westen verstanden. Doch Globalisierung verspricht eine Welt, die künftig durch gemeinsame Werte vereint sein wird – Werte der europäischen Aufklärung, Menschenrechte, individuelle Freiheit. Der islamische Fundamentalismus scheint jedoch stärker zu sein als die Kraft der Befreiung aller Menschen aus selbst verschuldeter Unmündigkeit nach westlichem Muster. So wie George W. Bush der Illusion folgte, das amerikanische Modell der Zivilisation lasse sich auf die ganze Welt übertragen, glaubte Helmut Kohl, das westdeutsche Modell der Demokratie könne mühelos auf die Gesellschaft der DDR übertragen werden.

Der »Nahe Osten« der Bundesrepublik ist gottlob kein islamischer Gottesstaat – aber doch auch lange genug Teil einer ganz anderen Welt gewesen. Deshalb stimmten die westlichen Hoffnungen mit den östlichen Realitäten nicht überein. Unterschiedliche Werte-Sets machten das Wunschbild der Einheit zur Illusion.

Das Modell der Bonner Republik mag rechtlich und politisch übertragbar erscheinen, trotzdem wird es unterschiedlich interpretiert. Die Deutschen muteten einander zu viel zu. Die Spekulationsblase der Einheit platzte.

Was ein zu heftiger Systemwechsel anrichten kann, ist in Russland zu besichtigen. Die kapitalistische Schocktherapie erzeugte Chaos und den sehnlichsten Wunsch des Volkes nach »gelenkter Demokratie« à la Putin. Unbarmherzig spaltet die neue Zeit das Land in neue Reiche und ein Heer hoffnungsloser Habenichtse. In Deutschland sind Dank der Umverteilung die Verhältnisse geradezu paradiesisch, aber die Schockwirkung blieb nicht aus. Ein bisschen mehr »gelenkte« Demokratie wäre wohl auch vielen Ostdeutschen nicht unangenehm. Und das Umverteilen wird zur Dauerbelastung, die allmählich das ganze Land ruiniert.

Einheit in Europa

Als am ersten Mai 2004 zehn neue Mitgliedsstaaten in die Europäische Union aufgenommen wurden, waren in ganz Europa ähnliche Töne zu hören wie 14 Jahre zuvor in Deutschland. Das Wörtchen Glück wurde wieder strapaziert. Von Träumen, die nun endlich wahr würden, war zu hören. Es wachse endlich zusammen, was zusammengehöre. Und die zu erwartenden Profite überträfen die Kosten in Kürze bei weitem. Joschka Fischer war fast schon so sentimental geworden wie einst Helmut Kohl. Die Politiker platzten fast vor Freude. Nur ausreichend vorbereitet hatten sie die Europäische Union auf die Riesenaufgabe so wenig wie einst Deutschland – obwohl doch diesmal Zeit genug gewesen wäre. Wie die Töne sich glichen! Man hätte sich ja gerne mitgefreut, hätte nicht alles so verdächtig nach der Einheit erster Teil geklungen.

Auch die Osterweiterung der Europäischen Union ist nichts anderes als eine gewaltige Spekulation auf die Zukunft. Nach den Erfahrungen mit dem Beitritt der DDR sollte die Zeit für Illusionen vorbei sein. Den Skeptikern wurden, wie damals in Deutschland unpatriotische Motive, jetzt antieuropäische Motive unterstellt. Blind zu sein für diesen großen Wurf der Geschichte, wurde ihnen vorgeworfen.

Von Lügen und Illusionen der Vereinigung verstehen aber gerade die Deutschen genug. Und deshalb sind diesmal die Skeptiker in der Mehrheit. Noch einmal lassen sich die Deutschen nicht enttäuschen. Sie rechnen mit nichts Gutem. Damit stehen sie auch nicht allein. In den drei größten Staaten der EU waren mehr Menschen gegen die Erweiterung als dafür.[2] Am deutlichsten in Frankreich und Großbritannien. In Deutschland lagen die Werte bei 42 Prozent Ablehnung und 38 Prozent Zustimmung.

Der Todesstreifen der Unvernunft ist beseitigt. Das Ende der Teilung der Welt in zwei waffenstarrende Hemisphären öffnete den postkommunistischen Staaten Europas die Tür zur EU. Es galt, sie an den Westen zu binden, um die Demokratie in diesen

Ländern zu stärken, und sie zum Nutzen aller am Wohlstand teilhaben zu lassen. Polen hatte heldenhaft gegen die Türken gekämpft. Böhmen, Ungarn, der halbe Balkan war Teil der österreichischen Monarchie gewesen, die Städte an der Ostsee Mitglieder der Hanse. Sie alle gehören zum christlichen Abendland und seiner Kultur. Und auch deshalb stellen wir uns gern vor, wie sich alle Europäer wie Brüder und Schwestern in die Arme fallen.

Aber in Europa wird der Prozess der Vereinigung noch schwieriger sein als in Deutschland. Handfeste Ressentiments und eisenharte Verteilungskämpfe werden die Sache erschweren.

Schon die vorherigen Erweiterungsrunden waren nicht einfach gewesen. Spanien, Portugal und Griechenland hatten die mentale Hinterlassenschaft faschistischer Militärdiktaturen zu überwinden gehabt. Der wirtschaftliche Rückstand der Neuen war groß, aber nicht halb so groß wie der Nachholbedarf der acht osteuropäischen Mitglieder. Vor allem aber hatte die Gemeinschaft mehr Zeit zum Zusammenwachsen gehabt und war damals auch noch nicht mehr als eine Freihandelszone gewesen.

Die europäische Bevölkerung vergrößerte sich am 1. Mai 2004 um 20 Prozent, die Wirtschaftskraft allerdings nur um fünf Prozent. Die Arbeitslosigkeit der östlichen Beitrittsländer ist doppelt so hoch wie im EU-Durchschnitt. Die Kosten, die von den amtierenden Beschwichtigern genannt werden, sind erstaunlich gering. Kohl hatte einst auch versprochen, die »Wiedervereinigung« sei ohne Steuererhöhungen und ohne Wohlstandsverlust zu verkraften. Der Beitritt der DDR kam zu schnell. Auch dieser Fehler wurde im europäischen Maßstab wiederholt.

Die Erweiterung um zehn Staaten hat die Gemeinschaft nicht einfach nur vergrößert. Auch Deutschland wurde mit dem Anschluss der DDR nicht nur eine größere Bundesrepublik, sondern etwas qualitativ anderes. Die Deutschen hätten ihre Spielregeln, etwa das Verhältnis zwischen Bund und Ländern, vor dem Beitritt reformieren sollen. Deutschland verzichtete auf eine neue Verfassung, um hinterher festzustellen, dass man leider unvermutet in schlechte Verfassung geraten war. In Europa wurde dieses Versäumnis wiederholt. Die Spielregeln der EU waren schon für 15 Mitglieder zu schwerfällig.

Das europäische Parlament ist noch immer nicht der eigentliche Repräsentant des europäischen Staatsvolks, und die Kommission besitzt noch nicht die Qualität einer echten Regierung. Die nationalen Regierungen bestimmen darüber, was in der Union geschieht. Es gibt nicht einmal ein europäisches »Staatsoberhaupt«. Europas Bürokratie empfinden die Bürger als Zumutung. Zu viele Akteure blockieren sich gegenseitig.

Auch die bisherigen 15 EU-Mitglieder waren nicht in der Lage, geschlossen voranzugehen. Nicht alle haben die Schlagbäume niedergerissen, sondern nur die Mitglieder des Schengener Abkommens. Briten und Schweden wollen vorerst ihr eigenes Geld behalten. Und schon die 15 hatten durchaus keine gemeinsame Vorstellung von Tempo und Ausmaß der Vereinigung.

Deshalb hätte die Verfassung eine Voraussetzung des Beitritts sein müssen, sie wurde aber zum Spielball des Beitritts, lange bevor er feierlich vollzogen war. Ausgerechnet das Beitrittsland Polen lehnte den Verfassungsentwurf ab.

Wie hysterisch Nationalisten sind, blitzte auf, als Bundeskanzler Schröder den polnischen Ministerpräsidenten einlud, am Tag des Jubels mit seinem Dienstflugzeug zum EU-Erweiterungsgipfel nach Dublin zu fliegen. Das gehöre sich nicht, protestierten Spitzenpolitiker Polens, sogar der Vize-Präsident des polnischen Sejm, der Sozialist (!) Nalesz. Wie werden die niederen Instinkte der Nationalisten erst in Wallung kommen, wenn die Verteilungskämpfe voll entbrennen?

Realistische Politiker hätten den Nationalismus in die Kalkulation des Beitritts mit einbeziehen müssen, statt sich mit abendländischen Sonntagsreden zu beschwichtigen. Polen und andere Länder traten nicht aus Begeisterung für ein transnationales Europa der Union bei. Sie wollen den ökonomischen Nutzen der Gemeinschaft, ohne dafür auf nationale Souveränität zu verzichten.

Den alten Europäern aber ist längst klar, dass die Union keine bloße Wohlstandsmaschine, kein ökonomischer »Catering-service« (Peter Sloterdijk) sein darf, sondern eine Gesellschaft europäischer Bürger werden muss.

Tschechiens Staatspräsident Klaus, der lauteste Nationalist – und vielleicht deshalb der mit Abstand populärste Politiker seines Landes –, begrüßte Polens Blockade der Verfassung mit dem Argument: »Der Versuch, eine Verfassung durchzusetzen, war ein radikaler Schritt zur Schaffung eines europäischen Superstaats. Wer das nicht weiß, weiß gar nichts.«[3] Klaus weiß nicht, dass der Verzicht auf nationale Souveränität dem Interesse der Nationen dient. Ein Paradox? Gewiss. Aber ein Paradox von bestechender Intelligenz.

Diese Intelligenz muss aber erworben werden, der Herr gab sie auch den Gründungsmitgliedern der Europäischen Union nicht im Schlaf. Der Lernprozess dauert bereits ein halbes Jahrhundert. So wie die Deutschen sich mit der Vorstellung in die eigene Tasche logen, alle Ostdeutschen seien für die Bonner Demokratie gleichsam geboren, so ist es eine Illusion, darauf zu vertrauen, dass die Mehrheit der Polen, Tschechen und anderer Osteuropäer diesen Lernprozess überspringen könnte. »Länder mit einer langen Erfahrung in der Union reagieren eben anders als Staaten, denen diese Erfahrung fehlt«, kommentierte Frankreichs Präsident Chirac.

Einen Minimalschutz gegen nationalistische Spielverderber bietet nur eine vernünftige Verfassung. Wenige kleinere Staaten dürfen den Prozess nicht aufhalten. Polen (und Spanien) wollten verhindern, dass die Entscheidungen in Brüssel die Mehrheit der europäischen Bevölkerung repräsentieren, nicht bloß die Mehrheit der Mitgliedsstaaten. Der Verfassungsentwurf sah beides vor. Eine doppelte Mehrheit sollte hinter allen Beschlüssen stehen, die Mehrheit der Staaten und zugleich mindestens 60 Prozent der Bevölkerung. Polen favorisierte das alte System des Vertrags von Nizza, wonach die 80 Millionen Deutschen mit 29 Stimmen kaum mehr Einfluss hätten als die nicht einmal 30 Millionen Polen mit 27 Stimmen. Das kann nur akzeptieren, wer die EU als eine Art UNO missversteht. Dort haben die Fidschi-Inseln eine Stimme – und China auch. Die geplante Sternstunde der Geschichte war zum Rückfall in nationalistische Umnachtung geworden. Inzwischen bewegt sich die EU millimeterweise auf einen enttäuschenden Kompromiss in der Verfasssungsfrage zu.

Es wäre vernünftiger gewesen, diesen Streit schon in den Beitrittsverhandlungen auszutragen. Offenbar wurde aber an die Kandidaten die Gretchenfrage gar nicht gestellt: Wie hältst du es mit dem Nationalismus? Aber die Regierungschefs wollten auf das Siegertreppchen der Geschichte, sich wie einst Kohl ihre Illusionen nicht nehmen lassen.

Auch Spaniens national-konservative Regierung blockte. Doch nach den Terroranschlägen des 11. März 2004 in Madrid wurde sie abgewählt und Spanien wieder pro-europäisch. Fundamentale Entscheidungen über die Zukunft der Gemeinschaft sollten jedoch nicht davon abhängig sein, welche Regierung in einem von 25 Mitgliedsstaaten gerade zufällig an der Macht ist. Der Fall zeigt: Es gibt keine europäische Staatsräson, und es wird sie noch lange nicht geben.

Die Beschlussfassung der Regierungschefs garantiert nicht, dass die Verfassung in Kraft tritt. Sie muss von 25 Ländern ratifiziert werden, in zahlreichen Ländern durch Volksabstimmungen. Die Franzosen stimmen vielleicht zu, aber ob die Mehrheit der Briten zustimmen wird, scheint illusorisch. 6 : 1 stehen die Wetten bei den Londoner Buchmachern gegen Europa. Die Insulaner sind aufgehetzt von der Massenpresse des australisch-amerikanischen Tycoons Rupert Murdoch. Britanniens Wirtschaft floriert ohne Euro – im Gegensatz zu der Deutschlands und Frankreichs. So könnte das große Werk zum Sprengsatz für Europas Union werden. Es ist ohnehin kein Dokument, das so klar und verständlich verfasst wäre, dass es die Bürger für Europa begeistern könnte.

Dem Parlament wird nach wie vor ein wichtiges Recht, das der Gesetzesinitiative, verwehrt. Und vor allem bleibt die Frage der Finalität – was das Ziel der Einigung sein soll – unbeantwortet.

Machen wir uns also nichts vor. In letzter Konsequenz folgt den Beitrittsrunden als Nächstes vielleicht ein Austritt. Frankreichs Präsident Chirac sprach es aus. Sinnvoll wäre es gewesen, in die Verfassung eine Klausel aufzunehmen, wonach Länder, die die neue Verfassung ablehnen, die Union verlassen sollten.

Die von allen deutschen Parteien geteilte Ansicht, die Erweiterung der Europäischen Union sei ohne weiteres mit ihrer Vertiefung zu vereinbaren, ist ein schwerer Trugschluss. Es ist ungefähr so, als erwarte man von einem bis unters Dach voll gepackten Auto, schneller zu fahren. Der Wagen wird vermutlich zusammenbrechen.

Die Verfassung soll auch das europäische Bewusstsein der Bürger steigern. Wahrscheinlich ist auch das ein Fehlschluss. Bevor eine Verfassung das europäische Bewusstsein der Bürger steigern kann, muss das Gefühl da sein, zusammenzugehören. Erst aus diesem Gefühl heraus kann ein gemeinsamer politischer Wille entstehen. Kurt Biedenkopf: »Eine Verfassung ... kann keine Bindungen schaffen, die Europa definieren und zusammenhalten, sie kann nur Ausdruck dieser Bindungen sein.«[4] Der langjährige sächsische Ministerpräsident weiß, wovon er redet. Auch er vergleicht Europa mit dem deutschen Einheitsprozess, der »ein ernüchterndes Beispiel« für das europäische Problem lieferte.

Wie wenig sich die Deutschen als Bürger Europas fühlen, zeigen die überaus schwache Beteiligung bei den Wahlen zum europäischen Parlament sowie Umfragen. »Das geringe Interesse an europäischen Fragen geht mit einer schwerwiegenden Unterschätzung der europäischen Institutionen einher.«[5] Nur zehn Prozent der Deutschen glauben, dass die Zukunft Deutschlands besonders von den Inhalten der europäischen Verfassung abhängt, nur 14 Prozent meinen dies von der Europäischen Kommission. Und nur 15 Prozent sehen Deutschlands Zukunft davon abhängig, ob die europäische Einheit vorankommt. Die EU-Wahlen wurden von den meisten Parteien dazu missbraucht, sich innenpolitisch zu bekämpfen. Sie haben es zu verantworten, dass die Bürger glauben, das EU-Parlament habe nichts zu melden, die Wahl sei überflüssig. Entsprechend katastrophal fiel die Wahlbeteiligung aus – vor allem im Osten. Und ganz besonders in den neuen Mitgliedsländern, wo doch eigentlich die Teilnahme am höchsten hätte sein müssen.

Andererseits wünschen 78 Prozent der Deutschen eine Konzentration auf eine Vertiefung der Zusammenarbeit statt eine weitere Vergrößerung der EU.[6] Das lässt darauf schließen, dass es tatsächlich schon Ansätze eines europäischen Bewusstseins gibt. Es wird allerdings durch die Erweiterung und die ständige Diskussion um weitere Beitrittsrunden strapaziert. Eine repräsentative Umfrage in der ganzen EU kommt seit Jahren zu diesem Ergebnis. Als »national und europäisch« empfanden sich mehr als die Hälfte aller Bürger (55 Prozent) bereits 1992. Dieser Anteil ist danach aber nicht weiter gewachsen (2002: 56 Prozent).[7] Ohne Vertiefung der Zusammenarbeit wird sich auch das Zusammengehörigkeitsgefühl der Europäer nicht vertiefen lassen.

Wie schwach schon vor der Erweiterung der Zusammenhalt der Union war, machte auch der Irak-Konflikt deutlich. Einige Staaten schlugen sich militärisch und politisch auf die Seite der Vereinigten Staaten. Der von acht europäischen Staaten unterzeichnete Offene Brief ist eine Urkunde der Unterwerfung unter die amerikanische Hegemonie und ein Dokument europäischer Uneinigkeit.

Aber in diesem Fall waren sich die Bürger Europas einiger als ihre Regierungen. Hunderttausende demonstrierten auch in England und Spanien gegen den Krieg, hielten ihn für das falsche Mittel gegen den Terror. Und als die Anschläge von Madrid bewiesen, dass dieser Krieg Terror züchtet, wählten die Spanier die Regierung ab. Sie zeigten eine ganz andere Mentalität als die Amerikaner, die sich in so einem Fall patriotisch bis zur Blindheit hinter ihren Präsidenten geschart hätten. Vielleicht sind Krisen dieser Art nötig, um zu erkennen, dass es tatsächlich schon Ansätze einer europäischen Mentalität gibt.

Den Kern des europäischen Gedankens hat ausgerechnet Amerikas Verteidigungsminister Rumsfeld auf den Punkt gebracht, als er verächtlich von »Old Europe« sprach. Polen, Spanien, Italien und Großbritannien waren damit nicht gemeint, sondern Deutschland und Frankreich.

Old Europe ist in der Tat mehr als nur eine Interessengemeinschaft. Nun endlich, anlässlich des Irakdebakels, gab es in Europa Ansätze einer Selbstvergewisserung und eine Wertedebatte.

Der große linke Gesellschaftsphilosoph Jürgen Habermas legte ein Bekenntnis zur »gemeinsamen europäischen Mentalität« ab: »Europäer haben ein relativ großes Vertrauen in die Organisationsleistungen und Steuerungskapazitäten des Staates, während sie gegenüber der Leistungsfähigkeit des Marktes skeptisch sind… Sie haben Präferenzen für die Sicherheitsgarantien des Wohlfahrtsstaates und für solidarische Regelungen…«[8] Ist das wirklich so? Der Christdemokrat Kurt Biedenkopf sieht es anders: »Das große europäische Experiment wird nur gelingen, wenn die Bürger Europas im Stande sind, den staatlichen Zugriff auf die Gesellschaft und deren Ressourcen zu begrenzen, und damit jene Bereiche der Selbstverwaltung und Autonomie neu zu definieren, wo Gemeinschaftsleben und kulturelle Aktivitäten florieren.«[9]

Die fundamentalen Unterschiede zwischen diesen beiden Deutschen deuten an, wie schwer, ja vielleicht unmöglich es ist, die Gemeinschaft überhaupt auf Werte zu verpflichten. Wie soll Europa sich verständigen, wenn nicht einmal die vereinten Deutschen es schaffen?

Die Deutschen als Mustereuropäer?

Hat die deutsche Einheit der europäischen Integration genützt oder geschadet? Sowohl als auch.

Die Einführung des Euro ist eine Folge der Einheit. Die Bonner Regierung bemühte sich darum, die vor allem in Frankreich und England herrschenden Bedenken gegen die Neuauflage des deutschen Nationalstaats zu zerstreuen. Deshalb »verkaufte« sie die deutsche Einigung als Teilstück der übergeordneten europäischen Einigung. Um dies zu besiegeln, lag es nahe, auf das zu verzichten, was im Westen Deutschlands das Nationalgefühl quasi ersetzt hatte: die Deutsche Mark. Sie hatte die Kraft und das wiedererlangte Selbstwertgefühl der Deutschen symbolisiert. Die Deutsche Mark war nicht einfach eine Währung, sie war der sichtbare Ausdruck von Stabilität und Wohlstand. Sie war das, wonach sich die Ostdeutschen am meisten gesehnt hatten. Jetzt tauschte Deutschland die Mark ein gegen die Zustimmung der Nachbarn zur Einheit. Es war der glaubhafteste Schwur der Deutschen auf eine europäische Zukunft.

Die Bonner Regierung tat alles, den Deutschen dieses »Opfer«, wie man es damals sah, als so gering wie möglich darzustellen. Sie versprach, die neue Währung sei genauso hart wie die geliebte Mark. Deshalb spielte sich Bonn als unerbittlicher finanzpolitischer Zuchtmeister auf. So glaubensfest sich die Deutschen damals auch gaben, sie befanden sich schon nicht mehr ganz auf dem Boden der Tatsachen. Ach, hätten sie doch zunächst einen Stabilitätspakt mit sich selbst geschlossen, als sie die Währungsunion mit der konkursreifen DDR eingingen!

Der Stabilitätspakt, auf Drängen der Deutschen 1996 in Dublin beschlossen, sah klare, bereits im Maastricht-Vertrag von 1992 von den Deutschen mit Macht durchgesetzte Kriterien vor. Gesunde Staatsfinanzen wurden genau definiert: Der Anteil des Staatsdefizits am Bruttoinlandsprodukt darf höchstens drei Prozent betragen. Wird diese Grenze überschritten, folgt ein Strafmechanismus.

Die Blamage war abzusehen. Die vormals ihrer Solidität wegen bewunderten und beargwöhnten Deutschen verschuldeten sich einheitsbedingt über beide Ohren.

Das vorgesehene Verfahren wurde schon wegen des Defizits im Jahr 2002 eingeleitet. Es besteht kaum Hoffnung, dass Deutschland sein Defizit im Jahr 2005 wieder unter die drei Prozent drücken kann. Die Strafe wäre eigentlich fällig.

Aber auch Frankreich und andere Staaten verfehlten das Ziel. Die zwei größten Sünder machten sich nun erfolgreich daran, die »Paragrafenreiterei« Brüssels zu bekämpfen. Das Strafverfahren gegen Berlin und Paris wurde ausgesetzt. Aus dem Stabilitätspakt wurde ein »Labilitätspakt«.

»Wir lassen uns nicht unter Kuratel stellen«, tobte Finanzminister Eichel, Finanzpolitik sei Sache der Nationalstaaten. Je größer ein Land ist, desto ungestrafter kann es die Gemeinschaftsregeln verletzen. Kann man es den Polen noch verübeln, dass sie »nationalistisch« argumentieren? Wird es eng, sitzt auch den Deutschen das nationale Hemd näher als der blaue Rock Europas. Sie zählen auch, was die Umsetzung von EU-Richtlinien angeht, schon seit langem zu den säumigsten Mitgliedern.

Wegen der Osterweiterung braucht die Europäische Kommission mehr Geld. Der Haushalt soll von einem Prozent auf 1,24 Prozent der Wirtschaftsleistung der EU-Staaten wachsen. Wer soll das bezahlen? Deutschland natürlich, der mit Abstand größte »Netto-Zahler« der Gemeinschaft, der aber schon den Stabilitätspakt nicht erfüllen kann. Deutschland besteht also darauf, den EU-Haushalt einzufrieren. Weigert sich der Zahlmeister Europas, mehr zu geben als bisher, wird die Europäische Kommission zum zahnlosen Pappkameraden und damit würde die einzige Kraft geschwächt, die ohne Rücksicht auf nationale Egoismen die europäische Zusammenarbeit vorantreiben kann.

Die Erweiterung der EU nach Osten und Südosten wird nicht nur die europäische Integration bremsen, sondern auch auf den innerdeutschen Einigungsprozess negative Auswirkungen haben. Die Konkurrenz für die ostdeutsche Wirtschaft wird härter. »Machen wir uns nichts vor. Aus der Zwangslage zwischen der hoch produktiven Wirtschaft des Westens und den Niedriglohngebieten in Polen und Tschechien können sich die neuen Länder nur schwer befreien.«[10] Dabei ist die Sorge, billige Arbeitskräfte könnten in Heerscharen in Deutschland einfallen, noch relativ gering. Größer ist die Angst vor dem Wettbewerb mit den Beitrittsländern. Sie konkurrieren mit niedrigeren Löhnen, niedrigeren Sozialabgaben, niedrigeren Steuern und weniger Bürokratie. Es wird hart, die deutschen Standards zu verteidigen. Die deutschen Löhne werden noch stärker unter Druck kommen. Und die Proteste gegen das Steuerdumping der Neuen sind sinnlos. Sie machen nur das, was Deutschland vor 14 Jahren hätte tun sollen.

Auch der Wettbewerb um europäische Fördermittel wird schärfer. Brandenburg, Mecklenburg-Vorpommern und die anderen ostdeutschen Länder zählen nun nicht mehr zu den ärmsten Regionen. Bisher bezogen sie Milliarden aus EU-Kassen (16,6 Milliarden zwischen 2000 und 2006). Nun wird das Geld in die neuen Mitgliedsländer fließen, für Ostdeutschland deutlich weniger übrig bleiben. 55 Prozent der Ostdeutschen glauben, dass die Osterweiterung ihrem Land eher schaden wird. Im Westen waren deutlich weniger Menschen dieser Meinung (39 Prozent).[11]

Viele Ostdeutsche denken ähnlich wie die meisten Polen, empfanden den Beitritt zur Bundesrepublik zuerst als nationale »Wiedervereinigung«, nicht als Beitritt zur EU. Und die heiß ersehnte D-Mark hätten sie lieber nicht gleich wieder hergegeben. Obwohl ihnen das Umgewöhnen leichter fallen müsste – sie haben die D-Mark noch nicht lange –, rechnen heute mehr Ostdeutsche (76 Prozent) Europreise noch immer in Mark um als Westdeutsche (73 Prozent). 68 Prozent der Ostdeutschen haben wenig bis gar kein Vertrauen in den Euro, im Westen sind es nur 58 Prozent.[12]

Erweiterung contra Vertiefung

Was ist ihnen wichtiger: Erweiterung oder Vertiefung? Die Parteien geben keine ehrliche Antwort. Beides zugleich, behaupten sie. Die Wahrheit ist, Vertiefung und Erweiterung sind gleichzeitig nicht zu haben. Entweder machen die Befürworter der Erweiterung sich selbst etwas vor oder sie heucheln.

Mancher Erweiterungsfreund ist gar nicht wirklich an einer

Vertiefung der Europäischen Union und damit an der Schwächung der Nationalstaaten interessiert.

Die EU wird nicht plötzlich auseinander fallen. Sie wird stehen bleiben, erlahmen. Vor zehn Jahren schon sagte Frankreichs damaliger Präsident Mitterand: »Ich bin zwar für die Erweiterung; aber ich möchte nicht, dass dann, wenn der letzte Kandidat beitritt, die Gemeinschaft nicht mehr existiert, da sie bereits von innen her ruiniert ist.« Man hat schon lange keinen Politiker so klar reden hören.

Bulgarien und Rumänien rechnen bereits 2007 mit dem Beitritt. Werden Serbien, Kroatien, Montenegro, die aus einem blutigen Nationalitätenkrieg in Jugoslawien hervorgegangenen Staaten, womöglich Albanien, Weißrussland, die Ukraine folgen? Und dann ist da noch die Türkei.

Woher die Milliarden Euro für anatolische Kleinbauern nehmen? Die Türkei erwirtschaftet nicht einmal 20 Prozent des durchschnittlichen europäischen Sozialprodukts. 30 Prozent der Türken sind arbeitslos. Hochrechnungen zufolge würde der Beitritt 20 Milliarden Euro kosten, wovon ein Viertel Deutschland bezahlen müsste. Auch diese Zahlen sind vermutlich eine grobe Unterschätzung, so war es immer.

Am Beispiel der Türkei zeigt sich der Realitätsverlust der Politik besonders krass. Mit der Türkei kann die Europäische Union nichts anderes mehr sein als Freihandelszone und kraftloser Umverteilungsverein. Das große Ziel, Europas geistig-politische Einheit, kann man dann getrost vergessen.

Natürlich machen sich die Politiker der USA ausnahmslos zu Fürsprechern eines Türkeibeitritts. Es wäre die schönste Art, die Europäische Union auf dem Weg zum kraftvollen Mitspieler auf der Weltbühne zu stoppen und die Türkei für die Bündnistreue zu belohnen – aus der Kasse von »old Europe«.

Schon das alte Versprechen an die Türkei aus den 60er Jahren, Beitrittsverhandlungen aufzunehmen, wenn bestimmte Bedingungen erfüllt seien, war ein haarsträubender Fehler.

Es macht schon Sinn, die islamische Türkei an Europa zu binden. Sie soll stabilisiert werden gegen den Vormarsch des Islamismus. Wirtschaftlicher Aufschwung und Wohlstand scheinen die besten Mittel zu sein. Die Europäisierung der Türkei hätte auch kulturelle Folgen. Der Islam verlöre vielleicht seine Macht als Leitkultur. Aber das alles ist nicht die Aufgabe der Europäischen Union. Sie hat den Zweck, Europa zusammenzuführen. Um die Vereinbarkeit von Islam und Demokratie zu beweisen, müsste die Türkei nicht Mitglied der Union sein. Wirtschaftlicher Aufschwung ließe sich durch andere privilegierte Bindungen an Europa fördern.

Mit der Türkei würde die Europäische Union direkt ans Pulverfass des Nahen Ostens grenzen. Mit 90 Millionen Einwohnern wäre die Türkei der größte EU-Staat. Seine innere Verfassung passt nicht zu Europa, weder die Religion noch der türkische Nationalismus. Es wäre ein verhängnisvoller Fehler, die Sehnsucht einer schmalen, prowestlichen Elite für die Einstellung der ganzen Türkei zu halten. Auf grenzenlose Religionsfreiheit im eigenen Land und freizügige Betätigung in ganz Europa hoffen die Islamisten. Schon heute sind sie das größte Hindernis zur Integration einer noch verhältnismäßig kleinen türkischstämmigen Minderheit in Deutschland.

Die Europäische Union kann nur auf dem Fundament einer gemeinsamen Mentalität, Kultur und Geschichte gebaut werden. »Die unmäßige, unverantwortliche Erweiterung der EU um die Türkei bedroht Europa mit dem Ende aller Hoffnungen auf seine politische Einheit.«[13]

Die Europäer müssen sehen, dass sie die Tassen im Schrank behalten und sie nicht an ihren Illusionen zerbrechen. Auch heiße Wünsche brauchen kühle Köpfe. Beim Bau des europäischen Hauses sind die Schwierigkeiten ja nicht kleiner, sondern eher größer als bei der Restaurierung des deutschen Nationalstaats. Schon malen sich die Europäer seine Innenausstattung in den schönsten Farben aus. Aber es steht noch gar nicht fest, ob seine Statik etwas taugt. Es ist nicht ausgeschlossen, dass das neue Dach über den Köpfen zusammenkracht.

Die Europäische Union war eigentlich immer mehr oder weniger in der Krise. Aber die Krise der kommenden Jahre wird eine andere, neue Qualität haben. Es wird um Sein oder Nichtsein der europäischen Einheit gehen.

Rette sich wer kann, wird es am Ende heißen. Der Begriff für den einzigen Ausweg ist längst in aller Munde: Kerneuropa. Dieser Kern wird die Integration vertiefen, ohne sich von den nationalistischen Bremsern eines schwerfälligen Zugs von dann mehr als 30 Staaten aufhalten zu lassen.

Deutschland, Frankreich, die Beneluxstaaten, Italien, die Gründungsstaaten der Europäischen Gemeinschaft, aber sicher auch andere wie Österreich und Spanien, werden in der morsch gewordenen Hülle einen neuen Bund gründen.

Sie werden ihre Armeen zusammenlegen, eine gemeinsame Außenpolitik betreiben und vieles mehr leisten, was der EU nicht mehr gelingen kann, weil immer ausreichend viele Mitgliedsländer dagegen sind.

Vielleicht bilden sich innerhalb der bisherigen Union auch mehrere Kerne auf verschiedenen Politikfeldern und in unterschiedlichen Regionen. Aber es bleibt keine andere Wahl, um die Folgen der Erweiterung auszubügeln und neue Dynamik zu entfachen.

Was wäre die EU dann noch wert?

Die einen fürchten, Kerneuropa wird die EU spalten und erst recht zerstören. Es könnte sich aber auch der lange Gründungsprozess Nachkriegseuropas noch einmal auf höherem Level wiederholen. Nach und nach würden sich andere Staaten dem neuen Kern anschließen. Diesmal ginge es aber nicht in erster Linie um wirtschaftliche Aspekte, sondern um die echte Überwindung des Nationalstaats.

Wie auch immer die Geschichte ausgehen wird: Die Deutschen sollten aus der Erfahrung mit der Vereinigung ihres Landes gelernt haben, wie sinnlos und gefährlich es ist, Politik im Rausch der Gefühle zu machen. Die Welt funktioniert nun einmal nicht als Wille und Vorstellung.

Das Projekt der deutschen Einheit ist sozusagen an sich selbst gescheitert, an der idealistischen Überhöhung von nationaler Zusammengehörigkeit, am Gleichheitswahn, an der Ignoranz und dem mangelnden Respekt gegenüber den mentalen Unterschieden in den beiden deutschen Gesellschaften.

Was nun, ihr Patrioten?

Wie wäre es damit, endlich einmal die Tatsachen zu akzeptieren, statt die Schönfärberei zur patriotischen Pflicht zu erklären?

Schluss mit »Vollendung« der Einheit! Je mehr »Vollendung« proklamiert und erwartet wird, desto weniger wird es davon geben, desto größer sind am Ende die geschürten Enttäuschungen. Fässer ohne Boden können nun einmal nicht gefüllt werden, man muss sie erst reparieren. Und wenn das nicht möglich ist, hilft es erst recht nicht, die Augen zu schließen und weiterzuträumen.

»Deutschland einig Vaterland« ist eine sprachlich verunglückte Schimäre. Die Deutschen waren nie einig, sind nicht einig und werden es nie sein.

Nationale Politik ist generell an Grenzen gelangt und damit auch nationale Solidarität. Wenn alles gut geht und die »Einheit« das Land nicht noch vollends ruiniert, werden sich die Deutschen in Zukunft weniger mit ihrer Nation verbunden fühlen als mit ihren Regionen. Und ganz Deutschland wird es besser gehen, wenn der Wettbewerb der Regionen eine neue Dynamik entfacht. Nicht nur zwischen Ost und West wird es Wanderungsbewegungen geben. Auch im Westen kämpfen einige Regionen um den Anschluss. Mit welchem Recht sollte der Osten noch länger pauschal bevorzugt werden?

Ganz Deutschland ist weiterhin auf dem »Weg in die zweite Liga«[14], schon allein aus demografischen Gründen. Bis zum Jahr 2020, so die Studie des Berliner Instituts für Weltbevölkerung, wird der Wegzug von jungen Leuten aus dem Norden und Osten in den Süden die Zukunftsfähigkeit einiger Regionen in den alten und neuen Bundesländern drastisch verschlechtern. Nur Bayern und Baden-Württemberg sind auf diese Entwicklung vorbereitet. Und solange die Deutschen nicht in der Lage sind, die Misere durch gezielte und gesteuerte Zuwanderung auszugleichen, wird sich der Trend nicht ändern.

Und damit Schluss mit der Schwarzmalerei. So niederschmetternd soll keine Geschichte enden. Nur, wo finden wir Anlass zu Optimismus?

Das Stichwort ist schon gefallen. Kommen wir noch einmal auf Kerneuropa zurück. Wer die Scheuklappen des Patriotismus verabscheut, kann gar nicht anders, als auf Europa zu setzen. Wie könnte es in 20 oder 30 Jahren organisiert sein?

Das Ziel lässt sich »nicht mit der lockeren Kooperation herkömmlicher Nationalstaaten auf ihrer nationalideologischen Grundlage erreichen. Eine lebensfähige europäische Föderation muss akzeptieren lernen, dass … das Projekt des Nationalismus nach einer zweihundertjährigen Erprobungszeit im Kern gescheitert ist.«[15]

Es wäre deshalb auch vollkommen unsinnig, aus Europa eine Art riesigen Nationalstaat, eine Art Vereinigte Staaten von Europa zu machen. Die Vereinigten Staaten von Europa wären ja nur eine monströse Imitation jenes Nationalstaats, den es zu überwinden gilt. Europa wird ein »Staat« sein, der Freiheit und Bindung der Bürger neu interpretiert. Kein Bundesstaat, aber auch kein Staatenbund aus Nationalstaaten, wie es die Eurosklerotiker wünschen, die sich am 1. Mai vor Begeisterung berauschten. Das »Europa der Vaterländer« ist ein Wimpel, der gern in festlichen Reden am Mast befestigt wird, aber er signalisiert keine Hoffnung.

»Entweder gibt es *einen* Staat Europa (Föderalismus), dann gibt es *keine* nationalen Mitgliedsstaaten; oder die nationalen Mitgliedsstaaten bleiben die Herren Europas, dann gibt es *kein* Europa.«[16] So bringt der Soziologe Ulrich Beck die beiden illusorischen Alternativen auf den Punkt, um eine dritte zu skizzieren: es ist die Idee eines »neuartigen Sowohl-als-auch«.

Die Trennung von Staat und Kirche ist eine der großen Errungenschaften der europäischen Geschichte. Heute geht es um die

Trennung von Staat und Nation. Politik ist nicht länger in nationalen Containern organisierbar. Überhaupt taugt das Containermodell nicht mehr.

Europa wird vielmehr ein komplexes Netzwerk von Regionen, staatlichen und nichtstaatlichen Organisationen und Institutionen sein. Die Intensität des Zusammenschlusses wird nicht überall und nicht auf allen Feldern von gleicher Qualität sein. Überhaupt wird Konvergenz nicht das oberste Ziel sein. Auf gleiche Art Ungleichheit zu akzeptieren und sie zum Wohle des Ganzen fruchtbar zu machen: das ist die besondere Fähigkeit und Stärke des künftigen Europa.

Prinzipiell wird jede Frage dort entschieden, wo es sinnvoll ist, in der Regel so nah beim Bürger wie möglich. Es wird auch keine Hierarchie Region-Nation-Europa geben, sondern ein Nebeneinander. Die Regionen werden ein hohes Maß an Selbstständigkeit bewahren. Und ob man Nationalstaaten als Zwischenebenen irgendwann überhaupt noch brauchen wird, ist ganz ungewiss. Nationale und europäische Interessen verschmelzen.

An dieser Stelle hauen einem die Patrioten gern den Begriff der »Identität« um die Ohren. Als habe man die nationale Identität so, wie man seine Nase hat. Eine Nase kann man sich operieren lassen, wenn sie einem nicht gefällt. Künftig ist das auch mit Identitäten aller Art möglich.

Das komplexe Netzwerk »Staat« wird nicht länger auf »Identität« mit und zwischen seinen Bürgern bedacht sein, sondern einen Ordnungsrahmen setzen, der der Differenz seiner Bürger, Regionen und Kulturen Rechnung trägt. So kann Europa den Reichtum seiner Tradition kulturell nutzen und zugleich überwinden. Ohnehin ist »die territoriale Theorie der Identität ein blutiger Irrtum … den man den *Gefängnis-Irrtum* der Identität nennen kann. Man muss die Menschen nicht, auch nicht in den weiten Räumen einer Nation, gegeneinander abschließen und organisieren, damit sie sich ihrer selbst bewusst werden und politisch handeln können.«[17] Die Frage nach der Identität werden die künftigen Bürger Europas ganz anders beantworten als heute.

»Identität hat jede Fliege« sagte der tschechische Politiker, Schriftsteller und internationale Präsident des PEN-Club, Jiri Gruša. Warum sollte man also auf so etwas Banales Wert legen? Ist das, was die Menschen voneinander unterscheidet, nicht viel interessanter als das, was sie zur Masse macht? Wie soll man sich mit achtzig Millionen Deutschen identisch fühlen? Das ist doch eine grauenvolle Zwangsvorstellung und bestenfalls eine patriotische Heuchelei. Und auch mit 400 Millionen Europäern zwischen der Straße von Gibraltar und dem bottnischen Meerbusen gibt es keine Möglichkeit patriotischer Identifikation.

Ohnehin trägt jeder Mensch ein kompliziertes Set von Identitäten in sich, das ihn zusammengenommen fast so unverwechselbar macht wie sein Fingerabdruck. Die nationale Identität ist nur ein Kennzeichen. Alter, Geschlecht, Familienverhältnisse, Beruf, Glaube, politische Einstellungen, Talente, Interessen, Vorlieben, und all die Identitätspartikel, die man von den Bezugspersonen (von den Eltern bis zu den Lebenspartnern) ein Leben lang erwirbt, sind tausend andere.

Die Umstände und Eigenschaften, welche die Identität eines Menschen ausmachen, ändern sich ständig. Von keiner Reise kommt man als derselbe zurück. Keine schwere Krankheit lässt einen als der »Gleiche« gesunden, der man einmal gewesen ist. Da die Mobilität der Menschen wächst, da immer mehr »Mischehen« jeder Art geschlossen werden, wächst auch die Zahl der Bürger, die über ein sehr breites und reiches Identitätsspektrum verfügen.

Trotzdem reden Patrioten über nichts lieber als über »Identität«. Dies ist ein Zeichen intellektueller Schlichtheit, um es zurückhaltend auszudrücken. Und hat nicht Mario Vargas Llosa Recht, wenn er sagt: »Jede Sorge um die ›Identität‹ einer Gruppe von Menschen jagt mir einen Schauer über den Rücken, weil ich zu der Überzeugung gekommen bin, daß sich dahinter immer eine Verschwörung gegen die Freiheit des einzelnen verbirgt.«

»Identität« – wenn das Wort schon sein muss – ist ein Sowohl-als-auch von Gegensätzlichem. Die Widersprüche jedes

Menschen sind in seinem Identitäts-Fingerprint abzulesen. Ulrich Beck schildert beispielhaft die Begegnung mit einem polyglotten, sozialdemokratischen Geschäftsmann, der sich zu Hause für eine restriktive Einwanderungspolitik engagiert. Ein moderner Mensch kann Kosmopolit und provinzieller Spießer zugleich sein, warum auch nicht?[18]

Diese Vision – nein, keine Vision: diese längst ablaufende Entwicklung – wird nicht auf dem Friedhof der Illusionen enden, weil sie von der Realität eines Europas ausgeht, das schon vor tausend Jahren geschaffen wurde. Es ist nur in Vergessenheit geraten.

Das künftige Europa hat in der Weltgeschichte nur ein Vorbild: sich selbst – aber das ist lange her. Es sind die Vermächtnisse, die aus dem Jahrtausend zwischen Antike und Renaissance stammen und »im Europa von heute und morgen ihre Wirkung entfalten«.[19] Der große französische Historiker Jacques Le Goff beschreibt in seinem jüngsten Buch diese Vermächtnisse: »Die Verknüpfung der potentiellen Einheit mit einer fundamentalen Vielfalt, die gemischten Bevölkerungen, die Spaltungen zwischen Osten und Westen, Norden und Süden, die ungewisse Ostgrenze, das einigende Primat der Kultur.«[20]

Die Europäer schließen sich also zusammen, um aus einer Sackgasse herauszufinden, in die sie sich erst vor wenigen hundert Jahren selbst manövriert haben. Es gab schon *ein* Europa, in dem vieles von dem realisiert war, was wir uns heute noch wünschen. Ein Europa des Geistes und der Bildung (mit überall gültigen Hochschulabschlüssen) existierte, wenn auch nur für die Eliten, bereits im Mittelalter. Es gab das Europa des grenzenlosen Handels, weil erst im 14. Jahrhundert nationale ökonomische Kreisläufe entstanden. Und das »Europa der Barmherzigkeit«, wie es Le Goff nennt, schuf lange vor Bismarck ein »Europa der Wohltätigkeit und der Sozialversicherung«[21], das freilich nicht vom Staat, sondern von den Klöstern organisiert war. Aber auch das Europa von morgen wird wieder mit weniger staatlicher Reglementierung auskommen und auf die Verantwortung und den Gemeinsinn der Bürger setzen.

Europa besinnt sich heute endlich seiner gemeinsamen Kultur. Sie wurde begründet im faszinierendsten Forschungslabor des menschlichen Geistes, in der griechischen Antike. Demokratie haben Europäer erfunden. Aber auch der Gegensatz zum Orient ist ein Erbe Griechenlands.[22] Römisches Recht, überhaupt die römische Zivilisation bilden einen wichtigen Teil des Fundaments. Männer aus den entferntesten Provinzen konnten in Rom aufsteigen bis auf den Kaiserthron. Römer waren Eroberer. Waren sie auch Nationalisten?

Auch die Irrwege Europas sind früh angelegt. Le Goff überrascht mit einer ungewöhnlichen Bewertung Karls des Großen, der doch weithin als Gründervater Europas verehrt wird. Karls Vision aber war »eine ›nationalistische‹, sein Reich in erster Linie ein Frankenreich, gegründet auf einem wahrhaft patriotischen Geist«, und deshalb handelt es sich »um den ersten aller gescheiterten Versuche«, ein »fehlgeleitetes« Europa unter der Herrschaft eines Volkes oder Reichs zu bauen, so wie es später auch Napoleon oder Hitler taten.[23]

Als Roms Reich zerfiel, war auch Europa in schlimmer Verfassung. Es fiel zivilisatorisch um Jahrhunderte zurück. Die römische Kirche einte Europa erneut, diesmal durch die geistige Macht des Papstes.

Dem Christentum verdankt Europa sein Menschenbild – vielleicht die wichtigste Gemeinsamkeit der Europäer. Von der Auffassung der frühen Kirchenväter, die wie Boethius im frühen sechsten Jahrhundert den Menschen als individualisierte Substanz der vernunftbegabten Natur sahen, zieht sich der rote Faden der europäischen Geistesgeschichte bis zur Entdeckung der Vernunft als Motor der Freiheit in der Aufklärung. Jeder Mensch ist ein selbstbestimmtes Individuum, seine Würde der höchste Wert. Der Humanismus: eine europäische Erfindung. Und die Aufklärung fordert die Befreiung des Menschen aus der »selbstverschuldeten Unmündigkeit« (Kant).

Aber auch Kreuzritter und Eroberer waren die Europäer. Glaubenseifer, gepaart mit Gier nach Gold und Macht, trug Europa die Weltherrschaft ein. Katholischer Dogmatismus und später die kollektivistischen Ideologien errichteten verheerende Denkverbote. Das Universum hatte sich im Laufe der europäischen Geschichte einige Male um die Achse eines verbohrten Weltbilds gedreht.

Vorübergehend gab es auf europäischem Boden wunderbare Beispiele toleranter, multikultureller Staaten. Das Sizilien des Staufers Friedrich II., aber auch das Andalusien der arabischen Omaijaden. Aber bitte keine Illusionen. Al-Andalus war nicht das Ideal, zu dem es oft gemacht wird.[24] Andalusien ist vielmehr ein frühes Beispiel für christlichen und muslimischen Fundamentalismus. Die Rückeroberung Spaniens durch die christlichen Herrscher Isabella von Kastilien und Ferdinand von Aragon zerstörte eine Blüte mediterraner Kultur. Es ist absurd, aber bezeichnend für die Virulenz von Geschichte, dass islamistische Terroristen sich heute auf die christliche Rückeroberung Spaniens beziehen.

Der Humanismus ließ das Europa der Renaissance aufblühen, die Künste, die Wissenschaften, den Unternehmungsgeist. Kein Kontinent besitzt so viele prachtvolle Städte, die von der geistigen und wirtschaftlichen Kraft ziviler Bürgergesellschaften künden. Dieser Begriff ist neu – er drückt mehr eine Hoffnung aus als Wirklichkeit. Hoffen wir in diesem Sinne auf eine neue Renaissance und eine neue Aufklärung aus dem Geiste des alten Europa!

Selbst zweihundert Jahre Nationalismus vermochten es nicht, das zweitausendjährige Fundament Europas völlig zu zerstören. Die Folgen des Nationalismus bringen die Europäer endlich zur Vernunft. Vorsichtiger, skeptischer sind sie geworden. Sie wissen, dass Nationalismus und Kommunismus Zwillinge und missratene Kinder der Aufklärung waren. Aber auch die Skepsis ist eine Errungenschaft der europäischen Aufklärung. Die reine Wahrheit gibt es nicht. Jede neue Erkenntnis ist vermischt mit neuen Irrtümern.

Unbestreitbar ist: Die Deutschen sind kein von Gott in die Welt gesetztes Volk. Sie sind eine Bevölkerung von 80 Millionen

Menschen. Erst wer diesen Unterschied versteht, kann das Land zukunftstauglich machen. Die »Vollendung der Einheit« ist ein Hirngespinst, noch dazu ein gefährliches.

Das europäische Deutschland, aber auch die Gestalt Europas als Ganzes wird künftig mehr an alte Strukturen erinnern, die der Nationalismus und das Deutsche Reich Bismarcks zerstört hatten. Europa und seine Teilstaaten werden nicht ein von oben nach unten gesteuertes, sondern ein dicht verwobenes Netzwerk aus staatlichen und privaten Organisationsformen sein. Er wird ohne Bürgersinn so wenig auskommen wie ohne die Freiheit der Bürger, ihr Glück als Individuen zu suchen.

Individualismus ist nicht das Gegenteil von Patriotismus. Es gibt Patrioten genug, die genau wissen, wie man am besten auf Kosten anderer, auch auf Kosten des »Sozialstaats«, lebt. Am schlimmsten sind die, die sich einigeln in ihren »kleinen Lebenswelten, das Ersparte festverzinslich anlegen und sich mit starrem Blick auf den kleinsten Vorteil durchs Leben« schlagen.[25] Nach der Befreiung der DDR muss die Befreiung der Deutschen vom Virus des Neids erst noch folgen. Alle Gleichheitsbekundungen sollten unterlassen werden. Wir gleichen uns nicht.

In was für einem Land also werden die deutschen Europäer leben, 30 oder 40 Jahre nach dem Mauerfall?

Frau Merkel hat zwei Amtszeiten (2005–2013) hinter sich. Die erste Ostdeutsche im Kanzleramt hat es auch nicht geschafft. Der Solidarpakt II ist mehr oder weniger wirkungslos verpufft, ein Solidarpakt III nicht mehr durchsetzbar. In den ostdeutschen Regionen leben ein bis zwei Millionen Menschen weniger als heute. Von Mecklenburg-Vorpommern bis Sachsen-Anhalt stellt die PDS die Ministerpräsidenten und vertreibt die letzten Investoren. Montagsdemos fordern, die Reichen stärker zu besteuern. Aber die meisten Besserverdiener haben sich längst aus dem Staub gemacht. Viele von ihnen leben heute in Polen und Tschechien, dort, wo die Wirtschaft brummt. Die EU ist am Ende. Zwischen den 32 Mitgliedern sind nationalistische Konflikte an der Tagesordnung. Die zweitstärkste Partei im Osten ist die Deutsche Volkspartei, eine nationalistische

Gruppierung, die auch im Westen Fuß fasst und sich am heftigsten mit der CSU bekriegt, die bundesweit auftritt – als eine Art Lega Süd. In dieser Partei werden Stimmen laut, der Süden solle Österreich beitreten. Die Arbeitslosigkeit beträgt 30 Prozent, im Westen 28 Prozent. Diese hohe Konvergenz wird von den Patrioten begrüßt. Der Wohlstand ist auf das Niveau der frühen 60er Jahre gesunken. China ist an Deutschland vorbeigezogen. Am 3. Oktober 2019 fällt die Feier zum 29. Jahrestag der Wiedervereinigung aus, mangels Geld. Auch fürchtet man gewalttätige Großdemonstrationen.

Moment, so geht das nicht. Wir hatten uns vorgenommen, optimistisch zu schließen. Also noch einmal ein Szenario – Deutschland in 20 Jahren. Nennen wir es, weil ich von Prophezeiungen nichts halte, einen Traum.

Die Schere zwischen Reich und Arm ist in Deutschland weiter aufgegangen – so wie in allen Industriestaaten. Aber die Konsensdemokratie als Bremse hat ausgedient. Die Deutschen akzeptieren mehr Ungleichheit, es bleibt ihnen als guten Europäern auch gar nichts anderes übrig. Dafür läuft der Wirtschaftsmotor wieder rund. Die Arbeitslosenquote wird nicht mehr ermittelt – das Ende der Arbeitsgesellschaft hat begonnen. Kaum ein Bürger verdient sein Geld noch bei einem klassischen »Arbeitgeber«. Die Grundversorgung sichert der Staat. Der schleichende Zerfall der Europäischen Union war nicht aufzuhalten gewesen, aber einige Staaten haben einen Europäischen Bund gegründet. Sein Präsident ist ein Schweizer. Er gehört der Europäischen Volkspartei an und setzte sich bei der letzten Wahl gegen die VPE (Vereinigte Patrioten Europas) durch, einem kurioserweise europäischen Zusammenschluss der Nationalisten. Der körperlich und geistig rüstige 95-jährige Altkanzler Dr. Helmut Kohl ist schon vor zehn Jahren in die Türkei ausgewandert, die der EU, aber nicht dem Bund angehört. In der 1. Fußball-Europaliga spielt zur Zeit leider kein deutscher Verein mehr, aber in der Regionalliga Alpen stehen die Bayern an der Spitze und werden in die 2. Fußball-Europaliga aufsteigen, wo sie wieder auf die ebenfalls besseren Tagen nachtrauernden AC Milan und Real Madrid treffen werden. In Magdeburg wird die einhun-

dertste kinderreiche Familie aus Schwarzafrika vom Ministerpräsidenten mit Blumen begrüßt. Der Mann wird als Landarzt in Sachsen-Anhalt arbeiten. Nur die PDS protestiert; aber die Partei steht vor der Spaltung. Ein Teil der Funktionäre sind zu den »Patrioten« übergetreten. Als zweite Amtssprache wird in allen deutschen Ämtern Englisch eingeführt. In Berlin wird überlegt, den Reichstag zum Museum umzuwandeln, denn den Deutschen reicht für die wenigen Zuständigkeiten des Bundes der Bundesrat als einziger Kammer. Und die Hälfte der Bundesministerien sind als Gewerbeflächen vermietet – beziehungsweise: sie warten auf Mieter. In Berlin will es einfach nicht aufwärts gehen. Die Seenplatte in Mecklenburg-Vorpommern ist seit der Abschaffung der EU-Subventionen für Landwirtschaft zum größten Euro-Wild-Life-Park geworden und zieht Touristen aus aller Welt an, vor allem aus China und Indien. Nur eine blühende Landschaft mehr im Osten.

ANMERKUNGEN

VORWORT

1 Bisky, Jens: »Zonensucht. Über die neue Ostalgie.« In: *Merkur*, Februar 2004, S. 120

EINLEITUNG Der Eintopf ist missraten

1 Noelle-Neumann, Elisabeth: »Zweimal Deutschland.« In: Institut für Demoskopie Allensbach, Dokumentation eines Beitrags in der *Frankfurter Allgemeinen Zeitung* vom 27. 11. 2002, Tabelle 8
2 *Allensbacher Jahrbuch für Demoskopie 1998–2002.* München 2002, S. 499
3 Noelle-Neumann, a. a. O., Tabelle 3
4 Platzeck, Mathias: »Warum der Westen genauer Richtung Osten schauen sollte.« In: Tanja Busse, Thomas Dürr (Hg.): *Das neue Deutschland. Die Zukunft als Chance.* Berlin 2003, S. 52
5 Zitiert aus: Kuczynski, Rita: *Im Westen was Neues? Ostdeutsche auf dem Weg in die Normalität.* Berlin 2003, S. 18
6 *Allensbacher Jahrbuch,* S. 497
7 Kuczynski, Rita, a. a. O., S. 38 f.

EINS Wie Einheit spaltet

1 Funder, Anna: *Stasiland.* Hamburg 2004, S. 94
2 Arzheimer, Kai und Klein, Markus: »Gesellschaftspolitische Wertorientierungen und Staatszielvorstellungen im Ost-West-Vergleich.« In: Falter, Jürgen; Gabriel, Oscar W.; Rattinger, Hans (Hg.): *Wirklich ein Volk?* Opladen 2000, S. 363
3 *Allensbacher Jahrbuch,* a. a. O., S. 523
4 ebd., S. 525
5 Arzheimer, a. a. O., S. 523
6 *Allensbacher Jahrbuch,* a. a. O., S. 595
7 Köcher, Renate: *Ein Jahrzehnt der Wende. Perspektiven für das vereinte Deutschland.* Jena 2003, S. 14
8 Falter, Jürgen W.: »Politischer Extremismus.« In: Falter, Jürgen W. et alt. (Hg.), S. 419
9 Köcher, Renate, S. 146
10 a. a. O., S. 143
11 ebd., S. 146
12 Funder, Anna, S. 106
13 *Allensbacher Jahrbuch,* a. a. O., S. 415
14 Köcher, Renate, a. a. O., S. 144
15 ebd., S. 146
16 Bisky, Jens, a. a. O., S. 127
17 Neller, Katja: »DDR-Nostalgie?« In: Falter Jürgen W. et alt. (Hg.), S. 576
18 a. a. O., S. 591
19 Krause, Andreas, *Berliner Zeitung,* 16. 3. 2004
20 Bisky, Jens, a. a. O., S. 12
21 ebd., S. 118
22 ebd., S. 119
23 Köcher, Renate, a. a. O., S. 142
24 Gabriel, Oscar W.: »Wirklich ein Volk.« In: Falter, Jürgen W. et alt. (Hg.), S. 22
25 Funder, Anna, a. a. O., S. 73
26 Köcher, Renate, a. a. O., S. 144

ZWEI Einige Helden der Einheit

1 Lahaun, Birgit: *Genosse Judas.* Reinbek 1992
2 *Die Zeit,* 2.10.1992
3 *Süddeutsche Zeitung,* 10. 11. 1999

4 *Frankfurter Allgemeine Zeitung,* 7. 10. 1999
5 Merkel, Angela: *Mein Weg. Angela Merkel im Gespräch mit Hugo Müller-Vogg.* Hamburg 2004, S. 17
6 ebd., S. 45
7 *Die Welt,* 11. 6. 2003
8 *Frankfurter Allgemeine Zeitung,* 22.12.1995
9 Merkel, Angela, a. a. O., S. 19
10 ebd., S. 17
11 Roll, Evelyn: *Das Mädchen und die Macht.* Berlin 2001

DREI Neid regiert das Land

1 *Der Spiegel,* 16/2004
2 IfO-Institut, zitiert nach *Der Spiegel,* ebd.
3 Diestel, Peter-Michael, *Süddeutsche Zeitung,* 12. 4. 2004
4 Bisky, Jens, *Süddeutsche Zeitung,* 7. 4. 2004
5 Sinn, Hans-Werner: *Ist Deutschland noch zu retten?* München 2003, S. 221
6 ebd., S. 247
7 ebd., S. 237
8 ebd., S. 225
9 ebd., S. 255
10 Bisky, Jens, *Süddeutsche Zeitung,* 12. 4. 2004
11 *Der Spiegel,* 2003/52
12 Miegel, Meinhard: *Die deformierte Gesellschaft.* Berlin 2002, S. 58
13 Sinn, Hans-Werner, a. a. O., S. 244
14 *Allensbacher Jahrbuch,* a. a. O., S. 505
15 Mindt, Felix R.: *Die Wahrheit über den armen Osten. Die Soliabzocke.* Frankfurt/Main 2003
16 Roethe, Thomas: *Arbeiten wie bei Honecker, leben wie bei Kohl. Ein Plädoyer für das Ende der Schonfrist.* Frankfurt 1999
17 Bisky, Jens, *Süddeutsche Zeitung,* 7. 4. 2004
18 Miegel, Meinhard, a. a. O., S. 118
19 Sinn, Hans-Werner, a. a. O., S. 240
20 *Allensbacher Jahrbuch,* a. a. O., S. 638
21 ebd., S. 633
22 Adam, Konrad: »Ortswechsel im Gezeitenwechsel.« In: Genscher, Hans-Dietrich und Frank-Planitz, Ulrich (Hg.): *Nur ein Ortswechsel? Eine Zwischenbilanz der Berliner Republik.* Stuttgart 2002, S. 19
23 *Allensbacher Jahrbuch,* a. a. O., S. 636
24 Prantl, Heribert, *Süddeutsche Zeitung,* 27. 1. 2004

25 ebd.
26 Piper, Nikolaus, *Süddeutsche Zeitung,* 31. 10. 2002
27 Sinn, Hans-Werner, a. a. O., S. 235
28 *Süddeutsche Zeitung,* 25. 6. 2001
29 *Frankfurter Allgemeine Zeitung,* 30. 6. 2001
30 *Süddeutsche Zeitung,* 13. 11. 1999
31 Miegel, Meinhard, a. a. O., S. 215
32 Herzinger, Richard: »Verdächtige Freiheit.« In: Knüllig, Christina (Hg.): *Aufwärts bitte!* Hamburg 2004, S. 97
33 Miegel, Meinhard, a. a. O., S. 248
34 ebd., S. 249
35 ebd., S. 134 f.
36 *Die Zeit,* 8. 1. 2004
37 Rubner, Jeanne, *Süddeutsche Zeitung,* 7. 1. 2001

VIER Die Lügen des Kanzlers

1 *Die Zeit,* 29. 1. 2004
2 *Die Zeit,* 19. 2. 2004

FÜNF Sehnsucht nach Normalität

1 *Die Zeit,* 30. 10. 2003
2 Winkler, Heinrich August: »Ende aller Sonderwege.« In: Aust, Stefan, Spörl, Gerhard (Hg.): *Die Gegenwart der Vergangenheit.* München 2004, S. 165
3 *Die Zeit,* 30. 10. 2003
4 Bahr, Egon: *Der deutsche Weg. Selbstverständlich und normal.* München 2003, S. 137
5 ebd.
6 ebd., S. 138
7 Wolle, Stefan: »Staatsfeind Faschist.« In: Aust, Stefan, Spörl, Gerhard (Hg.), a. a. O., S. 291
8 Schopenhauer, Arthur, zitiert nach Popper, Karl R.: *Falsche Propheten. Die offene Gesellschaft und ihre Feinde.* Bd. 2, Bern 1958, S. 43
9 Popper, Karl R., a. a. O., S. 54
10 ebd., S. 42
11 Zitiert nach Popper, ebd., S. 41
12 ebd., S. 67
13 ebd., S. 64

14 ebd., S. 74
15 ebd., S. 84
16 ebd., S. 74
17 Wehler, Hans-Ulrich: *Konflikte zu Beginn des 21. Jahrhunderts.* München 2004, S. 109
18 Popper, Karl R., a. a. O., S. 78
19 Bahr, Egon, a. a. O., S. 140
20 Zitiert nach Willms, Johannes: *Bismarck. Dämon der Deutschen.* München 1997, S. 199
21 ebd., S. 201
22 ebd., S. 261
23 Winkler, Heinrich August: »Ende aller Sonderwege.« In: Aust, Stefan, Gerhard (Hg.), a. a. O., S. 155
24 Bahr, Egon, a. a. O., S. 155
25 Zitiert nach Winkler, Heinrich August: *Der lange Weg nach Westen, Deutsche Geschichte, Bd. 2.* München 2000, S. 432
26 Popper, Karl R., a. a. O., S. 66
27 Francois, Etienne; Schulze, Hagen: »Das emotionale Fundament der Nationen.« In: *Mythen der Nationen: Ein europäisches Panorama.* München und Berlin 1998, S. 22
28 Wehler, Hans-Ulrich, a. a. O., S. 127
29 ebd., S. 124
30 Beck, Ulrich: *Der kosmopolitische Blick oder: Krieg ist Frieden.* Frankfurt/M. 2004, S. 40
31 ebd., S. 261
32 Jonas, Hans: *Das Prinzip Verantwortung.* Frankfurt/M. 1984
33 Wehler, Hans-Ulrich, im *Spiegel* vom 16. 2. 2004
34 Bruhns, Wibke: *Meines Vaters Land.* München 2004
35 ebd., S. 44
36 ebd., S. 381
37 Winkler, Heinrich August: *Der lange Weg nach Westen.* a. a. O., S. 371
38 Korn, Salomon, *Frankfurter Allgemeine Zeitung,* 8. 1. 2004
39 Korn, Salomon: *Die fragile Grundlage. Auf der Suche nach der deutsch-jüdischen »Normalität«.* Berlin und Wien 2003, S. 11 f.
40 Friedrich, Jörg: *Der Brand. Deutschland im Bombenkrieg 1940–1945.* München 2002
41 Anonyma: *Eine Frau in Berlin.* Berlin 2003
42 Taylor, Frederick: *Dresden.* London 2004
43 Grass, Günther: *Im Krebsgang.* Göttingen 2002
44 Glotz, Peter: *Die Vertreibung. Böhmen als Lehrstück.* München 2003
45 *Die Zeit,* 20. 11. 2003
46 Lau, Jörg: »Stolz und Vorurteil: Von der Leitkultur zum neuen

Patriotismus.« In: Knüllig, Christina (Hg.): *Aufwärts Bitte! 10 Beiträge gegen Deutschlands freien Fall.* Hamburg 2004, S. 27
47 Herziger, Richard, *Die Zeit,* 13. 11. 2003
48 Korn, Salomon, a. a. O., S. 128
49 Seligmann, Rafael: *Hitler.* München 2004, S. 15
50 ebd., S. 21
51 Korn, a. a. O., S. 106

SECHS Stolz auf unsere »Besten«

1 Lau, Jörg, a. a. O., S. 41
2 Zitiert nach Schwarz, Hans-Peter: *Adenauer. Bd. 1.* Stuttgart 1986, S. 522
3 Zitiert nach Winkler, Heinrich August, a. a. O., S. 126
4 Schwarz, Hans-Peter, a. a. O., S. 522
5 Ders., *Adenauer. Bd. 2.* Stuttgart 1991, S. 185
6 Ders., *Adenauer. Bd. 1.* a. a. O., S. 931
7 Winkler, Heinrich August, a. a. O., S. 150
8 Zitiert nach Schwartz, Hans-Peter, *Adenauer. Bd. 1,* a. a. O., S. 549
9 Febvre, Lucien: *Martin Luther.* Frankfurt/Main und New York 1996, S. 109
10 Mann, Golo: *Deutsche Geschichte.* Frankfurt/Main 1958, S. 32
11 Le Febvre, a. a. O., S. 203
12 ebd., S. 202
13 Wehler, Hans-Ulrich, a. a. O., S. 109
14 Winkler, Heinrich August, a. a. O., S. 145
15 ebd.
16 ebd., S. 425
17 Schröder, Richard: »Die evangelische Kirche in Ostdeutschland.« In: Appel, Reinhard (Hg.): *Einheit, die ich meine.* Köln 2000, S. 244
18 Funder, Anna, a. a. O., S. 235
19 Febvre, Lucien, a. a. O., S. 226
20 Funder, Anna, a. a. O., S. 190f.
21 Popper, Karl R., a. a. O., S. 104
22 ebd.
23 ebd., S. 138
24 ebd., S. 148
25 ebd., S. 156

SIEBEN Hauptstadt der Illusionen

1 Roth, Dieter: »Das Meinungsbild in Ost und West.« In: Appel, Reinhard, a. a. O., S. 204f.
2 Rudolph, Hermann: »Raumschiff im märkischen Sand.« In: Genscher, Hans-Dietrich, Frank-Planitz, Ulrich (Hg.): *Nur ein Ortswechsel? Eine Zwischenbilanz der Berliner Republik.* Stuttgart 2002, S. 84
3 ebd., S. 86
4 Adam, Konrad, a. a. O., S. 25f.
5 Prantl, Heribert, *Süddeutsche Zeitung,* 19. 4. 2004
6 Haffner, Sebastian: *Preußen ohne Legende.* Hamburg 1979, S. 20
7 Prantl, Heribert, *Süddeutsche Zeitung,* 19. 4. 2004
8 *Frankfurter Allgemeine Zeitung,* 21. 4. 2004
9 *Wirtschaftswoche,* 14. 4. 2004
10 *Tagesspiegel,* 12. 12. 2003
11 *Süddeutsche Zeitung,* 5. 3. 2004
12 Schoeps, Julius: »Na, ick weeß ja nich …?« In: Genscher, Hans-Dietrich, Frank-Planitz, Ulrich, a. a. O., S. 106
13 Miegel, Meinhard, a. a. O., S. 63
14 ebd., S. 75
15 ebd., S. 67
16 *Die Zeit,* 17. 12. 2003
17 Zweig, Stefan: *Die Welt von Gestern.* Frankfurt/Main 1970, S. 33
18 ebd., S. 34
19 *Die Zeit,* 12. 2. 2004
20 Schultes, Axel, *Tagesspiegel,* 4. 11. 2002
21 *Die Zeit,* 12. 2. 2004
22 Schultes, Axel, a. a. O., 4. 11. 2002

ACHT Die Spekulationsblasen platzen

1 Zweig, Stefan, a. a. O., S. 12
2 Eurobarometer vom Februar 2004
3 *Frankfurter Allgemeine Zeitung,* 15. 12. 2003
4 *Die Welt,* 11. 7. 2003
5 Köcher, Renate, *Frankfurter Allgemeine Zeitung,* 17. 12. 2003
6 *Frankfurter Allgemeine Zeitung,* 21. 4. 2004
7 Eurobarometer vom Februar 2004
8 *Frankfurter Allgemeine Zeitung,* 31. 5. 2003
9 *Die Welt,* 11. 7. 2003

10 Sinn, Hans-Werner, a. a. O., S. 257
11 *Frankfurter Allgemeine Zeitung,* 21. 4. 2004
12 Institut für Demoskopie Allensbach
13 Wehler, Hans-Ulrich, a. a. O., S. 51
14 *Süddeutsche Zeitung,* 23. 4. 2004
15 Wehler, Hans-Ulrich, a. a. O., S. 122
16 Beck, Ulrich, a. a. O., S. 257
17 ebd., S. 15
18 ebd., S. 12
19 Le Goff, Jacques: *Die Geburt Europas im Mittelalter.* München 2004, S. 15
20 ebd.
21 ebd., S. 195
22 ebd., S. 22
23 ebd., S. 48
24 Aschmann, Birgit, »Spanien und der Islam«, *Frankfurter Allgemeine Zeitung,* 21. 4. 2004
25 Bude, Heinz, *Süddeutsche Zeitung,* 2. 11. 2004

PIPER

Gabor Steingart

Deutschland – Der Abstieg eines Superstars

303 Seiten. Klappenbroschur

Nachdem der Sozialismus auf deutschem Boden gescheitert ist, ist nun auch das System der Sozialen Marktwirtschaft am Ende: Das »Modell Deutschland« verschwindet im Nebel der Geschichte – unwiderruflich. Auferstanden aus den Ruinen der Hitler-Jahre, weltweit beneidet, oft kopiert, hat es seit längerem schon aufgehört zu funktionieren. Das einstige Erfolgssystem hat sich selbst übersteuert. Gabor Steingart zieht eine pointierte und überraschende Schlußbilanz. Er analysiert Aufstieg und Absturz des Wohlfahrtsstaates, erzählt von Irrtümern, Mißverständnissen und den Bequemlichkeiten der politischen Elite. Alles zwingt uns zum Neustart. Vieles wird sich ändern in den kommenden Jahren: unsere Art zu arbeiten, zu leben, Politik zu machen. Die Summe der Neuerungen kommt einer zweiten Staatsgründung gleich. Das neue Deutschland – in diesem provozierenden Buch wird es sichtbar.

01/1405/01/R

PIPER

Brigitte Seebacher
Willy Brandt

446 Seiten. Gebunden

»Wenn du jetzt nicht schreibst, wer dein Vater ist, arbeite ich nicht weiter mit an deinem Text!« Diese Szene beleuchtet, warum Brigitte Seebacher ein einzigartiges Buch über Willy Brandt geschrieben hat: Sie vermag vieles zu sagen, was der oft so verschlossene Mann ihr anvertraut hat. Einfühlsam, wie es nur jemand kann, der jahrelang mit Willy Brandt gelebt und geredet hat, zeichnet sie sein Porträt. Und zugleich wertet sie mit der Kompetenz der ausgewiesenen Historikerin und Journalistin das bislang unbekannte Quellenmaterial aus, zu dem ausschließlich sie Zugang hat. So werden beispielsweise viele der immer weiter wuchernden Legenden rund um den Rücktritt als Bundeskanzler 1974 widerlegt. Unbekannte Zusammenhänge werden sichtbar, die helfen, die politische und menschliche Ausnahmeerscheinung Willy Brandt zu verstehen.

01/1369/01/R

PIPER

Stéphane Courtois, Nicolas Werth, Jean-Louis Panné, Andrzej Paczkowski, Karel Bartosek, Jean-Louis Margolin

Das Schwarzbuch des Kommunismus

Unterdrückung, Verbrechen und Terror. Mit dem Kapitel »Die Aufarbeitung des Sozialismus in der DDR« von Joachim Gauck und Ehrhart Neubert. Aus dem Französischen von Irmela Arnsperger, Bertold Galli, Enrico Heinemann, Ursel Schäfer, Karin Schulte-Bersch, Thomas Woltermann. 998 Seiten mit 32 Seiten Schwarzweiß-Abbildungen. Gebunden

Dieses Buch wird den Blick auf dieses Jahrhundert verändern. Es zieht die grausige Bilanz des Kommunismus, der prägenden Idee unserer Zeit. 80 Millionen Tote, so rechnen die Autoren vor, hat die Vision der klassenlosen Gesellschaft gekostet, mehr als der Nationalsozialismus zu verantworten hat. Mit dieser These lösten die Autoren eine beispiellose Debatte aus. Es geht den Autoren nicht nur um eine Generalinventur des roten Terrors, sie benennen auch Mitwisser, intellektuelle Mittäter im Westen.

»›Das Schwarzbuch des Kommunismus‹ ist nicht nur eine Chronik der Verbrechen, sondern auch eine Unglücksgeschichte jener ›willigen Helfer‹ im Westen, die sich 90 Jahre lang blind und taub machten.«
Frankfurter Allgemeine

01/1022/01/R